insel taschenbuch 5020

Alois Prinz

Auf der Schwelle zum Glück

Tagsüber Beamter in der Arbeiter-Unfallversicherungsanstalt, nachts Verfasser von Erzählungen: Franz Kafka schrieb vor allem für sich selbst. Es ist Max Brod zu verdanken, dass sein »Gekritzel«, wie er sein Schreiben selbst bezeichnete, längst zur Weltliteratur zählt – und bis heute in seiner Rätselhaftigkeit und Sprachvirtuosität fasziniert.
Alois Prinz erzählt Kafkas Lebensgeschichte und findet über dessen Alltag Zugang zu seinen Texten und ihrer Bilderwelt. Er zeigt ihn im Kreis seiner Familie, seiner Freunde und der Frauen, die er liebte – Felice Bauer, Milena Jesenská und Dora Diamant –, als einen Mann, der Charme und Humor hatte, Liebesfähigkeit und Sanftmut – und liefert damit zugleich den idealen Einstieg in sein Werk.

Franz Kafka, geboren am 3. Juli 1883 in Prag, Österreich-Ungarn, verstarb am 3. Juni 1924 in einem Sanatorium in Kierling, Österreich.

Alois Prinz, 1958 geboren, studierte Literaturwissenschaft und Philosophie und lebt heute mit seiner Familie bei München. Er veröffentlichte Biografien über Hermann Hesse, Ulrike Meinhof, Dietrich Bonhoeffer und andere. Sein Buch *Hannah Arendt oder Die Liebe zur Welt* (it 4172) ist ein Bestseller.
Im insel taschenbuch liegen u.a. vor: *Martin Luther King* (it 4630), *»Sie ist ein lebendiges Feuer«. Das Leben der Milena Jesenská* (it 4689), *Das Leben der Simone de Beauvoir* (it 4950).

Alois Prinz

Auf der Schwelle zum Glück

Die Lebensgeschichte des Franz Kafka

Insel Verlag

Klimaneutral
Druckprodukt
ClimatePartner.com/14438-2110-1001

Erste Auflage dieser Ausgabe 2024
insel taschenbuch 5020
Insel Verlag Anton Kippenberg GmbH & Co. KG, Berlin, 2024
Lizenzausgabe mit freundlicher Genehmigung

Umschlaggestaltung: hißmann, heilmann, hamburg
Umschlagfoto: Franz Kafka, ca. 1911/1912 © Archiv Klaus Wagenbach, Berlin
Bildteil: Archiv Klaus Wagenbach, Berlin
Druck: CPI books GmbH, Leck
Printed in Germany
ISBN 978-3-458-68320-9

www.insel-verlag.de

Inhalt

Prolog

Der 11. August 1914 war ein Dienstag. Am Abend dieses Tages saß der Versicherungsangestellte Franz Kafka in der Wohnung seiner Schwester Valli in der Bilekgasse 10 in Prag. Kafka genoss die Ruhe in den leeren Räumen. Wenn er nachmittags von der Arbeit in die Bilekstraße kam, legte er sich zuerst auf das Kanapee und versuchte ein paar Stunden zu schlafen. Er brauchte den Schlaf, um abends und nachts ausgeruht zu sein. In Kafka gärte es nämlich wieder. Fast zwei Jahre war es her, dass er, in einer einzigen Nacht, eine Erzählung geschrieben hatte, die aus ihm herausgekommen war wie bei einer Geburt. Seither war die Quelle versiegt und er hatte vergeblich auf eine Wiederholung gewartet. Doch seit einigen Tagen schaute er nicht mehr so ins Leere. Er konnte wieder ein *Zwiegespräch* mit sich führen, und das hieß, er konnte wieder schreiben. Mit den ersten Versuchen war er nicht zufrieden. Aber jetzt machte er einen langen, dicken Querstrich in sein Tagebuchheft, zum Zeichen, dass etwas Neues beginnt, und schrieb den merkwürdigen Satz: *Jemand musste Josef K. verleumdet haben, denn ohne dass er etwas Böses getan hätte, war er eines Morgens gefangen.* Kafka strich die Worte »war« und »gefangen« durch und schrieb darüber »wurde« und »verhaftet«.

Neunzig Jahre danach hängen diese handschriftlichen Zeilen, mit denen Kafkas Roman *Der Prozess* beginnt, über meinem Schreibtisch. Es ist ein Faksimile des Originals. Ich habe es vor Jahren aus einer Zeitung ausgeschnitten und das Papier ist schon ziemlich vergilbt und verknittert. Noch immer aber ist die Faszination, die für mich von dieser krakeligen Handschrift ausgeht, ungebrochen. Es ist, als ob darin das Geheimnis von Kafkas Schreiben aufbewahrt ist. Als ob der Zustand der totalen Offenheit und Präsenz, der für Kafka beim Schreiben unverzichtbar war, darin konserviert ist. Und es steckt darin auch die Spannung zwischen dem Ursprung und dem, was daraus geworden ist.

Wer heute ein Buch von Franz Kafka zur Hand nimmt, weiß, dass er es mit Weltliteratur zu tun hat. Mehr noch: Er braucht das Buch nicht einmal selbst zu lesen, um zu wissen, dass Kafka große Literatur ist. Aber was ist das für ein Wissen? Es verlässt sich größtenteils auf ein Urteil, das sich über die Jahre verfestigt und Kafka zum klassischen Autor erklärt hat. Und muss nicht ein Autor wichtig und bedeutend sein, über den so viel geschrieben und nachgedacht worden ist, dessen Bücher verfilmt wurden und in dessen Erzählungen und Romanen eine so unvergleichliche Atmosphäre herrscht, dass man dafür sogar ein eigenes Wort erfunden hat: kafkaesk?

Dieser Bekanntheit steht entgegen, dass dieser Mensch zeit seines Lebens ein fast unbekannter Autor war, dass seine wenigen Bücher kaum Leser gefunden haben, dass nur ganz wenige seine Texte zu schätzen wussten und dass dieser Mensch ein ziemlich normales, zurückgezogenes Leben geführt hat. Kafkas Zeitgenossen wussten noch nicht, wen sie vor sich hatten. Waren sie einfach blind und dumm? Ich stelle mir oft vor, ich hätte zu dieser Zeit in Prag gelebt und Kafka gekannt, als Nachbar, als Arbeitskollege oder als Mitschüler. Hätte ich etwas Besonderes entdeckt an diesem immer freundlichen, etwas schrulligen Mann? Ich glaube nicht. Wäre ich darauf gekommen, dass die Texte, die er abends, nach seinen Bürostunden, in seine Schulhefte schrieb, einen besonderen Wert haben, gar Weltliteratur sind? Sehr unwahrscheinlich.

Dass Kafka zu Lebzeiten so wenig Aufsehen erregt hat, liegt nicht nur daran, dass er verkannt worden ist. Vielmehr lag Kafka nichts daran, Aufmerksamkeit auf sich zu lenken. Mehr noch: Er hat eine größere Wirkung bewusst verhindert. Viele Texte hat er vernichtet, andere, wie den *Prozess*, hat er nie aus der Hand gegeben. Auch in seiner eigenen Einstellung zum Wert eines Buches spielen der Name, den sich ein Autor erworben hat, oder die Meinungen anderer keine Rolle. Für Kafka zählte der Moment des Schreibens, das fertige Produkt war dagegen eher nebensächlich. Und Lesen war für ihn nichts anderes, als die Kräfte, die beim Schreiben freigesetzt worden sind, noch einmal nachzuvollziehen. Bereits bestehende Urteile, auch die von Literaturexperten, sind dabei nicht von Belang. Die *innere Wahrheit* eines literarischen Textes, so schrieb er einmal, lasse sich niemals allgemein feststellen, sondern müsse immer wieder von jedem Leser oder Hörer von neuem zugegeben oder geleugnet werden.

Wenn das stimmt, dann sind die tausende von Aufsätzen und Büchern zwar nicht irrelevant, aber auch nicht entscheidend für eine Begegnung mit Kafka. Entscheidend ist, dass jeder Leser zu jeder Zeit die »innere Wahrheit« seiner Erzählungen leugnet oder anerkennt. Dabei können ihm letztlich keine Interpretationen und Analysen helfen, und auch der zeitliche Abstand, der uns von Kafka trennt, bringt keinen Vorteil. Vielmehr kommt es darauf an, wieder mit Kafka gleichzeitig zu werden, das heißt, alles zu vergessen, was man über ihn zu wissen meint, und sich wie zum ersten Mal der Wucht seiner Texte und seiner Gedanken auszusetzen.

Das gilt auch für Kafkas Leben. Obwohl es an äußeren Ereignissen arm war, hatte es doch eine »innere Wahrheit«, die man ebenfalls nicht allgemein feststellen kann, sondern die jeder, der dieses Leben betrachtet, für sich anerkennen oder leugnen muss. Diese Wahrheit steht nicht in großen Buchstaben über seinem Leben, sondern versteckt sich im unspektakulären Alltag des Prager Versicherungsangestellten. Diese Verborgenheit gehört wesentlich zu Kafka. Sie bedeutet nicht, dass sein Leben grau und langweilig war. Vielmehr weist sie darauf hin, dass die aufregendsten Wahrheiten ganz unscheinbar und harmlos daherkommen können, vielleicht sogar müssen. Kafka steht für die Entdeckung, dass gerade in der banalsten Normalität der explosivste Sprengstoff liegen kann.

Ein Buch über Kafka muss dieser Verborgenheit Rechnung tragen. Es sollte einen Blick auf Kafka ermöglichen, der ihn so zeigt, wie er selbst gesehen werden wollte: als korrekter Beamter, liebenswürdiger Kollege, schwieriger Sohn, aufmerksamer Freund, entscheidungsschwacher Rebell, unglücklicher Liebhaber und ewiger Junggeselle. Zugleich sollte deutlich werden, dass dahinter ein lebenslanger Kampf steht, ein Kampf darum, die radikalsten Forderungen an sich selbst und an andere zu verbinden mit einer lebbaren Realität.

Vielleicht wird auf diese Weise die elementare Kraft spürbar, die von Kafkas handschriftlichen Zeilen ausgeht. Vielleicht kann nur so ein Buch entstehen, wie Kafka es sich selber gewünscht hat. *Ich glaube*, hat er schon als Zwanzigjähriger an seinen Freund Oskar Pollak geschrieben, *man sollte überhaupt nur solche Bücher lesen, die einen beißen und stechen. Wenn das Buch, das wir lesen, uns nicht mit einem Faustschlag auf den Schädel weckt, wozu lesen wir dann das Buch? Damit es uns glücklich macht, wie du schreibst? Mein Gott, glücklich wären wir eben auch, wenn wir keine Bücher hätten, und solche Bücher, die uns glücklich machen, könnten wir zur Not selber schreiben. Wir brauchen aber die Bücher, die auf uns wirken wie ein Unglück, das uns sehr schmerzt, wie der Tod eines, den wir lieber hatten als uns, wie wenn wir in Wälder verstoßen würden, von allen Menschen weg, wie ein Selbstmord, ein Buch muss die Axt sein für das gefrorene Meer in uns. Das glaube ich.*

1. Prag, Niklasstraße 36, vierter Stock

Eigentlich sollte die Welt im Jahr 1910 untergehen. So jedenfalls prophezeiten es die Wahrsager. Und der Grund für diese düstere Prognose war der Halleysche Komet, der auf die Erde zuraste und den man Mitte Mai mit bloßem Auge würde sehen können. Gab es nicht schon Vorzeichen für die nahende Katastrophe? In Frankreich überflutete der Regen das Land und sogar der Eiffelturm in Paris stand im Hochwasser der Seine. In Deutschland legten Streiks das Land lahm und aufgrund der bedenkenlosen Rüstung verschärfte sich die Finanzkrise. Im April stürzten mehrere Ballons und Flugzeuge ab, das Reichsluftschiff *Z II* wurde von einem Sturm völlig zerstört, ebenso ein britisches Militärluftschiff, und die deutsche Fußballnationalmannschaft verlor ihr erstes Länderspiel gegen die Niederlande mit 2 : 4 Toren.

In Berlin gab es eine Postkarte zu kaufen, mit einer Karikatur zum bevorstehenden Weltuntergang. Auf einer Weltkugel eilen panische Menschen zu einem Luftballonverkäufer, der seine Ware zum Ausverkaufspreis von 50 Pfennig pro Stück anbietet. An den Ballons entschweben dann Männer und Frauen mit Koffern und Regenschirmen in der Hand in den Weltraum, weg von der dem Untergang geweihten Erde.

Das war natürlich nicht ganz ernst gemeint. Die meisten Menschen amüsierten sich über die Ängste vor einem

Weltende, und sie ließen sich nicht davon abhalten, an die Zukunft zu denken. Wie diese Welt von morgen aussehen wird, davon konnte man sich auf der Weltausstellung in Brüssel einen Eindruck verschaffen. Der belgische König Albert I. eröffnete am 23. März die gigantische Leistungsschau. Über 50 000 Menschen besuchten täglich das 100 Hektar große Gelände. Neben einem riesigen Volksfest präsentierten Länder aller Kontinente ihre neuesten Errungenschaften auf den Gebieten Forschung, Technik und Kultur. In der deutschen Abteilung stand eine riesige Kraftmaschinenhalle, darin lärmten Verbrennungsmotoren und Kompressoren zur Erzeugung von Pressluft. Und das Neueste war ein Kleinmotor, den der deutsche Ingenieur Rudolf Diesel entwickelt hatte.

Die Welt Anfang des Jahres 1910 schien keineswegs an ihrem Ende. Vielmehr war der Glaube verbreitet, man stehe am Anfang einer goldenen Zukunft, auch wenn es zwischen den führenden europäischen Mächten Spannungen gab. Österreich hatte im Oktober 1908 Bosnien-Herzegowina annektiert und dadurch Russland, Italien, England und die Türkei gegen sich aufgebracht. Nur Deutschland stand in Nibelungentreue zu seinem Nachbarn. Österreich, das war seit 1867 ein Zusammenschluss von Österreich und Ungarn und immerhin das zweitgrößte Staatsgebilde in Europa nach Russland. Es reichte von Böhmen bis zur Balkanhalbinsel und von Tirol bis zur Bukowina und Siebenbürgen.

An der Spitze dieses Vielvölkerstaates stand der greise Kaiser Franz Joseph, zugleich König von Ungarn. Diese k.u.k. Doppelmonarchie wurde nicht nur durch die gemeinsame Außenpolitik in Schwierigkeiten gebracht. Auch der innere Zusammenhalt war durch die vielen Nationalitäten gefährdet. Zwar gab es in der österreichischen Reichshälfte ein Parlament, in dem die Deutschen, Italiener, Polen und Tschechen ihre Rechte vertreten konnten. Doch die Feindschaft zwischen den Volksgruppen war so unversöhnlich, dass es in der Volksvertretung zu regelrechten Raufereien kam und die Abgeordneten einander Tintenfässer an den Kopf warfen.

Besonders die Rivalität zwischen den Deutschen und den Tschechen bestimmte zeitweise die ganze Innenpolitik. Die in Böhmen zahlenmäßig überlegenen Tschechen waren stolz auf ihre Kultur und träumten von einem eigenen Nationalstaat. Die deutsche Minderheit betrachtete sich kulturell dem Deutschen Reich zugehörig und wollte diese Tradition aufrechterhalten. Dieser Streit führte auch zu blutigen Auseinandersetzungen, aber hauptsächlich wurde er auf dem diplomatischen Parkett ausgetragen. Zeitweise war der böhmische Landtag beschlussunfähig und musste sich nach Notverordnungen aus Wien richten. Am 15. April 1910 beschloss der Prager Gemeinderat, die Veröffentlichungen des Statistischen Amts nicht mehr in deutscher, sondern nur noch in tschechischer und französischer Sprache erscheinen zu lassen. Und am 27. April brachten die tschechischen Abgeordneten im Wiener Reichsrat einen Antrag durch, nach dem zukünftig nur zweisprachige Beamte eingestellt werden durften.

Der 28. April 1910 ist ein Donnerstag. Es ist früher Morgen in Prag, der »Hauptstadt des Königreichs Böhmen«. Über der Moldau liegt leichter Nebel und die vielen Türme der Altstadt stehen wie Schattenrisse in der Morgendämmerung. In einigen Kaffeehäusern und Suppenstuben drängen sich noch Nachtschwärmer. Für andere beginnt der neue Arbeitstag. Die ersten Passanten in den Gassen sind Bäckerjungen, Fleischergehilfen, Nachtwächter, Plakatankleber und Zeitungsausträger. Dienstmädchen schleppen Schüsseln und Eimer voll Wasser in die Häuser. Milchwagen sind unterwegs. Und vom Wenzelsplatz her zieht eine ganze Armee von Straßenkehrern mit ihren Besen durch die Stadt.

Auf dem Altstädter Ring, rund um die Mariensäule, stehen an die hundert Wagen mit vorgespannten Pferden. Bauern und Marktfrauen verkaufen hier Kartoffeln, Kohlköpfe, Salat, Obst, Pilze, Waldfrüchte und Gänse. Um diese Zeit ist alles billiger, weil bis sieben Uhr keine Marktgebühr verlangt wird. Punkt sieben Uhr rollen die letzten Wagen wieder davon und der Platz ist wie leer gefegt.[1]

Im Morgengrauen nehmen auch die elektrischen Straßenbahnen, die es schon seit über zehn Jahren gibt, ihren Dienst auf. Eine neue Linie fährt vom Großen Ring, dem zentralen Platz in der Altstadt, am Rathaus vorbei in die Niklasstraße, auf geradem Weg zur Moldau. Die Brücke, die hier über den Fluss führt, ist erst vor zwei Jahren fertig gestellt worden. Die Gegend am Flussufer gehörte früher zum Judenviertel. Die alten Slumbauten sind nach und nach abgerissen worden und an ihrer Stelle hat man mehrstöckige moderne Mietspaläste errichtet.

Direkt am Uferquai ist noch ein großer, leerer Bauplatz. Daneben, Niklasstraße 36, vor der Brücke, steht das Haus »Zum Schiff«. Die Familien, die hier wohnen, gehören schon zur besseren Gesellschaft. Die Wohnungen haben fließend Wasser und ein Bad, was in Prag wahrlich keine Selbstverständlichkeit ist. Im Haus gibt es auch einen Aufzug. Daran ist ein Schild befestigt mit dem Hinweis, dass Kindern unter vierzehn Jahren der Besitz eines Fahrstuhlschlüssels verboten ist.[2] Das Verbot ist auf Deutsch, mit Rücksicht auf die deutschen Mieter. Wenn man also einen Schlüssel hat, kann man hinauffahren bis in den vierten Stock. Dort wohnt die Familie Kafka.

Es ist nicht leicht zu sagen, welcher Bevölkerungsgruppe die Kafkas angehören. Die Eltern, Hermann und Julie Kafka, stammen beide aus jüdischen Familien. Aber die jüdische Religion und ihre Riten spielen in ihrem Leben keine große Rolle mehr. Hermann Kafka ist Geschäftsmann, er verkauft Regenschirme, Sonnenschirme, Spazierstöcke, Handschuhe, Unterwäsche oder Knöpfe, eben alles, was die elegante Dame, der elegante

Herr brauchen. Und dem Erfolg seines Geschäftes ordnet er alles unter. Er wird auch nicht gern daran erinnert, dass er einmal als armer tschechischer Jude aus einem kleinen Kaff nach Prag gekommen ist. Wer in Prag etwas werden will, muss sich Zugang zur deutschen Oberschicht verschaffen. In der Familie Kafka wird Deutsch gesprochen und die vier Kinder haben deutsche Schulen besucht.

Kurz nach sechs Uhr wird es in der Wohnung der Kafkas langsam lebendig. Ein Dienstmädchen bereitet in der Küche das Frühstück vor und deckt den Tisch in der Wohnstube. Als Erstes erscheint das jüngste Kind der Familie, die siebzehnjährige Ottilie, die alle nur Ottla nennen. Sie muss sich mit ihren älteren Schwestern Gabriele und Valerie, Elli und Valli genannt, ein Zimmer teilen. Aber während die beiden noch liegen bleiben dürfen, muss Ottla um Viertel nach sieben in der Zeltnergasse sein, um das Galanteriewaren-Geschäft ihres Vaters aufzuschließen und die Angestellten einzulassen. Hermann Kafka traut diesen Angestellen nicht, er nennt sie *bezahlte Feinde*[3]. Ihm ist es wichtig, dass immer jemand aus der Familie im Laden ist. Deshalb bleibt Ottla auch über Mittag dort, das Essen bringt man ihr, und erst nachmittags zwischen vier und fünf Uhr kommt sie wieder nach Hause.

Ottla ist meistens schon weg, wenn ihr Bruder aufsteht. Er heißt Franz wie der Kaiser und wird am 3. Juli schon 27 Jahre alt. Er wundert sich selbst am meisten darüber, dass er immer noch bei seinen Eltern wohnt. Er hat zwar sein eigenes Zimmer, aber das liegt ungünstig zwischen der Wohnstube und dem elterlichen Schlafzimmer. In diesem Durchgangszimmer ist es kalt. Franz braucht immer frische Luft, auch nachts und im Winter. Das gehört zu seiner Abhärtung. Seit einem Jahr »müllert« er auch, das heißt, er macht regelmäßig Turnübungen nach dem Lehrbuch des dänischen Gymnastiklehrers Johann Peder Müller, nackt und bei offenem Fenster.

Im Bad braucht Franz immer besonders lange. Ausführlich wäscht und rasiert er sich und kämmt sich die dichten, schwarzen Haare, die weit in der Stirn ansetzen. Zum Frühstücken bleibt nicht mehr viel Zeit. Viel isst er sowieso nicht. Brot, Milch und ein wenig Kompott. Franz ist es ganz recht, dass sein Vater erst später aufsteht und sich um halb neun Uhr auf den Weg in das Geschäft macht. Hermann Kafka kann es nämlich nicht mit ansehen, wie sein Sohn isst. Er selber braucht ein kräftiges Frühstück und bei den anderen Mahlzeiten trinkt er gern Bier und isst Wurst und Fleisch. Franz dagegen ist Vegetarier und auch ansonsten ein Asket. Er raucht nicht und trinkt keinen Alkohol, keinen Kaffee und keinen Tee. Für seine Mutter ist es kein Wunder, dass er so furchtbar mager ist. Über einen Meter achtzig lang ist er und wiegt dabei kaum über 60 Kilo. Sie ist überzeugt davon, dass Franz viel gesünder und lebensfroher wäre, wenn er mehr essen würde. Auch ins Büro nimmt er nur ein Brot mit, das hauchdünn mit Butter bestrichen ist.

Franz ist wie immer zu spät dran. Es ist schon kurz vor acht und um acht Uhr sollte er im Büro sein. Dort ist er bekannt dafür, dass er immer zu spät kommt. Er benutzt nicht den Fahrstuhl, sondern stürzt die Treppe hinunter, zum Schrecken derer, die gerade hinaufsteigen. Das sei, so meint er einmal, der einzige und von ihm selbst erfundene Sport, den er treibe.[4]

Mit weiten Schritten eilt er durch die Gassen der Altstadt. Ungefähr zehn Minuten braucht er bis zur Straße Poříč Nr. 7. Hier steht das Gebäude der Arbeiter-Unfall-Versicherungsanstalt für das Königreich Böhmen (AUVA) mit seiner prächtigen Fassade. Kafka oder Dr. Franz Kafka, wie man richtig sagen müsste, denn er hat an der Prager Karlsuniversität den Doktortitel im Fach Jura erworben, ist Angestellter der Anstalt seit dem 30. Juli 1908. Vorher war er bei einer anderen Versicherungsgesellschaft, der Assicurazioni Generali. Aber dort hat er es nur ein paar Monate ausgehalten. Für einen Hungerlohn musste er täglich oft neun Stunden und mehr arbeiten. Und abends, wenn er nach Hause kam, war er völlig erledigt. An seiner neuen Arbeitsstelle hat er »einfache Frequenz«, das heißt, er muss nur bis nachmittags um zwei Uhr im Büro bleiben. Dafür verdient er zwar weniger, hat aber den restlichen Nachmittag frei und kann machen, was er will.

Für Kafka ist heute ein besonderer Tag. Vor kurzem ist er zum Beamten und Konzipisten ernannt worden und aus diesem Anlass soll er heute zusammen mit anderen vom Präsidenten der Anstalt empfangen werden. Das ist eine große Ehre und deshalb hat Kafka auch seinen guten schwarzen Anzug an. Mit der Beförderung erhält er nicht nur ein deutlich höheres Gehalt, sondern auch eine erweiterte Stellung in der Betriebsabteilung. Diese neu geschaffene Abteilung kümmert sich um alles, was mit den Beitragszahlungen der versicherungspflichtigen böhmischen Betriebe zusammenhängt. Die Beiträge bemessen sich danach, wie hoch in den einzelnen Firmen das Unfallrisiko ist. Und zu Kafkas Aufgaben gehört es, jeden Betrieb in eine Gefahrenklasse einzuordnen und die anfallenden Beschwerden gegen diese Entscheidung zu bearbeiten. Darüber hinaus ist seinen Vorgesetzten aufgefallen, wie gewandt Kafka im Formulieren von Texten ist, und er wird nun zunehmend damit betraut, die schriftlichen Äußerungen der Anstalt wie Jahresberichte, Fachaufsätze und Reden zu verfassen.[5]

Zusammen mit zwei Kollegen, die auch befördert wurden, geht Kafka in das Büro des Präsidenten der Arbeiter-Unfall-Versicherung, Dr. Otto Přibram. Kafka weiß, dass er es diesem Mann zu verdanken hat, dass er als Jude überhaupt in die Anstalt aufgenommen wurde. Der Direktor persönlich hat sich für ihn eingesetzt, was damit zusammenhängt, dass Kafka mit dessen Sohn Felix in dieselbe Klasse ging und noch mit ihm befreundet ist. Als kleiner Angestellter nun dem Direktor gegenüberzustehen, das kommt Kafka vor, als hätte er eine Audienz beim lieben Gott – oder zumindest beim Kaiser. Und so mächtig und würdig sieht der Direktor auch aus mit seinem Monokel und dem langen weißen Bart.

Es gehört zum Ritual dieser Empfänge, dass man sich beim Direktor für die Beförderung mit ein paar Worten bedankt. Das übernimmt Kafkas älterer Kollege. Er hält eine kurze Rede und der Direktor nimmt sie entgegen wie ein Kaiser. Wie er dasitzt mit der geballten Faust auf dem Tisch und mit gesenktem Kopf, so dass sein weißer Bart auf der Brust abknickt. Kafka weiß, dass das alles ganz normal und üblich ist, aber beim Anblick des Direktors kann er nicht anders, er muss lachen. Es sind sozusagen nur kleine Lachanfälle, und man könnte meinen, dass er nur husten muss. Doch dann hebt der Direktor seinen Kopf und kann nun deutlich sehen, dass Kafka nicht hustet, sondern wirklich lacht. Kafka durchfährt ein *Schrecken ohne Lachen*[6]. Und er hätte vielleicht seine Fassung rasch wiedergefunden, wenn der Direktor nun nicht seinerseits angefangen hätte, eine Rede zu halten.

Kafka kommt es wieder so majestätisch vor, wie der Direktor redet, in tiefem Brustton und salbungsvoll, und alles, was er sagt, scheint so sinnlos und grotesk. Kafka muss einfach wieder lachen. Die Kollegen schauen ihn von der Seite an, aber das macht alles nur schlimmer. Der Direktor will nun die Situation entspannen und macht selber kleine Späßchen. Allerdings lacht Kafka nicht so respektvoll darüber, wie es sich gehört, sondern er lacht aus vollem Hals. Und das Schlimme ist: Er hat nun auch seine Kollegen angesteckt. Sie stehen da mit aufgeblasenen Wangen und müssen dagegen ankämpfen, einfach loszuprusten. Während sie aber noch über sich selbst erschrocken sind, scheint Kafka jede Hemmung verloren zu haben. Er hält sich nicht die Hand vor den Mund, wendet sich auch nicht ab, sondern er starrt dem Direktor völlig hilflos ins Gesicht und lacht. *Natürlich lachte ich dann*, so schreibt er darüber später, *da ich nun schon einmal im Gange war, nicht mehr bloß über die gegenwärtigen Späßchen, sondern auch über die vergangenen und die zukünftigen und über alle zusammen, und kein Mensch wusste mehr, worüber ich eigentlich lache.*[7]

Im Zimmer herrscht nun große Verlegenheit. Der Direktor fährt mit seiner Ansprache fort. Und man merkt, dass er schnell zum Ende kommen will, um diesen peinlichen Zwischenfall halbwegs anständig über die Bühne zu bringen. Wer weiß, was nun in Kafkas anderen Kollegen gefahren ist, der sich anscheinend ermutigt fühlt, auf die Worte des Direktors zu antworten, und anfängt, seine Meinungen zu verbreiten und läppisches Zeug daherzureden. Nun ist es für Kafka endgültig zu viel. Er verliert jede Haltung, und obwohl ihm vor Angst die Knie schlottern, muss er so herzlich und rücksichtslos lachen wie ein Schuljunge. Er schlägt sich mit der Hand auf die Brust und stammelt Entschuldigungen. Aber er kann sich gar nicht verständlich machen, weil immer wieder das Lachen aus ihm herausbricht.

Der Direktor macht noch ein paar Bemerkungen und tut so, als würde sich Kafka noch immer über einen seiner Witze amüsieren. Dann erklärt er eilig den feierlichen Empfang für beendet und schickt die drei beförderten Angestellten hinaus. *Unbesiegt, mit großem Lachen, aber todunglücklich stolperte ich als Erster aus dem Saal*, schildert Kafka später diesen Abgang.[8]

Kafka ist die Sache furchtbar peinlich. Und alles wird noch schlimmer dadurch, dass nun in der ganzen Anstalt die Geschichte von Kafka, der dem Direktor ins Gesicht gelacht hat, herumerzählt wird. Dabei hat er sich bisher nie etwas zu Schulden kommen lassen und ist nie groß aufgefallen. Er gilt als vorbildlicher Angestellter und ist bei allen beliebt, sogar bei den Putzfrauen und beim Portier. Manche nennen ihn auch »unser Amtskind«[9], weil er so jung aussieht und weil er ein so kindliches Gemüt hat.

Um zwei Uhr ist für Kafka Dienstschluss. Wie immer kommt er später aus dem Versicherungsgebäude und muss sich wieder beeilen, um gleich eine Straße weiter zum Pulverturm zu kommen. Dort wartet wie jeden Tag sein Freund Max Brod auf ihn. Immer wenn er zu spät kommt, presst Kafka schon von weitem seine Hand aufs Herz und macht eine leichte Verbeugung, um zu sagen, dass es ihm Leid tue und er wirklich nichts dafür könne. Brod kennt seinen Freund, schon oft hat er auf ihn warten müssen. Kafka ist sehr aufgeregt und muss gleich von seinem missglückten Auftritt beim Direktor erzählen. Er will nun dem Direktor einen Entschuldigungsbrief schreiben, und beide verabreden sich für den späten Nachmittag, um gemeinsam an dem Brief zu feilen.

Der ein Jahr jüngere Max Brod ist einen Kopf kleiner als Kafka und er ist auch nicht so gerade gewachsen. Man sieht ihm an, dass er als Kind sehr krank war. Erst machte er sämtliche Krankheiten von der Diphtherie bis zu den Masern durch und mit vier Jahren dann trat bei ihm eine Rückgratsverkrümmung auf. Die Ärzte hatten ihn schon aufgegeben. »Was nicht leben kann, soll sterben«, hatte einer gesagt.[10] Doch seine Mutter ließ sich nicht entmutigen und schleppte Max zu einem Schlosserlehrling nach Deutschland, der für das zierliche Kind ein eisernes Korsett schmiedete, das er noch als Gymnasiast tragen musste. Diese jahrelange Qual hat seiner Entwicklung nicht geschadet. Im Gegenteil, Brod ist sehr selbstbewusst und zu Frauen ist er alles andere als gehemmt oder schüchtern. Oft zieht er nächtelang mit Kafka durch die Prager Nachtlokale wie das »Trocadero« oder das »Eldorado«, um Frauenbekanntschaften zu machen. Und vor allem Kellnerinnen und Zimmermädchen sind vor ihm nicht sicher. Für seine erotischen Abenteuer hat er sich sogar ein eigenes Zimmer gemietet.

Im normalen Leben ist Max Brod bei der Prager Postdirektion beschäftigt. Ein Job, den er hasst. Der einzige Lichtblick für ihn ist, dass er wie Kafka nicht nachmittags arbeiten muss. Und wie Kafka hat er eine solche Stelle gesucht, um für seine literarischen Arbeiten Zeit zu haben. Anders als Kafka ist Max Brod ein bekannter Autor. Er hat schon mehrere Bücher geschrieben und ist gerade dabei, einen neuen Roman zu beenden. Er kennt Verleger und hat Kontakte zu einflussreichen Leuten in literarischen Kreisen.

Als sich die beiden im Frühjahr 1903 kennen lernten, wusste Brod lange nicht, dass auch Kafka schreibt. Erst nach Jahren las ihm Kafka etwas aus eigenen Texten vor. Einmal die Geschichte von einem jungen Mann namens Raban, der an einem regnerischen Nachmittag von seiner Arbeitsstelle zum Bahnhof geht, mit Bekannten redet und dann mit dem Zug aufs Land fährt, wo seine Verlobte auf ihn wartet. Obwohl in dieser Geschichte von den *Hochzeitsvorbereitungen auf dem Lande* kaum etwas passiert, war Brod davon begeistert, und er wollte seinen Freund dazu bewegen, seine Texte zu veröffentlichen. Unbegreiflich war ihm, dass Kafka sich so zierte und es ihm anscheinend gleichgültig war, ob sein *Gekritzel* auch gedruckt wurde. Es war schließlich auch Brod, der alle seine Beziehungen spielen lassen musste, um etwas von Kafka in Zeitschriften unterzubringen. Erst 1909 wurden in der angesehenen, aber sehr kurzlebigen Zeitschrift *Hyperion* Texte des unbekannten Prager Versicherungsangestellten abgedruckt. Und auch in der Prager Tageszeitung *Bohemia* erschienen erst vor kurzem kleine Prosastücke und davor ein Bericht über eine Flugschau, die Kafka zusammen mit Max Brod bei einer Italienreise besucht hatte.

Diese Veröffentlichungen wurden freilich kaum beachtet. Doch Brod hat sich vorgenommen, seinen Freund zu fördern, und das nächste Ziel muss für ihn ein Buch sein.

Max Brod nimmt gern einen Umweg in Kauf, um Kafka nach Hause zu begleiten. Sie haben viel zu besprechen, denn im Herbst wollen sie zusammen mit Max' Bruder Otto eine Reise nach Paris machen. Noch lange bleiben sie redend vor dem Haus »Zum Schiff« stehen, bis Kafka endlich mit dem Fahrstuhl in den vierten Stock fährt.

Laute Stimmen und das Scheppern von Tellern schlagen ihm entgegen, als er die Wohnungstür öffnet. Die Eltern sind schon seit halb zwei Uhr aus dem Geschäft zurück und haben bereits zu Mittag gegessen. Kafka hat eigentlich keinen Hunger, aber weil seine Mutter gleich wieder anfängt zu jammern, wie ungesund Franz lebt, isst er eine Kleinigkeit, aber nur *aus Kindesliebe*[11].

Der Vater setzt sich nach dem Essen in den Schaukelstuhl, um ein kleines Schläfchen zu machen, bevor er und seine Frau wieder in das Geschäft gehen. Obwohl Hermann Kafka ein großer, breitschultriger Mann ist, macht ihm sein schwaches Herz zu schaffen. Besonders in letzter Zeit, seit die Geschäfte nicht mehr so gut gehen.

Nachdem die Eltern weg sind, wird es ruhiger in der Wohnung. Franz zieht sich zurück in sein Zimmer und legt sich auf sein Kanapee. Das ist sein Lieblingsplatz. Er schläft nicht richtig ein, sondern fällt in eine Art Halbschlaf, in dem er oft sehr intensive Träume hat. Es kommt vor, dass er stundenlang so liegt und dann von den Eltern wachgerüttelt wird, wenn sie um acht Uhr abends vom Geschäft nach Hause kommen.

Spätnachmittags macht sich Kafka auf zu seinem Freund Max. Der wohnt auch noch bei seinen Eltern, in der Schalengasse. Kafka ist gern bei den Brods. Mit Max' Eltern ist es fast umgekehrt wie mit seinen. Hier ist die Mutter die Praktische, Leidenschaftliche, manchmal auch Unberechenbare. Der Vater, er ist stellvertretender Direktor der Prager Union-Bank, ist ein stiller und sanfter Mann. Beide aber verbindet die Liebe zur Musik, ein Talent, das Max von ihnen geerbt hat. Bei den Brods wird viel gesungen und über Kunst gesprochen und Max' Eltern sind sehr stolz auf den literarischen Erfolg ihres Sohnes. Darum beneidet ihn Franz ein wenig. Denn sein Vater und seine Mutter interessieren sich nicht für Bücher, und seine eigenen Schreibversuche halten sie für einen kindischen Zeitvertreib, der von selbst aufhören werde, wenn er erst mal verheiratet sei und Kinder habe.

Kafka macht sich immer noch heftige Vorwürfe wegen seines Lachanfalls und Brod muss ihn trösten. Sie verfassen einen Entschuldigungsbrief an den Direktor, und Franz nimmt sich vor, mit seinem alten Schulfreund Ewald Felix Přibram, dem Sohn des Direktors, zu reden, damit der bei seinem Vater ein gutes Wort für ihn einlegt.

Als Kafka abends wieder nach Hause kommt, ist die Familie schon versammelt. In der Küche wird das Abendessen vorbereitet und im Wohnzimmer sitzt der Vater und liest Zeitung. Von seinem Erlebnis heute in der Versicherungsanstalt erzählt Franz lieber nichts. Das würde den Vater doch nur bestärken in seiner Meinung über den seltsamen Sohn. »Wie der Rudolf«, sagt Hermann Kafka oft, wenn er wieder Grund hat, sich über das Verhalten seines Sohnes zu wundern. Und das ist kein Kompliment. Denn Onkel Rudolf, der Halbbruder der Mutter, ist ein recht verschrobener Junggeselle, sozusagen der Narr der Familie und bekannt für seine Schrullen und eingebildeten Krankheiten.

Wenn Kafka offen mit jemandem aus seiner Familie reden kann, dann mit Ottla, seiner jüngsten Schwester. Oft sperren sie sich im Bad ein und erzählen sich dann ihre Geheimnisse. Ottla ist froh, wenn sie jemandem anvertrauen kann, wie es ihr im Geschäft mit den Eltern geht. Und Franz erzählt ihr von seinen Besuchen im Theater oder von den Filmen, die er im neuen Kino gesehen hat. Er kann so gut die Schauspieler nachmachen und bringt Ottla damit oft zum Lachen.

Gegen halb zehn wird zu Abend gegessen. Franz hat seinen eigenen Speisezettel. Am liebsten Bananen, Äpfel, Trauben, Feigen und anderes Obst, dazu Nüsse aller Art. Er achtet darauf, das alles sehr lange und sorgfältig zu kauen. »Fletschern« nennt man das, nach dem amerikanischen Ernährungsexperten Horace Fletcher. Seitdem Kafka dessen Ratschläge befolgt und seine Ernährung umgestellt hat, ist es auch mit seinen Magenschmerzen besser geworden. Nur die Familie muss sich an seine Essgewohnheiten noch gewöhnen. Die Schwestern können sich das Kichern manchmal nicht verbeißen. Der Vater hält sich oft demonstrativ die Zeitung vors Gesicht.

Aber so ist er, der Vater. Er kann seine Gefühle nicht im Zaum halten. Immer sagt und zeigt er geradeheraus, was er fühlt und denkt. Elli, die älteste Tochter, nennt er »die breite Mad« und macht nach, wie sie plump und schwerfällig am Tisch sitzt.[12] Elli schweigt dazu. Lange wird sie ohnehin nicht mehr in der Familie sein. Wie bei Töchtern in ihrem Alter üblich, hat man eine Heiratsvermittlung beauftragt, für sie einen Mann zu finden. Und es ist auch schon ein geeigneter Kandidat in Aussicht. Karl Hermann heißt er, ein Geschäftsmann aus kinderreicher Familie. Viel Geld wird er zwar nicht mit in die Ehe bringen, aber er sieht gut aus und ist ein Schwiegersohn, wie ihn sich Hermann Kafka nur wünschen kann. Karl Hermann will sich selbstständig machen und in Prag eine Fabrik aufbauen. Das ist ein unternehmerischer Elan, der Hermann Kafka imponiert und den er bei seinem Sohn vermisst.

Nach dem Essen kommt der gemütliche Teil des Abends. Es wird »Franzefuß« gespielt, ein Kartenspiel. Das ist Hermann Kafkas große Leidenschaft und bringt ihm die beste Entspannung nach einem langen Arbeitstag. Er fordert auch Franz auf mitzuspielen. Seit dessen Kindertagen will er, dass Franz sich am Kartenspiel beteiligt. Doch der hat immer abgelehnt.[13] Höchstens, dass er mal dabeisitzt und die Gewinnpunkte aufschreibt. Franz ist das Kartenspielen einfach zu langweilig. Und vor allem verträgt er es nicht, wie sein Vater spielt. Er schreit und lacht, singt zwischendurch und pfeift durch die Zähne, fängt zu streiten an und hämmert die Karten auf den Tisch, dass die Gläser wackeln.[14]

Franz zieht sich lieber zurück in sein Durchgangszimmer. Dort liegt er im Dunkeln auf seinem Kanapee und betrachtet die Lichter und Schatten, die von den elektrischen Lampen auf der Straße und der Brücke in sein Zimmer geworfen werden. Die vorbeifahrende Elektrische bringt das Licht- und Schattenspiel in Bewegung und lässt die Gegenstände im Zimmer in merkwürdigem Licht erscheinen: der Wäschekasten, auf dem der Globus steht; der Schreibtisch mit dem Aufsatz und den Schreibheften und Papieren darauf; das Bett mit den dunklen breiten Bettposten.[15]

Es wird elf Uhr und später, bis die Eltern mit dem Kartenspielen Schluss machen. Das warme Wohnzimmer wird jetzt frei und Franz kann sich dort noch an den Tisch setzen. Der Vater steht auf dem Sofa und zieht die Wanduhr auf. Kurze Zeit später kommen die Eltern in ihren Schlafmänteln aus dem Bad. Franz wünscht ihnen gute Nacht, und sie schlurfen müde durch Franz' Zimmer zu ihren Betten.

Diese Zeit, wenn er spätabends als Einziger noch wach ist und es still in der Wohnung wird, ist für Kafka die kostbarste des Tages. Jetzt ist er allein und kann in eines seiner Wachstuchhefte schreiben. Kafka kennt viele, die in ihrer Freizeit schreiben. Die Kaffeehäuser in Prag sind voll mit Ärzten, Anwälten oder Maklern, die nebenbei Erzählungen oder Gedichte schreiben. In Kafkas Freundeskreis haben fast alle literarischen Ehrgeiz. Sogar der Direktor seiner Versicherungsanstalt liest Gedichte, und er hat schon von Kollegen in seiner Abteilung gehört, die heimlich reimen.

Kafka fühlt sich nicht als Schriftsteller oder gar als Dichter. Es ist einfach nur so, dass er sich durch das Schreiben *fester* fühlt. Er hat Momente erlebt, in denen er ganz klarsichtig und ganz bei sich war, und in einem solchen Zustand kamen die Wörter und Sätze wie selbstverständlich aus ihm heraus. Leider sind solche Zustände nicht von Dauer. Sie sind viel zu selten. Und gerade in den letzten fünf Monaten fühlte Kafka sich wie ein *Strohhaufen*, der sich nicht anzünden lässt.

Kafka ist auf der Suche. Er ist mit seinem Leben unzufrieden, und er ist unzufrieden mit allem, was er bisher geschrieben hat. Manches hat er sogar verbrannt. Dabei weiß er genau, dass für ihn noch viel mehr möglich ist. Es ist nur wichtig, dass er sozusagen den erleuchteten Stunden ein wenig entgegenarbeitet. Darum hat er auch vor kurzem damit begonnen, ein Tagebuch zu führen. Das Tagebuch soll ihn dazu zwingen, jeden Tag zu schreiben, und sei es auch nur ein Satz. Vielleicht entzündet sich dann in den Aufzeichnungen über sich und seinen Alltag der Funke, der den *Strohhaufen* zum Brennen bringt. Er jedenfalls will bereit sein. *Aber jeden Tag soll zumindest eine Zeile gegen mich gerichtet werden*, schreibt er ins Tagebuch, *wie man die Fernrohre jetzt gegen den Kometen richtet.*[16]

II. Nackte Wahrheiten

Durch das Fenster in seinem Zimmer hat Kafka einen Blick auf den Fluss, auf die Čechbrücke und auf die Gärten und Spazierwege der Kronprinz-Rudolf-Anlagen auf der anderen Seite der Moldau. Links von der Brücke liegt die Zivilschwimmschule. Die Holzbaracken liegen auf dem Wasser und grenzen zum Ufer hin ein rechtwinkliges Stück Fluss ab, das als Schwimmbecken dient. Hier, im so genannten »Spiegel«, lernen die Anfänger das Schwimmen, von einem Lehrer gehalten an einer langen Stange. Außerdem ist die Zivilschwimmschule auch so etwas wie ein Fitnesszentrum. Hier gibt es verschiedene Turngeräte wie ein Trampolin, zwei Sprungbretter, einen Barren und ein Reck. Im Sommer verbringt Kafka viele Nachmittage in der Badeanstalt. Und an den arbeitsfreien Sonntagen liegt er oft stundenlang auf den sonnenerwärmten Brettern.

Kafka hat hier auch ein eigenes, schmales Boot liegen, einen so genannten »Seelentränker«, den er »Rudi« getauft hat. Oft rudert er damit die Moldau hinauf und lässt sich dann, im Boot lang ausgestreckt, mit der Strömung wieder zurücktreiben. Ein Kollege aus der Versicherungsanstalt hat ihn einmal so gesehen, als er auf der Brücke stand, unter der gerade der spindeldürre Kafka in seinem Boot hindurchschwamm. Wie komisch dieser Anblick war, hat er später ausführlich erzählt. Es kam ihm vor, so meinte er, wie kurz vor dem Jüngsten Gericht, wenn die Sargdeckel schon abgehoben sind, aber die Toten noch still daliegen.[1]

Seit Kafka rudert, schwimmt und turnt, macht es ihm nicht mehr so viel aus, sich nur in Badehose zu zeigen. Das ändert aber nichts daran, dass er sich meistens für seinen Körper schämt, ja manchmal über ihn verzweifelt ist. Solange er zurückdenken kann, war er sich unsicher, in jeder Hinsicht, und unsicher war ihm natürlich auch das Nächste, sein Körper. Ständig hatte er Angst, dass etwas damit nicht stimmt, er vielleicht krank wird, sein Rückgrat sich verkrümmt oder seine Verdauung nicht mehr funktioniert. Und die Angst davor genügte oft schon, um wirklich krank zu werden.

Und wie groß war die Angst davor, sich nackt zu zeigen, angestarrt zu werden. Nie wird er vergessen, wie ihn sein Vater früher in die Zivilschwimmschule mitgenommen hat. Sie zogen sich immer in einer Kabine um, und er, der kleine Franz, fürchtete sich schon vor dem Augenblick, wenn er neben seinem Vater im Badeanzug vor die anderen Leute treten musste. Wie groß, breit und kräftig kam ihm der Vater vor. Und wie klein, mickrig und klapprig fühlte er sich dagegen. In seiner Not hat er sich Ausreden ausgedacht, um allein in der Kabine zurückbleiben zu können. Irgendwann musste er zwar doch hinaus, aber besser allein als neben seinem Vater.[2]

Aus Franz Kafka ist ein guter Schwimmer geworden, sogar ein leidenschaftlicher. Und noch lieber als in der zivilisierten Badeanstalt schwimmt er in Flüssen und Waldbächen. Wenn das Wetter am Wochenende schön ist, zieht es ihn hinaus in die Umgebung Prags, zu den Stromschnellen der Moldau, in das Sazawa-Tal oder an den Beraunfluss. Dann kann es sein, dass Max Brod am Samstag per Rohrpost eine Nachricht wie folgende bekommt: *Mein lieber Max, stürze dich nicht in Kosten wegen einer Rohrpostkarte, in der du mir schreibst, dass du um* 6.05 *nicht auf der Franz-Josef-Bahn sein kannst, denn das musst du, da der Zug, mit dem wir nach Wran fahren, um* 6 *Uhr* 05 *fährt. Um* ¾8 *gehen wir den ersten Schritt gegen Davle, wo wir um* 10 *Uhr bei Lederer ein Paprika essen werden, um* 12 *Uhr in Stechowitz mittagmahlen, von* 2 *bis* ¼4 *Uhr gehen wir durch den Wald zu den Stromschnellen, auf denen wir herumfahren werden. Um* 7 *Uhr fahren wir mit dem Dampfer nach Prag. Überleg es dir nicht weiter und sei um* ¾6 *auf der Bahn.*[3]

Meistens ist bei solchen Ausflügen auch Felix Weltsch mit dabei. Ihn kennt Kafka schon aus der Zeit im Altstädter Gymnasium, wo Weltsch eine Klasse unter ihm war. Weltsch hat auch Jura studiert und ist gerade dabei, einen zweiten Doktortitel in Philosophie zu machen. Ob sein Ehrgeiz ihm auch beruflich nützt, ist allerdings fraglich. Sein großer Traum ist, an der Universität Philosophie zu unterrichten. Doch die Chancen dazu stehen schlecht, und er muss sich darauf gefasst machen, als überqualifizierter Akademiker wie Kafka und Brod in irgendeinem schlecht bezahlten Job zu landen.

Frei von solchen Sorgen ist ein anderer Freund aus Prag, der im Sommer 1910 in den »Geheimbund froher Naturanbeter«[4] eingeführt werden soll, der junge Franz Werfel, der kurz vor dem Abitur steht. Seinen Eltern gehört eine Handschuhfabrik und Werfel lebt ganz unbekümmert sein dichterisches Talent aus. Brod, Kafka und Weltsch nehmen ihn an einem Juliwochenende einmal mit zu den Stromschnellen des Sazawa, wo sie nackt im Wald herumlaufen und stundenlang baden. Der dickliche und hellhäutige Werfel ist aber das Leben in freier Natur nicht gewöhnt und holt sich einen schlimmen Sonnenbrand.

Franz Werfel passt auch besser in die Stadt als in die Natur. Täglich besucht er die Prager Kaffeehäuser, das »Corso«, das »Edison« oder das »Continental«. Am meisten Zeit verbringt er im »Café Arco«, wo sich die literarische Avantgarde trifft, junge deutschjüdische Autoren wie Otto Pick, Rudolf Fuchs oder der literaturbesessene Bankangestellte Ernst Pollak. Franz Werfel kann im Lärm und Zigarettenqualm des »Arco« seine Gedichte schreiben, und wenn er eines fertig hat, trägt er es gleich seinen begeisterten Zuhörern vor. Was Franz Kafkas Talent anbelangt, ist Werfel eher skeptisch. Max Brod hat ihm einmal einen Text von Kafka vorgelesen, und sein einziger Kommentar war gewesen: »Das kommt niemals über Bodenbach hinaus!«[5] Und Bodenbach war der Grenzort zu Deutschland. Tiefste Provinz.

Auch Kafka ist öfter im »Café Arco«. Die verrauchten

Räume des Kaffeehauses sind schon zur Mittagszeit voll von mehr oder weniger bekannten Literaten, die ihre Gedichte oder Erzählungen vorlesen und dann laut darüber streiten. Den Versicherungsangestellten Kafka kennt man dagegen als einen stillen Gast, der lieber zuhört und beobachtet als sich an den Gesprächen beteiligt. Offener wird Kafka erst im Kreis seiner engsten Freunde. Dazu gehört neben Max Brod und Felix Weltsch auch Oskar Baum. Vor ihm hat Kafka so großen Respekt, dass er ihn nicht zu duzen wagt. Obwohl Baum gleich alt ist wie er, hat er schon Frau und Kind, und seine Familie ernährt er als Organist und Musiklehrer. Nebenbei schreibt er auch noch Bücher – und das, obwohl er blind ist. Auf einem Auge hat er schon von Geburt an nichts gesehen. Das andere hat er verloren, als er als Elfjähriger in eine Schlägerei zwischen deutschen und tschechischen Schülern geraten war. Danach verbrachte er viele Jahre in einem Blindenheim, und von den bitteren Erfahrungen, die er dort gemacht hat, handeln auch seine Bücher.

Die vier Freunde treffen sich regelmäßig, meistens bei Oskar Baum, weil er der Einzige ist, der nicht mehr bei seinen Eltern wohnt und einen eigenen Haushalt hat. Dabei geht es immer recht lustig zu und natürlich wird von jedem erwartet, dass er etwas Selbstgeschriebenes vorliest. Nur Kafka ziert sich meistens. Er behauptet, nichts zu haben, was man vorlesen könne, oder jedenfalls nichts, was es wert wäre. Stattdessen liest er aus Werken seiner Lieblingsautoren, von Gustave Flaubert oder

Heinrich von Kleist. Und Kafka kann sehr gut lesen. Er kann sich richtiggehend in einen Text, den er liebt, hineinverlieren und wird dabei von dem geheimen Wunsch getrieben, ganz mit dem Gelesenen eins zu werden. Manchmal gelingt ihm das auch, und es macht ihn glücklich, wenn er Zuhörer wie seine Schwestern zum Weinen bringt.

Was Kafka beim Vorlesen fremder Texte erlebt, das wünscht er sich auch für sich selbst. Er möchte es einmal so weit bringen, dass er alles, was ihn bewegt, wirklich restlos ausdrücken kann. Es kommt ihm so vor, als wäre das eine *himmlische Auflösung* und als würde er erst dann beginnen, richtig zu leben.

Nichts anderes bedeutet für Kafka Schreiben. Und er sieht es gerade als sein Unglück, dass er trotz aller Anläufe unfähig dazu scheint. Entweder er hat ein *richtiges Gefühl*, findet aber dann nur Wörter, die dieses Gefühl verschwinden lassen. Oder die Geschichten, die ihm einfallen, fallen ihm nicht von der Wurzel aus ein und er fühlt sich wie ein Akrobat auf einer Leiter, die auf wackeligem Grund steht und die nicht gegen eine Wand gelehnt ist, sondern frei in die Luft ragt.[6]

Doch obwohl Kafka oft verzweifelt darüber ist, wie wenig ihm das Schreiben gelingt, das ihm vorschwebt, kann er nicht einfach damit aufhören. Es ist wie ein innerer Befehl, dem er gehorchen muss. Und gleichzeitig ist es auch seine größte Sehnsucht. Kafka weiß, dass sich mit dem Schreiben sein Leben entscheidet und dass alles andere daneben nicht zählen sollte. Daher liest er auch so gern die Lebensgeschichten von Künstlern wie Gustave Flaubert oder Heinrich von Kleist, die sich gegen alle Widerstände behaupteten und Schriftsteller wurden.

Aber wie sieht es dagegen mit Franz Kafka aus? Er ist Ende zwanzig, arbeitet halbtags in einem Büro, wohnt bei seinen Eltern und ist dauernd den Erwartungen und Forderungen der Familie und des Büros ausgesetzt. Schon lange nimmt er sich vor, endlich eigenständig zu werden und Prag zu verlassen. Doch er schafft es einfach nicht. *Prag lässt nicht los,* hat er vor Jahren an einen Freund geschrieben. *Dieses Mütterchen hat Krallen.*[7] Diesen Krallen entkommt er immer nur kurzzeitig.

Am 8. Oktober 1910 brechen Franz Kafka, Max Brod und sein Bruder Otto auf nach Paris. Sie haben sich gründlich auf diese Reise vorbereitet und sogar Französischunterricht genommen. Umso enttäuschender ist es für Kafka, dass sein Körper ihm einen Strich durch die Rechnung macht. Kaum in Paris angekommen, plagen ihn Geschwüre auf dem Rücken. Widerstrebend sucht er Ärzte auf, die ihm Pflaster auf die entzündete Haut legen. Kafka macht noch den halbherzigen Versuch, wenigstens die wichtigsten Sehenswürdigkeiten der französischen Hauptstadt zu sehen. Er geht alleine los, um Max und Otto Brod nicht die Ferienstimmung zu verleiden. Doch als es mit seinen Beschwerden immer schlimmer wird, kehrt er am 17. Oktober nach Prag zurück.

Sein Rücken ist mit Geschwüren übersät und auf seiner Haut hat sich ein sehr schmerzhafter Ausschlag gebildet. Zu allem Überfluss hat er auch noch eine verstauchte Zehe, von der sein Fuß stark angeschwollen ist. Nun liegt er auf seinem Kanapee, den Körper fest eingewickelt in einen Verband, den Fuß hochgestellt.

Aber es hilft alles nichts – er muss wieder seinen Dienst im Büro antreten. Und zu Hause findet er auch nicht die Erholung, die er so dringend nötig hätte. Die ganze Familie ist in Aufruhr wegen Ellis Hochzeit, die am 27. November stattfindet. Die alte und die neue Verwandtschaft kommt und tagelang ist die Wohnung in der Niklasstraße voll mit laut redenden und lärmenden Leuten. In seinem Zimmer geht es oft zu wie in einem *Zigeunerwagen*.

Kafka kommt es sehr gelegen, dass er noch zwei Wochen Resturlaub hat. Wenigstens einen Teil davon will er fern von Prag verbringen. Eine Woche nach Ellis Hochzeit fährt er alleine nach Berlin. Seltsamerweise findet er gerade in der lauten Großstadt Ruhe und Erholung. Das liegt nicht so sehr an den Theatern, die er besuchen kann, oder an den vegetarischen Restaurants, die er so schätzt. Vor allem fühlt er sich hier völlig frei. In Berlin ist er ein Fremder, ein Niemand, ohne eine Vergangenheit, die ihn immer wieder einholt, ohne eine Zukunft, die ihn mit ihren Erwartungen erdrückt.

Wenn er Abstand hat zu Prag, wird ihm bewusst, wie oft andere über sein Leben bestimmt haben. Er wollte sich nicht jahrelang durch die Schule quälen, immer in Angst davor, nun endgültig zu scheitern. Er wollte nicht Jura studieren und er wollte schon gar nicht als Beamter in einer Versicherungsgesellschaft arbeiten. Und trotzdem hat er immer gemacht, was von ihm erwartet wurde.

Voller Trotz hat er in sein Tagebuch geschrieben: *Wenn ich es bedenke, so muss ich sagen, dass mir meine Erziehung in mancher Richtung sehr geschadet hat.*[8] Er dachte dabei an seine Lehrer, seine Kindermädchen, seine Eltern, an ein Mädchen im Tanzunterricht, an alle eben, die durch kleine oder große Verletzungen es verhindert haben, dass sich seine guten Eigenschaften entfalten konnten. Und Kafka hat ein gutes Gedächtnis, wenn es um solche Verletzungen geht.

Er erinnert sich auch noch sehr genau an die magere und spitznasige Köchin, die ihn jeden Morgen in die erste Klasse der Volksschule bringen musste. Immer drohte sie ihm, dem Lehrer zu sagen, wie böse er zu Hause gewesen sei. Der kleine Franz wusste nicht, ob sie nur Spaß machte oder nicht. Und er war auch unsicher darüber, ob er nun wirklich böse gewesen war oder nicht. Aber je näher sie der Schule kamen, desto größer wurde seine Angst. Er bettelte die Köchin an, nichts dem Lehrer zu sagen, er bat sie um Verzeihung, und schließlich klammerte er sich an Haustüren und Ecksteinen fest, um nicht zur Schule zu müssen. Die Köchin blieb unerbittlich und schleppte ihn vorwärts mit der Versicherung, dem Lehrer auch noch von seinem unmöglichen Benehmen auf dem Schulweg zu erzählen. In der Schule sagte sie dann doch nichts. Aber die Angst blieb, dass sie es vielleicht das nächste Mal tun würde. Die Drohung allein war ihre Macht.[9]

Normalerweise ist Franz Kafka immer der Erste, der sich durch Gegenargumente widerlegen lässt und seine Vorwürfe zurücknimmt. Aber dieses Mal, in seinem Tagebuch, blieb er hartnäckig, und er schrieb, *dass außer meiner Erziehung auch diese Widerlegungen in manchem sehr geschadet haben*.

Die zweite Woche seines Urlaubs verbringt Kafka zu Hause in Prag. Berlin hat ihn wieder *locker* gemacht für seine gewohnte Umgebung. Er ist in guter Stimmung, und er freut sich schon darauf, in den vor ihm liegenden acht freien Tagen sich ganz seinen *Sachen* widmen zu können. Nachteilig ist nur, dass sein Vater krank ist und zu Hause bleiben muss. Und Hermann Kafka ist kein ruhiger Patient. Sogar wenn er in seinem Bett liegt, hört Kafka durch die Schlafzimmertür, wie er hustet, niest und schnarcht und wie das Bett knarzt, wenn er sich umdreht.

Auch diese Unruhe in der Wohnung ist daran schuld, dass seine freien Tage nicht so verlaufen, wie Kafka sich das erhofft hat. Am Ende der Woche ist er verzweifelt und würde sich am liebsten unter dem Tisch verstecken, um nicht wieder ins Büro zu müssen. Er schreibt an Max

Brod und klagt ihm sein Leid: *Wenn links der Frühstückslärm aufhört, fängt rechts der Mittagslärm an, Türen werden jetzt überall aufgemacht, wie wenn die Wände aufgebrochen würden. Vor allem aber die Mitte des Unglücks bleibt. Ich kann nicht schreiben; ich habe keine Zeile gemacht, die ich anerkenne, dagegen habe ich alles weggestrichen, was ich nach Paris – es war nicht viel – geschrieben habe. Mein ganzer Körper warnt mich vor jedem Wort, jedes Wort, ehe es sich von mir niederschreiben lässt, schaut sich zuerst nach allen Seiten um; Sätze zerbrechen mir förmlich, ich sehe ihr Inneres und muss dann aber rasch aufhören.* [10]

Max Brod macht sich Sorgen um seinen Freund, zumal sich sein Zustand auch im neuen Jahr nicht bessert. Er kann nicht verstehen, warum Kafka mit allem, was er zu Papier bringt, so unzufrieden ist. Er macht ihm den Vorschlag, die ersten Einfälle zunächst mal stehen zu lassen, um nach einer Weile vielleicht doch etwas daran zu finden, worauf er aufbauen kann. *Für dich passt das, für mich nicht*, meint Kafka darauf nur, *das hieße, diesen falschen Gefühlen die Oberhand geben.*

Brod kann auch nicht verstehen, warum es Kafka so schwer fällt, seinen Beruf und seine Schreiberei unter einen Hut zu bringen. Ihm selbst gelingt das recht gut. Er hat wieder etwas Neues geschrieben, ein Drama mit dem Titel *Abschied von der Jugend*, aus dem er Kafka vorliest, wenn sie im »Café Savoy« sitzen. Brod verdient durch seine Bücher durchaus einiges Geld, aber für ein Leben als freier Schriftsteller langt es bei weitem nicht.

Und bei Kafka ist erst recht nicht daran zu denken. Trotzdem beharrt er darauf, dass sein Beruf und seine Schreiberei unvereinbar sind und er verloren ist, wenn er sich nicht vom Büro befreien kann.

Kafka hat sich sogar einen Zeitplan auferlegt. Jeden Abend will er von acht bis elf Uhr am Schreibtisch sitzen. Sehr strikt hält er sein Pensum nicht durch. Er verbringt viele Abende im Theater, im »Café Savoy«, im Kabarett »Lucerna« oder er sitzt im Kunstgewerbemuseum und liest Zeitschriften. Sonntags macht er lange einsame Spaziergänge ohne Ziel, bis weit vor die Stadt. Was Brod beunruhigt, ist, dass Kafkas Stimmung oft von einem Extrem ins andere kippen kann. In Gesellschaft ist er lustig und witzig und kurz darauf versinkt er in düstere Abwesenheit. Als ihn Brod einmal fragt, was ihm denn fehle, antwortet er: *Nichts fehlt mir, außer ich selbst.* [11]

III. Ein schlechter Sohn

Der Zug verlässt den Prager Bahnhof Richtung Norden. In einem der mit Holzbänken ausgestatteten Coupés sitzt der Konzipist der Arbeiter-Unfall-Versicherungsanstalt, Herr Dr. Franz Kafka. Kafka reist nicht privat, sondern er ist dienstlich unterwegs. In seiner Abteilung sind ihm die Industriegebiete im deutschsprachigen Nordböhmen zugeteilt, und er muss ab und zu die dort ansässigen Betriebe aufsuchen, um Vorträge zu halten und in Gesprächen die strittigen Einstufungen in Gefahrenklassen zu klären.

Kafka sieht sich die Mitreisenden in seinem Coupé genau an. Da ist ein magerer Mann mit abstehenden Ohren, der Essen ausgepackt hat. Schinken, Brot und Würste. Die Haut der Würste kratzt er mit einem Messer durchsichtig. Während er isst, liest er Zeitungen mit einer *Hitze und Eile*, die Kafka sympathisch ist, die er aber nie nachmachen könnte.

Auch ein anderer Mitreisender liest Zeitung. Er ist ein noch ganz junger, rotwangiger Mann. Als er mit dem Lesen fertig ist, faltet er die Zeitung sorgfältig zusammen, *als wäre es ein Seidentuch*, drückt die Kanten von innen ein, klopft das Papier wieder und wieder fest und steckt schließlich das kleine dicke Paket in seine Brusttasche.

Kafka kann nicht anders als diesen jungen Mann bewundern für die Sicherheit und Ordnung, die in seinem

Leben herrschen. Er selber wäre auch gern so. Aber für ihn sind oft schon die kleinsten Alltäglichkeiten ein Rätsel. Das erste Mal ist ihm das richtig bewusst geworden, als er noch ein Kind war. Er war damals gerade aus einem Nachmittagsschlaf aufgewacht und hörte, wie seine Mutter vom Balkon in den Garten hinunterfragte: »Was machen Sie, meine Liebe? Es ist so heiß.« Und eine Frau antwortete: »Ich jause im Grünen.« Die Frauen sagten das, ohne sich etwas dabei zu denken. Sie sprachen nicht einmal deutlich, so als hätte diese Sätze jeder vom anderen erwartet. Doch Kafka staunte *über die Festigkeit, mit der Menschen das Leben zu tragen wissen.*[1]

Der Konzipist Franz Kafka steigt in der kleinen Stadt Friedland aus. Es ist kalt und es schneit. Der Ort wird überragt von einem Schloss, das auf dem spitzen Gipfel eines Bergstocks liegt und einem Graf Clam gehört. Zu Füßen des Schlosses, gleich am Bahnhof, erstrecken sich unübersehbar die Ansiedlungen der Arbeiter, die in den riesigen Gebäuden der Kattundruckerei Rolffs & Cie. oder in den Feintuchfabriken von Wilhelm Siegmund beschäftigt sind. Die Häuser wurden von den Unternehmen errichtet, auch zu dem Zweck, die Arbeiter und ihre Familen an ihre Arbeitsplätze zu binden. Die Miete wird von den Löhnen abgezogen, sie kann natürlich auch erhöht werden, wenn die Löhne steigen.

Kafka kennt dieses so genannte »cottage-system«, und er kennt auch die Verhältnisse, unter denen die Menschen in den Fabriken durchschnittlich elf Stunden pro

Tag für geringen Lohn arbeiten. Auf seinem Schreibtisch in Prag landen die Berichte von Männern, die von Gerüsten gefallen, mit ihren Händen in Maschinen geraten, von Leitern gestürzt sind, oder von Frauen, die mit ihren Haaren von einer nicht abgedeckten Transmissionswelle erfasst worden sind und denen es die Kopf- und Stirnhaut abgerissen hat.

Er ist so etwas wie ein Experte für Unfallschutz. Im letzten Jahresbericht seiner Anstalt war sogar ein Artikel von ihm zu lesen, in dem er für die Einführung der Sicherheitswelle bei Hobelmaschinen warb. Im Gegensatz zur gebräuchlichen Vierkantwelle sind bei diesen runden Wellen die Messer so verdeckt, dass es nicht mehr zu den häufigen Verstümmelungen von Händen und Fingern kommen kann. Mit seinen Vorschlägen trifft Kafka allerdings auf wenig Verständnis. In Gablonz, wo er sich den heftigen Protesten einiger Unternehmer gegen die Einstufung ihrer Betriebe stellen musste, meinte der Fabrikant Tandler, Gedanken und Augen bei der Arbeit, das sei der beste Schutz gegen Unfall.[2]

Kafka ist im Hotel der Stadt untergebracht. Er ist der einzige Gast. Manchmal hört er Musik von einer Hochzeitsfeier, die im Hotel stattfindet. Und als der Junggeselle Franz Kafka eines Morgens aus seinem Zimmer tritt, stehen auf einem Tisch zwei Sträuße, die offenbar vom Hochzeitspaar vergessen wurden.

Wenn er keine Verpflichtungen hat, macht Kafka Spaziergänge. Viel gibt es in Friedland nicht zu sehen. Er kauft eine Postkarte mit dem Schloss darauf für seine Schwester Ottla. Und Elli und ihrem Mann berichtet er, dass er beinahe Schlitten gefahren wäre, aber dann darauf verzichtet hat, als er erfuhr, dass man dafür zahlen muss. *Ich dachte*, schreibt er, *dass Schlittenfahren umsonst ist, weil doch der Schnee da so herumliegt.*[3]

Kafka steigt die rutschigen Wege hinauf zum Schloss. Im Schlosspark folgt er zwei Mädchen, die sich immer unruhig und neugierig nach ihm umdrehen. Kafka ist ebenfalls unruhig und neugierig, aber leider auch unentschlossen, und er versäumt es dann doch, die Mädchen anzureden.[4]

In seinen Aufzeichnungen über die Reise nach Friedland erwähnt Kafka mit keinem Wort seine berufliche Arbeit, obwohl man in der Versicherungsanstalt mit ihm sehr zufrieden ist und ihn bald wieder auf Geschäftsreise schickt. Sein Chef, Oberinspektor Eugen Pfohl, hält große Stücke auf ihn und lobt seinen Fleiß, seine »hervorragende Verwendbarkeit« und seine »Pflichttreue«[5]. Kafka kann solches Lob überhaupt nicht verstehen. Seiner Meinung nach macht er im Büro nur *Scheinverrichtungen*, und er kann sich nur wundern darüber, dass er dafür auch noch Geld bekommt.

Am Montag, den 20. Februar hat man in der Unfall-Versicherungsanstalt allen Grund, an Kafkas »Pflichttreue« zu zweifeln. Er erscheint einfach nicht zur Arbeit. Der Abteilungsleiter Eugen Pfohl erhält einen Entschuldigungsbrief, den er wohl mit Stirnrunzeln und einem

Schmunzeln liest: *Wie ich heute aus dem Bett steigen wollte, bin ich einfach zusammengeklappt*, schreibt Kafka da. Der Grund sei nicht nur das Büro, sondern seine *sonstige Arbeit*, für die er ruhig leben könnte, wenn er nicht diese sechs Stunden im Büro verbringen müsste. Aber natürlich sei er allein schuld daran und das Büro habe die klarsten und berechtigtsten Forderungen. *Nur ist es eben*, fährt Kafka fort, *für mich ein schreckliches Doppelleben, aus dem es wahrscheinlich nur den Irrsinn als Ausweg gibt. Ich schreibe das bei gutem Morgenlicht und würde es sicher nicht schreiben, wenn es nicht so wahr wäre und wenn ich Sie nicht so liebte wie ein Sohn. Im Übrigen bin ich morgen schon wieder sicher beisammen und komme ins Bureau, wo ich als Erstes hören werde, dass Sie mich aus Ihrer Abteilung weghaben wollen.*[6]

Natürlich wirft Eugen Pfohl einen so wichtigen und ihm so sympathischen Mitarbeiter nicht aus der Abteilung. Kafka ist doch auch für ihn wie ein Sohn. Zugegeben ein manchmal schon recht merkwürdiger Sohn. Und dieses Entschuldigungsschreiben wird er wohl einfach verschwinden lassen müssen. Das kann er doch nicht ernst nehmen. Hat Herr Kafka nicht schon einen eingeschränkten Dienst, der ihm viel Freizeit lässt? Er kann doch nicht allen Ernstes daran denken, seine Anstellung aufzugeben? Das kann nicht sein. Und was ist das für eine *sonstige Arbeit*, die ihm so wichtig ist, dass es ihn in ein *Doppelleben* treibt, in dem er verrückt zu werden droht? Wenn er damit seine Schreiberei meint – was hat er geschrieben als ein paar kurze Geschichten für Zeitungen? Wahrlich keine einfachen Texte und keine, um die sich die Leser reißen. Wie will er von dieser »Arbeit« leben? Nein, das alles ist selber ein bisschen verrückt. Morgen sitzt er wieder ganz normal an seinem Schreibtisch. Er hat eben einen Tag gefehlt, weil ihm nicht wohl war – und damit ist die Sache erledigt.

Kafka weiß nur zu gut, wie seltsam sich seine Sorgen für andere anhören müssen. Darum schweigt er lieber davon. Dass er seine inneren Konflikte so offen ausspricht wie in dem Brief an seinen Chef, ist eine große Ausnahme. Abgesehen davon ist er doch selber nur selten wirklich überzeugt von dem, was er von anderen verlangt. Mehr noch: Er erwartet oft geradezu, dass man ihn widerlegt. Und an Leuten in seiner Umgebung, die ihm mit vernünftigen Ratschlägen helfen wollen, fehlt es nun wirklich nicht. Seine Mutter hat einen Brief an Oskar Baum geschrieben, in dem sie ihn sowie Max Brod und Felix Weltsch darum bittet, dem Franz doch den Kopf zurechtzusetzen. Die Freunde waren »gerührt« über so viel mütterliche Sorge. Was Kafka sich aber manchmal mehr wünscht, ist jemand, der ihm sagt, dass sein Kopf richtig sitzt und er Recht hat mit seinen Forderungen und Ansprüchen. Aber wo ist so jemand? Vielleicht ist das, was in seinem Kopf vorgeht, wirklich nicht normal und kann nur von einem Menschen verstanden werden, der sich mit ungewöhnlichen Dingen auskennt?

Eine solche Frage mag sich Kafka gestellt haben, als er davon hörte, dass ein berühmter und ungewöhnlicher Mann nach Prag kommt. Es ist Rudolf Steiner, der Begründer der so genannten Anthroposophie, für viele der größte Geistesforscher seiner Zeit, ein Führer in die Welt des Geheimnisvollen und Übersinnlichen. Steiner wurde eingeladen von Frau Berta Fanta, der in ganz Prag bekannten Frau des Apothekers Max Fanta. Sie und ihre Schwester waren die ersten Frauen gewesen, die an Veranstaltungen in der Universität teilnehmen durften. Und später gründeten sie einen Salon, in dem wissenschaftliche und philosophische Vorträge gehalten werden, zum Beispiel von einem jungen Physiker namens Albert Einstein.

Franz Kafka ist oft eingeladen zu diesen Treffen, er geht aber nicht mehr so gerne hin, weil ihm das philosophische Denken eigentlich nicht liegt. Auch das modische Interesse an übernatürlichen Dingen ist ihm nicht geheuer. Schon vor Jahren hat er sich mit Franz Werfel, Max Brod, Felix Weltsch und anderen im Keller eines Cafés getroffen, um spiritistische Sitzungen abzuhalten. Sie saßen um einen Tisch, die Hände darauf gelegt, und warteten, dass der Tisch sich zu bewegen anfängt und sich Stimmen aus dem Jenseits melden. Manche Teilnehmer schworen Stein und Bein, dass der Tisch lebendig geworden sei und sie eine Geisterstimme gehört hätten. Kafka war da skeptischer. *Dass die Sonne am Morgen aufgeht, ist ein Wunder,* meinte er, *aber dass ein Tisch sich bewegt, wenn Sie ihn so lange malträtieren, ist kein Wunder.*[7]

Kafka besucht die Vorträge des Dr. Steiner. Und ihm fällt gleich die ehrfurchtsvolle Stimmung auf, die im Raum herrscht. Was Steiner erzählt, ist auch beeindruckend. Er ist in Visionen Christus begegnet und kennt sich in allen Wissensgebieten aus. Er schreibt Theaterstücke, komponiert, gibt Chemikern und Geschäftsleuten Ratschläge, er übersetzt seine Werke ins Französische und heilt Menschen mit Farben und Bildern. Er spricht vom »atlantischen« und »lemurischen« Weltuntergang und von »arrhimanischen Kräften«, die nicht überhand nehmen dürfen. Und er empfiehlt, bei einem schlechten Gedächtnis keine Eier mehr zu essen.[8]

Einen Tag nach seinem letzten Vortrag empfängt Steiner Besuche in seinem Hotel zum persönlichen Gespräch. Auch Franz Kafka hat sich angemeldet und kommt gleich als Erster dran. Steiner selbst führt ihn in sein Zimmer. Kafka hat sich schon eine kleine Ansprache vorbereitet. Es irritiert ihn nur ein wenig, dass dem Dr. Steiner von einem Schnupfen die Nase tropft und er dauernd sein Taschentuch mit zwei Fingern in die Nasenlöcher stopft. Zunächst bekennt also Kafka, dass es ihn schon länger zur Theosophie, zu Steiners Lehre von der Erkenntnis höherer geistiger Welten, hinzieht. Er kenne auch *hellseherische Zustände*, wie sie Dr. Steiner beschreibt. Nur erlebe er diese Zustände beim Schreiben. Dies sei aber auch der Grund für sein gegenwärtiges Unglück. Er kann sich nämlich seiner Leidenschaft, dem Literarischen, nicht vollständig hingeben. Als Beamter sei für ihn das Nebeneinander von Büro und Schreiben unerträglich. Und er wisse nicht, was er tun soll.

Dr. Steiner hat seinem Gast aufmerksam zugehört, ab und zu verständnisvoll mit dem Kopf genickt und seine tropfende Nase mit dem Taschentuch bearbeitet. Ob er ihn aber auch verstanden hat, da hat Kafka seine Zweifel. Denn eigentlich hat er sich erhofft, dass Steiner ihm Mut macht, auf seine besondere Begabung zu vertrauen und sie zu verteidigen. Stattdessen redet er davon, wie die Theosophie und das Ästhetische zusammengehören.[9] Als Kafka sich schließlich verabschiedet und sich höflich für das hilfreiche Gespräch bedankt, ist er genauso ratlos wie zuvor.

Kafka muss also sein zweigeteiltes Leben weiterführen. Er geht täglich, von Montag bis Samstag, in sein Büro. Und abends macht er Eintragungen in seine Schreibhefte, auch wenn er sich manchmal dazu zwingen muss. *Ich werde das Tagebuch nicht mehr verlassen*, hat er geschrieben. *Hier muss ich mich festhalten, denn nur hier kann ich es.*[10] In diesem Tagebuch hält er nicht nur alltägliche Erlebnisse und Eindrücke fest. Dazwischen stehen auch Bruchstücke literarischer Texte, Anfänge von Erzählungen, Dialogfetzen. Im März hat er eine Erzählung angefangen mit dem Titel *Die städtische Welt*, aber schon nach wenigen Seiten wieder abgebrochen. Es geht darin um den verbummelten Studenten Oskar M., der schon zehn Jahre über seiner Doktorarbeit sitzt und seinen Eltern nichts als Sorgen macht. *In dir dachte ich einen Trost des Alters zu haben*, klagt der Vater, *indessen bist du für mich ärger als meine Krankheiten. Pfui über einen solchen Sohn, der durch Faulheit, Verschwendung, Bosheit und Dummheit seinen alten Vater ins Grab drängt.* Oskar beteuert, dass er einen Einfall hat, der ihn nun zu einem *tätigen Menschen* machen wird. Und er ist ein wenig enttäuscht darüber, dass der Vater nicht gleich hellauf begeistert ist von seinen Plänen. *Mein wirklicher Vater* [...], meint er, *er hätte mich doch umarmen müssen, er hätte die Mutter hergerufen.*[11] Immerhin ist Oskars Vater bereit, sich die Ideen seines missratenen Sohnes einmal anzuhören, schon um der geplagten Mutter willen. Und Oskar eilt sofort zu seinem Freund Franz, einem Ingenieur, den er gleich mitnehmen will zu jenem sein Leben verändernden Gespräch mit seinen Eltern.

Franz Kafka ist kein Ingenieur, und er hat auch keinen Ingenieur zum Freund, den er zu Hilfe holen und mit dem er bei seinen Eltern Eindruck machen könnte. Und als Versicherungsangestellter, der in seiner Freizeit Schulhefte voll schreibt, ist er für seine Eltern keine Hilfe. Die arbeiten Tag und Nacht für ihr Geschäft und opfern dafür ihre Gesundheit, während der Herr Sohn nur halb so viel arbeitet wie sie, nachmittags auf seinem Kanapee ein Nickerchen macht und abends ins Theater oder ins Kino geht oder sich mit seinen Künstlerfreunden trifft.

Kein Wunder, dass Hermann Kafka Franz einen *schlechten Sohn*[12] nennt. Nichts sehnlicher wünscht er sich als einen Sohn, der ihn im Geschäft unterstützt und dann später einmal sein Nachfolger wird. Franz macht dazu keine Anstalten, außer dass er sich für ein paar Stunden in den Laden stellt, wenn sich seine Eltern einmal im Jahr ein oder zwei Wochen Urlaub gönnen.

Hermann Kafka hat nun mal nur diesen einen Sohn. Und sicher denkt er oft daran, was wohl aus seinen anderen Söhnen geworden wäre, die so früh gestorben sind. Aus Georg, der zwei Jahre nach Franz, im September 1885, zur Welt kam und schon im Frühjahr 1887 an Masern starb. Und aus Heinrich, im Herbst nach Georgs Tod geboren, der erst ein halbes Jahr alt war, als er eine tödliche Mittelohrentzündung bekam. Nach ihm brachte Julie Kafka nur noch Mädchen zur Welt, die alle überlebten. Und so blieb Franz, der bei seiner Geburt so zart und schwach war, der erste und einzige Sohn.

Ein Lichtblick ist es für Hermann Kafka immerhin, dass seine Tochter Elli einen so tüchtigen Schwiegersohn ins Haus gebracht hat. Dieser Karl Hermann erinnert ihn an seine eigenen jungen Jahre. Damals, im Jahr 1882, hat er kurz nach der Hochzeit seinen ersten Textilwarenladen am Altstädter Ring eröffnet und in den folgenden Jahren, trotz Wirtschaftskrise, zu einem florierenden Geschäft ausgebaut. Das war freilich nur möglich gewesen, weil seine Frau Julie aus wohlhabender Familie kam und eine stattliche Mitgift mit in die Ehe brachte. Und so kann es Hermann Kafka seinem Schwiegersohn nicht verdenken, dass er damit rechnet, neben der Ehefrau auch noch das Startkapital für seine berufliche Zukunft zu bekommen.

Hermann Kafka ist durchaus bereit, ihn bei seiner Existenzgründung finanziell zu unterstützen, zumal Karl Hermann ein Unternehmen aufbauen will, das offenbar Zukunft hat und Gewinn verspricht, eine Asbestfabrik. Allerdings will Hermann Kafka eine gewisse Sicherheit und deswegen auch ein Wörtchen bei dieser Firmengründung mitreden. Ihm schwebt vor, dass ein Mitglied der Familie Teilhaber in der Firma wird und ein Teil des Geldes über ihn läuft. Auf diese Weise hätte man immer noch Zugriff auf das Geld, man hätte Einblick in die Entwicklung des Betriebes und könnte auch eine gewisse Kontrolle ausüben. Und wer anders käme als dieser Teilhaber in Frage als Franz Kafka?

Kafka ist sicher nicht begeistert über die Pläne seines Vaters. Er hat sich erfolgreich dagegen gewehrt, im elterlichen Geschäft eingespannt zu werden. Warum sollte er jetzt in die Firma des Schwagers einsteigen, und gar noch als Teilhaber? Wer weiß, was das für Verpflichtungen mit sich bringt, auf alle Fälle wird seine kostbare Freizeit dadurch nochmals eingeschränkt. Aber alle reden auf ihn ein, auch Ottla, die doch sonst immer zu ihm hält. Von außen betrachtet, ist es ja auch unverständlich, ja geradezu empörend, wie er die Eltern mit ihren Sorgen alleine lässt, wo sie doch nicht mehr die Jüngsten sind und auch nicht die Gesündesten. Julie Kafka musste vor zwei Jahren operiert werden. Und dem Vater macht schon seit langem sein Herz zu schaffen. Sie hätten dringend Entlastung und Erholung nötig. Aber es ist ihr Herr Sohn, der wieder wochenlang in Urlaub fahren will, mit seinem Freund Max Brod, nach Italien.

Am Tag vor seinem Aufbruch in die Ferien, am 26. August, geht es seinem Vater besonders schlecht. Die Sorgen um das Geschäft drücken wieder aufs Herz. Er muss ein nasses Tuch auf die Brust legen. Er bekommt kaum Luft und ein Brechreiz plagt ihn. Laut seufzend geht er auf und ab. Die Mutter versucht Mut zu machen und sagt, dass der Vater doch immer so energisch gewesen und über alles hinweggekommen sei. Aber jeder spürt die Angst in ihrer Stimme. Und Franz macht einen halbherzigen Versuch zu trösten und meint, dass der Jammer mit dem Geschäft doch nur ein Vierteljahr noch dauern könnte, dann müsse doch alles gut werden. Den Vater kann das nicht beruhigen. Er geht weiter seufzend auf und ab und schüttelt nur den Kopf.

Am nächsten Tag, es ist ein Samstag, nachmittags, genau um 1 Uhr und 2 Minuten, fährt der Zug mit Franz Kafka und Max Brod vom Prager Hauptbahnhof ab.

»Angela Rehberger«, so stellt sich die junge Frau vor, die in Pilsen in den Zug gestiegen ist und sich neben Kafka gesetzt hat. Ihr eingepackter Hut ist von der Ablage Max Brod auf den Kopf gerutscht und so ist man ins Gespräch gekommen. Es ist eine lebhafte Person, dieses Fräulein Rehberger. Im Büro, in dem sie arbeitet, ist sie die einzige Frau und das »Nesthäkchen«, und sie ist immer dabei, wenn irgendwelche »tadellosen Witze« gemacht werden wie zum Beispiel Brotzeitsemmeln an die Wand nageln.

Kafka interessiert sich mehr dafür, dass sie krank war und immer noch eisenhaltige Medizin nehmen muss. Er versucht sie davon zu überzeugen, dass sie den Ärzten misstrauen und besser auf natürliche Heilmethoden setzen soll. Der Grund ihrer Beschwerden liegt für ihn nämlich ganz klar in der ungesunden Haltung im Büro. Angela Rehberger nimmt ihn offenbar nicht ganz ernst. Sie lacht immer nur. Und weil auch Max Brod skeptisch mit dem Kopf wackelt, hört Kafka mit seinen Belehrungen lieber auf. Max versteht es dann auch besser, mit ihr zu plaudern. Er schafft es, dass die junge Frau jede Scheu verliert und sogar mit in den Speisewagen geht. Dort sitzt dann Kafka neben Angela und ihre Arme berühren sich.[1]

In München muss Angela Rehberger umsteigen. Sie

will weiter zu ihren Eltern nach Triest. Ihr Zug geht erst später und auch Kafka und Brod haben Aufenthalt. Brod schlägt vor, die kurze Zeit für einen Ausflug in die Stadt zu nutzen. Fräulein Rehberger ziert sich erst, lässt sich dann aber doch überreden. Im Taxi rasen sie dann zwanzig Minuten durch München. Der Fahrer ruft die Namen der Sehenswürdigkeiten, an denen sie vorbeikommen. Aber sie sehen so gut wie nichts, es ist dunkel, es regnet in Strömen und durch das Wagenfenster hat man eine Sicht wie aus einem Kellerzimmer.

Max Brod hat auch anderes im Sinn als Denkmäler und Kirchen. Er hofft auf ein amouröses Abenteuer mit der nicht unattraktiven Reisebekanntschaft, und er hat schon im Stillen einen Plan ausgeheckt, wie man es anstellen könnte, eine gemeinsame Nacht in München zu verbringen. Er hat Kafka heimlich einen Zettel zugesteckt. Doch der hat nicht einmal einen Blick darauf geworfen und scheint überhaupt mit seinen Gedanken ganz woanders zu sein.

Kafka fühlt sich wie in einem Film, den er in Prag im Kino gesehen hat. *Die weiße Sklavin* hieß er, nach Brods Meinung ein »absoluter Schundfilm«. Er handelte von einer jungen Frau, die nach ihrer Ankunft auf einem Londoner Bahnhof in einem Auto entführt und später von Mädchenhändlern gezwungen wird, in Bordells zu arbeiten. Ein junger Ingenieur, der sich in die Frau verliebt hat, verfolgt aber ihre Spur und kann sie zum guten Schluss aus den Fängen ihrer Peiniger befreien.[2]

Vielleicht fühlt sich Kafka auch wie der Befreier oder Beschützer von Angela Rehberger. Sie hält sich jedenfalls nahe bei ihm, der ihr offenbar vertrauenswürdiger erscheint als Max Brod mit seinen Annäherungen und Andeutungen. Brod findet sie nun zunehmend zickig und albern. Und als sie Angela Rehberger letztendlich zu ihrem Zug bringen, bleibt ihm nur ein »peinliches Gefühl« – und ein leicht gereizter Blick auf Kafka, der ihr den Koffer trägt und sich benimmt, »wie wenn sie ihn unverdient beglückt hätte«.

Anstatt im Hotel verbringen die beiden Freunde die Nacht auf den harten Holzbänken ihres Coupés. Und als Brod morgens von Kafka geweckt wird, sind sie in der Schweiz und es ist herrliches Wetter. *Der Himmel ist so blau und glatt*, meint Kafka, *dass jede Wolke an ihm abrutschen müsste.*

Normalerweise ist es Max Brod, der seinen Freund zum Schreiben anstachelt. Dieses Mal ist es Kafka, der den Vorschlag macht, auf der Reise eine Art Tagebuch zu führen. Das ist ihm inzwischen zum Bedürfnis geworden. *Unverantwortlich ohne Notizen zu reisen, selbst zu leben*, schreibt er später in sein Reisetagebuch. *Das tödliche Gefühl des gleichmäßigen Vergehens der Tage ist unmöglich.*[3] Kafka geht noch weiter. Ob man die Aufzeichnungen nicht vergleichen, sogar miteinander verbinden könnte? Max, der immer auf der Suche ist nach verwertbaren Projekten, ist sofort begeistert.

Kafka bereut seine Idee gleich wieder. Er hält ja viel

von Max' schriftstellerischen Fähigkeiten, beneidet ihn sogar. Aber in der Vergangenheit hat es doch ab und zu kleine Unstimmigkeiten zwischen ihnen gegeben, wenn es um ihre Vorstellungen von Literatur ging. Ob sich diese Unterschiede bei einer gemeinsamen Arbeit nicht noch störender zeigen? Max hat ihm schon öfter ein Manuskript zu lesen gegeben und Kafka hat immer allergisch reagiert auf Max' Neigung zu Übertreibungen. Ein Wort wie »heftig« wollte er nie durchgehen lassen.[4] Und auch Passagen, in denen Max besonders wortreich, bis ins Letzte, etwas ausdrücken wollte, haben ihn gestört.

Kafka dagegen schätzt Sätze, die sozusagen etwas nur zum Schwingen bringen, die etwas Unausgesprochenes, vielleicht Unaussprechbares nur andeuten. Max erinnert sich noch gut daran, wie sie auf ihrem Weg durch Prag über dieses Thema geredet haben und Franz plötzlich stehen geblieben war und voller Bewunderung einen Satz von Hugo von Hofmannsthal zitierte: »Der Geruch nasser Steine in einem Hausflur«. Danach schwieg er lange, »als müsse dieses Heimliche, Unscheinbare für sich selbst sprechen«.[5]

In Zürich macht Kafka nur kurze, schlaglichtartige Notizen von der Ankunft, vom Hotel, von der Altstadt und natürlich von der Badeanstalt am See. Die beiden bleiben ihrem Grundsatz treu, dass man eine Gegend, ein Land nur richtig kennen lernen kann, wenn man in den Flüssen und Seen badet. Sie schwimmen auch im

Vierwaldstättersee, auch wenn das Wasser noch so kalt ist. In Luzern gehen sie in ein Spielcasino, können es sich aber nur leisten, am Roulettetisch den Mindesteinsatz von fünf Franken zu setzen. Kafka gewinnt zunächst, zum Schluss aber hat er wieder alles verloren. Staunend meint er: *Das Geld (10 fr) verschwindet auf einer sanft geneigten Ebene.*[6]

Dabei hätten die beiden eine kleine Aufbesserung ihres Urlaubsgeldes gut gebrauchen können. Ihrer ausgelassenen Stimmung tut das aber keinen Abbruch. Prag, die Familie, das Büro, die Fabrik – alles ist weit weg. Ihre erzwungene Sparsamkeit bringt sie auf eine verrückte Idee. Sie wollen eine neue Art von Reisebuch schreiben. »Billig« soll es heißen. Darin sollen Tipps stehen, wie man möglichst billig reist. Wie man zum Beispiel an Freikarten für Konzerte herankommt oder beim Trinkgeld sparen kann. Sparen kann man aber auch, wenn man im Museum nicht alle Bilder anschaut, sondern nur ein paar. Kafka hat eine kindliche Freude daran, sich immer neue, auch absurde Tipps für den Reiseführer auszudenken. Und er sieht schon die hohen Auflagen und die Millionen, die sie verdienen werden und die sie dann von ihren Bürojobs befreien.[7]

Noch sind sie aber kleine Angestellte auf der Reise in den Süden. Landschaft und Klima werden immer italienischer und vor den Osterien stehen wie hingeworfen Tische. Sie sind im Tessin, am Luganer See. Und nahe Gandria verbringen sie einen wunderbaren Tag an einer

Badestelle und sind abends so hundemüde, dass sie sich auf dem Rückweg ins Hotel gegenseitig stützen müssen.

Schon in der Schweiz hatten sie in den Zeitungen von einer angeblichen Choleragefahr in Italien gelesen. Trotzdem fahren sie weiter nach Mailand. Als sie dann in einem Café auf dem Mailänder Domplatz sitzen, wird Brod von dunklen Ahnungen heimgesucht: Er stellt sich vor, dass er fern der Heimat ein Opfer der Seuche wird und die italienischen Behörden ihn irgendwo lebendig verscharren. Und Kafka muss ihm hoch und heilig versprechen, ihm einen Dolch ins Herz zu stoßen, bevor man den Sargdeckel für immer über ihm schließt. Kafka ist gerührt und verspricht es.

Trotz der Angst vor einer Ansteckung schauen sie sich die Sehenswürdigkeiten der Stadt an. Und dazu gehören für Max Brod auch die Bordelle. Kafka geht mit ins »Al vero Eden« (Zum wahren Eden), obwohl für ihn dieser Ort alles andere ist als das Paradies. Auch in dieser Hinsicht fühlt er sich wie ein Kind, das sich in die Wälder des Erwachsenseins verirrt hat.[8] Schon als er noch Schüler auf dem Gymnasium war, fiel auf, dass er sich von allen Mädchen fern hielt und nicht mitlachte, wenn die anderen sich schlüpfrige Witze erzählten. Für zwei seiner Mitschüler war seine naive Unschuld so unerträglich, dass sie sich eines Tages zusammentaten, um Kafka ein für allemal aufzuklären. Sie nahmen ihn in ihre Mitte und teilten ihm mit, was sie glaubten, dass er wissen muss. Der eine redete jovial, wie ein erfahrener Weltmann, mit einem Lachen, das Kafka später oft hörte, und der andere sprach sachlich wie ein Wissenschaftler, was Kafka abscheulicher fand.[9]

Kafka nahm es seinen Eltern sehr übel, dass sie nie mit ihm über diese Dinge gesprochen haben. Und es war auf einem Spaziergang, als er sie zur Rede stellte und vor allem seinem Vater Vorwürfe an den Kopf warf. Der reagierte ganz gelassen und schlug dem Sohn vor, ins Bordell zu gehen. Das war gar nicht böse gemeint, sondern die übliche Art, wie man in Prager Familien dafür sorgte, dass die Söhne sich die Hörner abstießen, ohne den Familienfrieden in Unordnung zu bringen. Franz war tief verletzt, vor allem, weil es ein Rat war, bei dem sein Vater sich selbst wieder aus dem Spiel gelassen hat.[10] Er ging dann auch wirklich zu Prostituierten, wenn auch nur, weil er jemanden suchte, der ihn, wie er einmal in einem Brief schreibt, *freundlich berührt*[11].

Im »Al vero Eden« scheint auch nicht alles normal verlaufen zu sein. Jedenfalls entschuldigt sich Kafka am Morgen danach bei Max wegen seines Verhaltens im Bordell. Brod war auch nicht zufrieden. Die Mädchen haben ihm nicht gefallen, und er muss dauernd an ein anderes Mädchen denken, das ihm viel besser gefällt und in Prag auf ihn wartet. Elsa Taussig heißt sie, eine bildungshungrige junge Frau, die Brod zum ersten Mal dazu gebracht hat, an Heirat zu denken. Jetzt vermisst er sie und freut sich auf die Heimkehr. Aber dieses Heimweh verstärkt wieder seine Angst vor dem Tod in der Fremde, vor der Cholera.

Fast fluchtartig verlassen die Freunde Mailand. Sie haben beschlossen, den Rest des Urlaubs in Paris zu verbringen. Nach einem Zwischenaufenthalt am Lago Maggiore kommen sie am Freitag, den 8. Sepember 1911, frühmorgens in der französischen Hauptstadt an. Nur fünf Tage können sie bleiben. Und im Hotel will Kafka auch keine Minute verlieren und gleich los in die Stadt. »Nur das Gesicht bissel waschen«, sagt er. Brod wartet und wartet und ist sehr wütend, als er in Kafkas Zimmer kommt und der noch immer mit Seife und Waschlappen vor dem Spiegel steht und allen möglichen Luxus aus dem Koffer gepackt hat. Kafka versteht seine Aufregung nicht. Mit *Wenigwaschen* meint er, nicht den ganzen Körper waschen, wohl aber das Gesicht. Und das braucht seine Zeit. Brod sitzt währenddessen auf dem Bett und macht ein süßliches Gesicht, das, so glaubt Kafka, ihn davon abhalten soll, seinem überreinlichen Freund eine Ohrfeige zu geben.[12]

Kafka wird dieses Mal nicht von Furunkeln geplagt und kann alles nachholen, was er beim letzten Parisbesuch versäumt hat: Versailles, den Invalidendom, die Museen, die Metro, Kinos, Ausstellungen, vegetarische Restaurants und natürlich auch eine Badeanstalt an der Seine. Im Louvre herrscht immer noch Aufregung, weil die »Mona Lisa« erst vor wenigen Wochen am helllichten Tag gestohlen worden ist. Brod will Kafka alle seine

Lieblingsbilder zeigen. Kafka schaut bewundernd. Sonst schleppt er sich von einer Bank zur anderen, und es fällt ihm sehr schwer, wenn er eine auslassen muss.

Gerne ausgelassen hätte er dagegen den Besuch im Bordell, auf den Brod drängt, weil die Pariser Bordells doch weltberühmt sind. Kafka muss auch zugeben, dass die Etablissements einen recht gepflegten und *rational eingerichteten* Eindruck machen. Die nackten Mädchen sitzen in einem dunklen Raum, der erleuchtet wird, wenn ein Freier kommt. Als sie sich nebeneinander aufstellen und ihre Kunden durch allerlei Gesten locken, bekommt Kafka Panik, und er weiß nachher selbst nicht mehr, wie er so schnell auf die Gasse gekommen ist. Allein flüchtet er zurück ins Hotel, durch Gassen, die voller Dirnen sind, und er muss sich angstvoll daran erinnern, vor ihnen nicht den Hut zu ziehen.[13]

Max hat wieder Angst, sich angesteckt zu haben, dieses Mal nicht an Cholera. Und jetzt wäscht er sich ausgiebig mit den diversen Wässerchen, die Kafka mitgenommen hat. Darüber können sie aber schon wieder lachen, wie es überhaupt immer einen Grund zum Lachen gibt. Komischerweise nicht in der Operá comique, wo sie hundemüde schon vor dem letzten Akt der *Carmen* gegangen sind. In einer Bar vor der Oper trank dann Kafka eine »Grenadine mit Seltz« und entdeckte, wie leicht dieses Getränk beim Lachen durch die Nase geht. Brod seinerseits entdeckte die Sodawasserflasche mit dem Saugrohr, die man vor Gebrauch kräftig schütteln muss. Er zielte auf Kafka und spritzte ihn voll. Kafka konnte sich vor Lachen nicht mehr halten und jagte sich die Grenadine durch die Nase.[14]

Am Abend des 13. September stehen Franz Kafka und Max Brod mit ihren Koffern auf dem Pariser Bahnhof Gare de l'Est. Ihre Wege trennen sich. Brods Urlaub ist vorbei, er muss zurück nach Prag. Kafka fährt noch für eine Woche in das Naturheilsanatorium Erlenbach bei Zürich. Er ist zwar nicht krank, fühlt sich aber auch nicht gesund. Und er genießt es, rundum versorgt zu werden, die verregneten Tage mit Massagen und Bädern verstreichen zu lassen und vegetarische Mahlzeiten serviert zu bekommen. Dafür nimmt er auch die *geselligen Abende* in Kauf, bei denen ein Berliner Musiker Trompete spielt oder ein älterer Herr einen selbst verfassten Roman im Schweizer Dialekt vorträgt.[15]

Max Brod wird auf die gemeinsamen Ferientage ein Gedicht verfassen und es seinem »Freunde Franz Kafka« widmen. Es beschwört noch einmal die sorglosen Sonnentage am Luganer See herauf, endet aber mit einer schwermütigen Aussicht auf die Rückkehr in den Alltag: »Auch wussten wir, wiewohl jetzt hold gebräunt, / Dass nahe Tage uns in gleiche Bürden / Beugen und unerbittlich bleichen würden.«[16]

Ob es wirklich »gleiche Bürden« sind, die Max Brod und Franz Kafka das Leben schwer machen? Das ungeliebte Büro vielleicht. Aber immerhin wird Brod von seiner schmerzlich vermissten Elsa erwartet und er ist auch literarisch schon wieder voll beansprucht durch eine neue Novelle. Kafka hat keine Geliebte in Prag, und er hat auch keine literarischen Projekte – außer dass er und Brod sich vorgenommen haben, aus den Reiseeindrücken gemeinsam einen Roman zu machen mit dem Titel *Robert und Samuel.*

Was auf Kafka wartet, sind die Scherereien mit der neu zu gründenden Asbest-Firma. Und da nun einmal er der Jurist in der Familie ist, soll er sich um die rechtlichen Fragen kümmern. Die Ausarbeitung der Verträge will man dann einem Rechtsanwalt aus der Kafka'schen Mischpoche anvertrauen, dem Sohn von Hermann Kafkas ältestem Bruder Phillip, Dr. Robert Kafka.

Kafka trifft sich mit seinem erfolgreichen Cousin hinter dem Franz-Josefs-Bahnhof. Die Fragen wegen der Firma sind schnell besprochen, und Kafka möchte sich auch gleich wieder verabschieden, doch der Anwalt fängt an, aus seinem Berufsleben zu erzählen. Immer wieder gehen sie die Gasse hinter dem Bahnhof auf und ab. Dr. Robert Kafka berichtet auch über Schwierigkeiten und Plagen, doch, so erlebt es Kafka, *selbst in seinem Unglück, seiner Plage, seinem Zweifel ist er bewunderungswürdig, seine Gegner sind auch tüchtige Leute und erzählenswert.*[17] Wenn Kafka etwas einwirft oder fragt, bringt das seinen Cousin auf neue Abzweigungen und Themen. Und wenn Kafka Anstalten macht, nun aber wirklich zu gehen, bringt der Anwalt das Gespräch wieder auf die

Fabrik, um ihn zu halten und ihn vielleicht zu interessieren für eine weitere Sache, die er noch unbedingt erzählen möchte. Erst als Kafka ihm die Hand zum Abschied hinhält, muss er sie nehmen und Kafka ist frei.

Kafka bereut schon, dass er sich auf diese Sache mit der Fabrik eingelassen hat. Aber er kann jetzt unmöglich wieder aussteigen. Dem Vater geht es weiterhin schlecht und zu allem Überfluss hat ihm Mitte Oktober auch noch das gesamte Personal gekündigt. Da muss die Familie zusammenhalten. Hermann Kafka ist es Gott sei Dank gelungen, die meisten seiner Angestellten zum Bleiben zu bewegen. Doch der Geschäftsführer und ein wichtiger Kontorist wollen bei ihrem Entschluss bleiben. Franz hat versprochen, zu ihnen zu fahren und mit ihnen zu reden.

Und so opfert er also einen Sonntag, fährt hinaus nach Žižkov, zum Geschäftsführer, und dann zum Kontoristen nach Radotin. In Radotin steht er auf dem Hof des Herrn H., eines alten Geschäftsfreundes des Vaters, den Kafka bitten will, auf den Kontoristen, den er gut kennt, einzuwirken. Während Kafka zwischen Hühnern und spielenden Kindern auf H. wartet, bemerkt er auf dem Pawlatsche, also dem Balkon, ein junges Kindermädchen, das sehr kokett zu ihm hinablächelt. Als sie wieder an einem Fenster erscheint, spricht er sie an, und sie lachen viel, obwohl beide in der Kälte frieren, Kafka, wie immer viel zu leicht angezogen, auf dem Hof, und das Mädchen am offenen Fenster. Kafka erfährt, dass sie siebzehn ist und ihn für fünf- bis sechzehnjährig hält. In sein Tagebuch notiert er später: *Ihre kleine Nase ging ein wenig schief und warf daher einen ungewöhnlichen Schatten auf die Wange, der mir allerdings nicht helfen könnte, sie wiederzuerkennen.*[18] Später trifft er den Kontoristen, der ihm verspricht, im Geschäft des Vaters zu bleiben. Er hält sich aber in der Folge nicht an sein Versprechen, ebenso wie der Besuch beim Geschäftsführer umsonst war.

Seine Familie erwartet von Kafka, dass er jederzeit für das väterliche Geschäft und für die Fabrik da ist. Umgekehrt nimmt man wenig Rücksicht auf seine Bedürfnisse, soweit überhaupt bemerkt wird, dass er welche hat. Über sein Bedürfnis nach Ruhe jedenfalls gehen die Familienmitglieder recht bedenkenlos hinweg. Kafka beschreibt in seinem Tagebuch, wie der Vater in seinem Morgenmantel durch sein Zimmer schlurft und wie im Vorzimmer geschrien und gelärmt wird, so dass er am liebsten *schlangengleich*[19] durch die Türspalte schlüpfen und um Ruhe betteln möchte. In solchen Momenten wird ihm bewusst, wie abhängig oder, richtiger gesagt, wie wenig selbstständig er ist.

Und wenn er noch dazu von anderen liest, die ihr Lebensziel kompromisslos durchgesetzt haben, steigert sich seine Wut auf sich und auf andere. In dieser Wut hat er den Eltern eine Bemerkung des Schriftstellers George Bernard Shaw vorgelesen, der schrieb: »Aber trotzdem ich ein starker junger Mensch war und meine Familie sich in üblen Umständen befand, warf ich mich nicht in den Kampf des Lebens; ich warf meine Mutter hinein und ließ mich von ihr erhalten. Ich war meinem alten Vater keine Stütze, im Gegenteil, ich hängte mich an seine Rockschöße.«[20]

So frei von schlechtem Gewissen, so rücksichtslos, so unverschämt würde Kafka auch gerne sein. Aber er ist es nicht. Er weiß, dass er *feig und elend* ist und doch immer wieder das macht, was er eigentlich gar nicht will.

Am Mittwoch, den 8. November 1911, sitzt Kafka im Büro seines Cousins und hört zu, wie Dr. Robert Kafka den Vertrag zur Gründung der »Prager Asbestwerke Hermann und Co.« vorliest. Das »und Co.«, also der Kompagnon, ist er selbst. Als der Rechtsanwalt an eine Stelle kommt, wo von der möglichen Frau und den möglichen Kindern des Kompagnons die Rede ist, fällt Kafkas Blick auf einen Tisch mit zwei großen und einem kleinen Sessel darum.[21] Die Vorstellung, dass er da mit seiner Frau und seinem Kind sitzt, zerreißt ihm fast das Herz. Denn nichts wünscht er sich mehr als eine eigene Familie. Und gleichzeitig glaubt er zu wissen, dass er dieses Glück nie haben wird, er immer ein Junggeselle bleibt.

Wie gern würde er seiner Mutter glauben, die beim Frühstück so tröstend auf ihn eingeredet hat.[22] Für sie ist ihr Sohn ein gesunder junger Mann, der nur etwas übersensibel ist und sich leicht einbildet, krank zu sein. Aber das werde sich von alleine geben, wenn er erst verheiratet ist und Kinder hat. Seine Schwester Elli ist glücklich verheiratet und bereits schwanger, und auch für Valli hat man schon einen Heiratsvermittler eingeschaltet. Und irgendwann, da ist Julie Kafka ganz zuversichtlich, wird sich auch Franz in ein Mädchen verlieben und sie nicht mehr loslassen. Und wenn er sie zu seiner Frau gemacht hat, wird er seine ganze Energie für seine Familie, seinen Beruf und für die Fabrik einsetzen. Und natürlich wird er auch dann noch Interesse für Literatur haben, aber eben so wie andere gebildete Familienväter.

Kafka liebt seine Mutter. Manchmal macht er sich sogar Vorwürfe, sie nicht so zu lieben, wie sie es verdient. Er liebt auch seinen Vater, zugegeben in seltenen Momenten. Wenn jener etwa abgehetzt von der Arbeit im Geschäft, auf den Ellbogen gestützt, einschläft. Oder wenn die Mutter krank war und er sich vor Sorge zitternd am Bücherkasten festhielt. Denkt Kafka an solche Erlebnisse, könnte er sich hinlegen und weinen.[23] Er sieht dann den Vater als den Hungerleider aus der tschechischen Provinz, der in Prag ein gut gehendes Geschäft aufgebaut hat, der sich Tag für Tag mit Sorgen plagen muss, der seiner Familie ein Leben in Wohlstand ermöglicht und seinem Sohn ein Studium finanziert hat und der für das alles seine Gesundheit opfert.

Kafka kann es diesem Mann nicht vorwerfen, dass er seine Vorstellungen vom Leben auch von anderen erwartet, zuallererst natürlich von seinem Sohn. Und es liegt auf der Hand, dass er die Sache mit der Fabrik auch deswegen eingefädelt hat, um bei Franz unternehmerischen Ehrgeiz zu wecken, damit dieser vielleicht doch noch in das elterliche Geschäft einsteigt und es weiterführt. Kafka seinerseits hofft darauf, dass die Fabrik eines Tages so viel Geld abwirft, dass er es nicht mehr nötig hat, ins Büro zu gehen. Wie auch immer. Das Verfahren zur Gründung der »Prager Asbestwerke Hermann und Co.« wird in die Wege geleitet. Und Franz Kafka ist damit ein Fabrikant.

V. Im »Café Savoy«

Die »Prager Asbestwerke Hermann & Co.« – dahinter steckt ein Büro in der Mariengasse und eine zweistöckige Baracke in einem Hinterhof im Arbeiterviertel Žižkov, einem Außenbezirk von Prag. Ein einziger Gasmotor treibt über viele Transmissionsriemen vierzehn Maschinen an, mit deren Hilfe Asbest zu Dichtungs- und Isoliermaterial verarbeitet wird. Eine sehr staubige und lärmige Angelegenheit. Fünfundzwanzig Leute sind anfangs in der Werkstatt beschäftigt, die meisten davon Frauen.

Der Betrieb wird von einem deutschen Vorarbeiter geleitet, den man angestellt hat, weil weder Kafka noch sein Schwager etwas von Asbestverarbeitung verstehen. Karl Hermann ist auch ständig unterwegs bei den Kunden, die man, wie es in der Verlagsanzeige heißt, »promptest« mit erstklassiger Ware bedienen will. Für Kafka gibt es eigentlich keine Aufgabe in der Firma. Und das ist ihm auch ganz recht so.

Sein Vater sieht das allerdings anders. Ein Unternehmer muss für ihn immer im Geschäft präsent sein. Hermann Kafka ist sich sicher, dass es in seinem Laden drunter und drüber ginge, wenn er den Angestellten, seinen »bezahlten Feinden«, nicht ständig auf die Finger schauen würde. Und das erwartet er nun auch von seinem Sohn. Kafka lässt sich tatsächlich das Versprechen abnehmen, nach seiner Arbeit im Büro mit der Elektrischen nach Žižkov zu fahren. In der lauten, staubigen Werkstatt kommt er sich aber nicht nur überflüssig vor. Er fühlt sich gar nicht wohl, wenn er als junger Herr und Chef zwischen den blassen Frauen in ihren dreckigen Kitteln herumsteht. Frauen, die ihr Gesicht und ihre Haare notdürftig mit Tüchern vor dem Staub schützen und die mit ihren Augen und ihrem ganzen Körper den Bewegungen der Maschinen ausgeliefert sind. Und er weiß nicht, wie er es hinnehmen soll, wenn eine dieser Frauen seinen Winterrock hält und wartet, dass er ihn wieder anzieht.[1]

Kafkas Kontrollbesuche in seiner Fabrik werden schnell seltener. Sehr zum Missfallen seines Vaters und seines Schwagers und Kompagnons. Karl Hermann kommt öfter in die Wohnung der Kafkas und berichtet dem Schwiegervater, wie es mit der Fabrik steht. Franz nimmt nicht an diesen Gesprächen teil, und wenn, dann nur ungern. Vom Schwager erntet er dafür enttäuschte Blicke. Sein Vater macht ihm heftige Vorwürfe. Er kann auch überhaupt nicht verstehen, wie Franz statt in die Fabrik seit einiger Zeit in eine verrufene Spelunke geht und sich dort mit Leuten abgibt, die in seinen Augen einfach nur Gesindel sind.

Dieses Gesindel ist eine ostjüdische Theatergruppe, die seit dem September in Prag gastiert. Die Schauspieler aus dem polnischen Lemberg treten nicht in einem der Prager Theater auf, sondern im »Café Savoy« am Ziegenplatz, mitten im ehemaligen Ghetto. Max Brod hat seinen Freund Anfang Oktober 1911 zu einer Aufführung mitgenommen und seitdem ist Kafka regelmäßiger Gast. Das »Café Savoy« ist nicht gerade eine feine Adresse. Im Vergleich zu den anderen Kaffeehäusern wie dem »Arco«, dem »Corso« oder dem »Central« ist es geradezu schäbig.[2] Am Eingang wird man von einem Türsteher empfangen, der früher in einem Bordell gearbeitet hat und der jetzt Zuhälter ist.

Die Bühne in einer Ecke des Cafés ist gerade mal zehn Quadratmeter groß. Die dahinter mit einem Vorhang abgetrennte Garderobe ist so schmal, dass die Zuschauer jedes kleinste Gedränge mitbekommen. Und auch auf der Bühne geht es oft chaotisch zu. Die Schauspieler treten sich auf die Füße, sie vergessen ihren Text, sie stolpern über einen Küchenstuhl, der ein Thron sein soll, oder werfen eine Trennwand um, die ein Schloss darstellt, sie müssen sich beim Umarmen gegenseitig die Perücken festhalten, und einmal ist es auf der Bühne sogar zu einer Rauferei gekommen, die bestimmt nicht zur Handlung des Stückes gehörte.

So genau kann man das aber oft nicht sagen. Denn die Stücke jüdischer Autoren, die hier im Jargon, im Jiddischen, aufgeführt werden, leben von spontanen Einfällen, von der Improvisation und von den leidenschaftlichen Gefühlsausbrüchen der Schauspieler, die in ihren Rollen ruhig auch schmalzig und rührselig sein dürfen. Also wird auf der Bühne geweint, gelacht, geschlagen, umgebracht, wild gestikuliert, mit gehobenen Frauenröcken getanzt und auf Jiddisch geschrien. Dass dabei der Funke auf die Zuschauer überspringt, ist durchaus gewollt. Zwischendurch werden sie auch zum Mitsingen der jiddischen Lieder aufgefordert. Und unter den oft bierseligen Gästen des »Savoy«, die mit den Händen rudern und lallen, sitzt der immer korrekt gekleidete Versicherungsangestellte Franz Kafka und versucht auch, im jiddischen Jargon mitzusingen.

Kafka ist begeistert von der Lemberger Truppe. Hier begegnet ihm eine jüdische Welt, die ihm bisher völlig unbekannt war. Er weiß, dass sein Großvater noch ein gelehrter und frommer Jude war. Aber in seiner Familie ist davon nur noch ein *Nichts von Judentum*[3] übrig geblieben. Als Kind ging er mit dem Vater nur zu den hohen Festtagen in die Synagoge und hat sich dabei immer fürchterlich gelangweilt.[4] Und auch bei seinem Vater hatte er früh den Eindruck, dass es ihm zwar zusetzte, wenn ihm die gesellschaftliche Anerkennung verweigert wurde, dass ihn aber religiöse Fragen oder Bedenken nicht erschüttern konnten. So wurde auch die Bar-Mizwah des dreizehnjährigen Franz als »Confirmation« begangen wie bei vielen jüdischen Familien, die sich in eine deutsch-christliche Tradition stellen wollten. Was dann im Familienleben der Kafkas an jüdischen Bräuchen blieb, etwa die Feier des Sederfestes, war für Franz eher eine Peinlichkeit, eine *Komödie mit Lachkrämpfen.*[5]

In den Stücken der Lemberger Truppe geht es oft um Juden, die ihre Herkunft verraten und dafür ins Unglück gestürzt werden. So etwas wollen die meisten der 30 000 Prager Juden natürlich nicht sehen und hören. Sie haben sich dem westlichen Leben und seinen Werten angepasst, und als Juden unterstützen sie das Ziel der zionistischen Bewegung, einen jüdischen Staat in Palästina. Aus ihrer Sicht sind die Ostjuden mit ihrer groben Sprache und ihrem Festhalten an der Überlieferung auf einer längst überwundenen Stufe der Entwicklung stehen geblieben. Es sind erbarmungswürdige »Luftmenschen«[6], barbarisch erzogen, die in unhygienischen Verhältnissen leben und es nie zum geringsten Wohlstand bringen. Mit diesen bettelarmen, ungebildeten, ordinären ostjüdischen Schauspielern, die auf der Bühne Krach und Spektakel machen und dies dann Theater nennen, will man wirklich nichts zu tun haben.

Die acht Mitglieder der Gruppe stehen tatsächlich immer am Rande des finanziellen Ruins. Sie tingeln von Stadt zu Stadt, bringen ihre wenigen Wertgegenstände ins Pfandhaus und verdienen dabei so wenig Geld, dass es kaum für die Reisekosten reicht. Dabei haben einige Familie und sehen ihre zu Hause gelassenen Kinder oft monatelang nicht.

Auch Franz Kafka ist klar, dass die Truppe mit ihrer chaotischen Organisation und ihrer schier unglaublichen Naivität nie auf einen grünen Zweig kommen kann. So wollen sie als Nächstes nach Berlin, wo sich doch jeder vernünftig denkende Mensch ausrechnen kann, dass sie in dieser Weltmetropole Schiffbruch erleiden werden.

Kafka bewundert die Schauspieler trotzdem. Er liebt sie sogar, besonders die Frauen in der Gruppe, Frau Flora Klug, eine Herrenimitatorin, und Frau Mania Tschissik. Und es macht ihn wütend, wenn die Gäste im »Savoy« unaufmerksam sind oder dumme Zwischenrufe machen und die Kunst der Schauspieler nicht so würdigen, wie sie es seiner Meinung nach verdienen.

Einmal bringt er auch einen Blumenstrauß mit, den er Frau Tschissik überreichen will. Weil er befürchtet, dass die Blumen welken, lässt er sie vom Kellner auspacken, der sie, statt sie ins Wasser zu stellen, seitlich auf einen Tisch legt. Mit verhaltenem Zorn muss Kafka dann mit ansehen, wie das Küchenpersonal und *einige schmutzige Stammgäste* die Blumen herumreichen und jeden daran riechen lassen. Am Schluss der Vorstellung überreicht der Kellner die Blumen an Frau Tschissik. *Niemand bemerkte meine Liebe*, schreibt Kafka in sein Tagebuch, *und ich hatte sie allen zeigen und für Frau Tschissik wertvoll machen wollen, kaum dass man den Strauß bemerkte.*[7]

Kafka beschreibt in seinem Tagebuch immer wieder Frau Tschissik und die anderen Mitglieder der Truppe, um zu erfassen, warum sie eine so große Wirkung auf ihn ausüben. Dabei weiß er, dass sie ihm auch deswegen so viel bedeuten, weil ihr trauriges Schicksal seine eigene Situation widerspiegelt. *Das Mitleid, das wir mit diesen Schauspielern haben*, meint er, *die so gut sind und nichts verdienen und sonst bei weitem nicht genug Dank und Ruhm bekommen, ist eigentlich nur das Mitleid über das traurige Schick-*

sal vieler edler Bestrebungen und vor allen der unseren. Darum ist es auch so unverhältnismäßig stark, weil es sich äußerlich an fremde Leute hält und in Wirklichkeit zu uns gehört.[8]

Zu ihm, zu Kafka, gehört nicht nur das Mitleid über Ungerechtigkeit und Undank. Zu ihm gehört auch der Wunsch nach einem Leben, das mit seinen Träumen und Begabungen übereinstimmt. Die Lemberger scheinen so ein Leben zu führen, auch wenn sie es mit Armut und Verachtung bezahlen müssen. Das trifft besonders auf den Star der Truppe zu, mit dem sich Kafka anfreundet. Er heißt Jizchak Löwy und ist vier Jahre jünger als Kafka. Löwy hat schon schwere Zeiten hinter sich und weiß nicht, was in Zukunft aus ihm werden wird. Trotzdem ist er das, was man einen *heißen Juden* nennt, einer, der *geradezu ununterbrochen begeistert* ist.[9] Kafka macht mit ihm lange Spaziergänge, bei denen sie manchmal von Ottla oder Max Brod begleitet werden. Oder sie sitzen in einem Café und Löwy liest Kafka aus den Textvorlagen ihrer Theaterstücke vor oder erzählt aus seinem abenteuerlichen Leben.

Jizchak Löwy ist in einem streng orthodoxen Elternhaus in Warschau aufgewachsen. Er besuchte kurzzeitig eine Talmudschule, zerstritt sich dann mit seinem Vater, weil er sich als Jugendlicher nicht mehr an die starren Feiertagsgebote halten wollte und am Samstag im Kaftan rauchte. Als Siebzehnjähriger riss er von zu Hause aus und ging nach Paris, wo er sich als Arbeiter in einer Mützenfabrik durchschlug. Als Schauspieler war Löwy schon in vielen europäischen Städten, und überall musste er die Erfahrung machen, dass ein Ostjude oft nicht mehr gilt als ein streunender Hund. So wird er oft auch im »Savoy« behandelt. Der Oberkellner wollte ihn nach der Rauferei auf der Bühne auf die Straße hinauswerfen. Und der Türsteher, der Zuhälter, ruft ihm zu: »Komm schon, Idiot«, in Anspielung auf die Rolle, die er im Stück *Der wilde Mensch* gespielt hat.

Umso ungewohnter ist es für Löwy, dass der so gepflegte und gebildete Dr. Kafka ihn so respektvoll und freundlich behandelt und seinen Erzählungen begierig lauscht. Oft steht er abends, an eine Hauswand gelehnt, in der Kälte vor dem Haus in der Niklasstraße und wartet, wann endlich in Kafkas Zimmer das Licht ausgeht. Und es ist für ihn der größte Freundschaftsbeweis, dass Kafka ihn einmal sogar mit in die Wohnung nimmt, obwohl man sich dort nicht ungestört zurückziehen kann und die Stimmung in der Familie ohnehin schon gereizt ist wegen der Fabrik.

Hermann Kafka zeigt auch gleich, was er von diesem Besuch hält. Er schüttelt sich, verzieht den Mund und spricht laut genug, dass es auch jeder hören kann, von den fremden Menschen, die da in die Wohnung gelassen werden, und von nutzlosen Beziehungen. Als er dann auch noch mit Blick auf Löwy meint: »Wer sich mit Hunden zu Bett legt, steht mit Wanzen auf«, platzt Kafka der Kragen und er fährt seinen Vater an. Der ist erst sprachlos und sagt dann mit einer betonten Ruhe, die schon anzeigt, wie sehr es ihm zusetzt, wenn ihm widersprochen wird: »Du weißt, dass ich mich nicht aufregen darf und geschont werden muss. Komm mir also noch mit solchen Sachen. Ich habe der Aufregung gerade genug, vollständig genug. Also lass mich mit solchen Reden.« Worauf Kafka antwortet: *Ich strenge mich an, mich zurückzuhalten.*[10] Kafka kann seiner Wut nie freien Lauf lassen, weil er sogar in solchen Momenten dem Vater zugesteht, dass er irgendwie Recht haben könnte. Worin jedoch dieses Recht besteht, das kann er nur erahnen.

Der Vater war und ist für ihn die letzte Instanz, deren Einfluss er sich noch nie ganz entziehen konnte. Eine Instanz, die nach Regeln lebt und Forderungen erhebt, die er, der Sohn, nicht versteht. Noch rätselhafter ist die Unschuld, die der Vater behält. Er findet einfach nichts dabei, wenn er mit lauter Donnerstimme schimpft und anderen jede Widerrede verbietet. Oder wenn er bei Tisch keine Ablenkung vom Essen duldet, selber aber die Fingernägel schneidet und mit dem Zahnstocher die Ohren säubert.

In dieser Unschuld beherrscht Hermann Kafka subtile Mittel, um bei anderen ein Schuldgefühl zu erzeugen. So würde Kafka eigentlich gern die Geschichten aus der Kindheit seines Vaters hören. Von seinem Großvater, dem Fleischer Jakob Kafka, der so groß und stark war, dass er einen Sack Mehl mit den Zähnen hochheben konnte. Von der Großmutter, die in einer Hütte im Dorf Wossek trotz bitterer Armut sechs Kinder großgezogen hat. Wie der kleine siebenjährige Hermann sogar im kältesten Winter mit einem Karren Fleischstücke an die Kunden ausfahren musste. Wie er schon mit vierzehn Jahren sein Elternhaus verließ und sich als Händler durchschlug.

Das alles würde Franz gern hören. Aber wenn sein Vater davon erzählt, hört es sich an wie ein einziger Vorwurf. Keiner kann mehr erahnen, was er mitgemacht hat. Und alle seine Kinder müssten ihm unendlich dankbar sein, dass sie es heute so gut haben und in Sicherheit und Wohlstand leben. »Was wissen die Kinder!«, klagt Hermann Kafka. »Das hat niemand gelitten! Versteht das heute ein Kind!«[11] Franz kann es schon nicht mehr hören.

Am Freitag, den 8. Dezember, wird Kafka mitten in der Nacht von seinem Vater geweckt. Der ist ganz aufgeregt und eilt im Nachthemd durch die Wohnung, in das Zimmer der Schwestern und der Dienstmädchen. Allen verkündet er, dass Elli einen Sohn geboren hat. Das erste Enkelkind. Felix soll es heißen. Die Beschneidung des kleinen Felix findet zwei Wochen später, am 24. Dezember, statt. Hermann Kafka will, dass der Enkelsohn während der Operation nicht, wie üblich, auf einem Tisch, sondern auf seinem Schoß liegt. Das ist ihm sehr wichtig. Ansonsten, da ist sich Franz sicher, sind dem Vater die ganze Zeremonie und die Gebete gleichgültig. Auch die anderen Familienmitglieder sehen gelangweilt aus. Es sind für Kafka eben typische westeuropäische Juden, denen die Rituale ihrer Religion höchstens noch interessante historische Überbleibsel sind.

Löwy hat Kafka erzählt, wie bei russischen Juden ein Beschneidungsritual aussieht. Mit Liedern, magischen Formeln und kabbalistischen Zeichen zur Abwehr böser Geister. Dagegen kommt Kafka die Beschneidung seines Neffen wie eine seelenlose Zeremonie vor. Er selbst beschäftigt sich inzwischen intensiv mit der Geschichte des Judentums. Er liest dicke Bücher darüber und hört sich Vorträge an. Auch von Löwy lernt er viel. Löwy liest ihm auch aus seinen Erinnerungen vor. Und obwohl er keinen fehlerfreien deutschen Satz schreiben kann, kommen seine Worte für Kafka doch aus *selbstständigem Feuer*[12], das er bei sich selbst vermisst. Nur in seltenen Augenblicken fühlt er auch so ein Feuer in sich. Er möchte aber über diese kurzen geglückten Schreibmomente hinauskommen und eine dauerhafte Konzentration erreichen. Das, so glaubt er, kann er aber nur, wenn er eine *größere, mich vollständig befriedigende Arbeit*[13] zustande bringt.

Dass diese größere Arbeit ganz sicher nicht der gemeinsame Roman mit Max Brod sein kann, ist ihm inzwischen klar. Nur selten hatte er Lust, an seinem Teil des geplanten Buches zu schreiben. Und wenn sie sich bei Max getroffen haben, um daran weiterzuarbeiten, kam mit Mühe und Not eine Seite dabei heraus. Die Vorstellungen sind doch sehr unterschiedlich. Wenn Kafka mit einer Stelle zufrieden ist, will Brod sie ändern. Und die Sätze, die Brod schreibt, kann Kafka nur gegen größte innere Widerstände stehen lassen.

Eine größere Arbeit, die ihn wirklich befriedigt, das könnte ein Roman sein, zu dem er die Idee vor vielen Jahren hatte, als er ein Jugendlicher war. Er sollte von zwei Brüdern handeln, von denen der eine gut, der andere böse ist, und die sich bekämpfen. Der Böse wandert aus nach Amerika, der Gute landet in einem Gefängnis in Europa. Kafka erinnert sich auch deswegen daran, weil er damit ein besonderes Erlebnis verbindet. Sie besuchten damals wie üblich an einem Sonntagnachmittag seine Großmutter. Dort saßen sie an einem runden Tisch, aßen Butterbrote, und Franz zog ein Blatt Papier heraus, um an seinem Roman weiterzuschreiben. Er tat es recht auffällig, um alle darauf aufmerksam zu machen, bis ihm endlich ein Onkel das Blatt wegnahm, es kurz überflog und dann sagte: »Das gewöhnliche Zeug.« Durch dieses Urteil fühlte er sich augenblicklich aus der Gemeinschaft ausgestoßen, und er glaubte, einen Einblick erhalten zu haben in den *kalten Raum unserer Welt, den ich mit einem Feuer erwärmen musste, das ich erst suchen wollte.*[14]

Immer noch spürt Kafka diesen kalten Raum auch und gerade im engen Kreis der Familie. Für seinen Vater hingegen ist es Franz, der lieblos und kalt ist und keinen »Familiensinn«[15] hat. Und ist nicht ein Beweis dafür, dass Franz jedes Mal gedrängt werden muss, in die Fabrik zu gehen, aber fast seine ganze Freizeit in diesem anrüchigen Café verbringt und sich für seine jüdischen Freunde schier zerreißt? Er hat beim Prager Zionistischen Verein durchgesetzt, dass anderen zionistischen Vereinen in Böhmen ein Auftritt der Theatergruppe empfohlen wird. Das nötige Rundschreiben hat er selbst verfasst und auch noch Empfehlungsbriefe an Verwandte in Teplitz und Trautenau geschickt. Und neuerdings zeigt er eine Energie und entfaltet eine Geschäftstüchtigkeit, die man an ihm gar nicht kennt. Nur weil er für seinen Busenfreund, diesen Löwy, Mitte Februar eine Veranstaltung organisieren will, noch dazu im Saal des Jüdischen Rathauses, wo ein ganz anderes Publikum zu erwarten ist als im »Café Savoy«.

Kafka hat sich mit dieser Idee wirklich eine Menge Arbeit aufgehalst. Er muss mit zig Leuten reden, die Veranstaltung bei der Polizei und der Gemeinde anmelden, das Programm zusammenstellen, für den Druck der Eintrittskarten und den Vorverkauf sorgen, er muss sich um die Nummerierung der Stühle im Saal kümmern und hinter dem Hausmeister herlaufen, der ein Podium aufstellen soll. Er muss Zeitungen anschreiben, damit sie den Vortragsabend ankündigen und darüber berichten, und er muss sogar den Schlüssel für das Klavier bei einem Lehrer abholen und wieder zurückbringen.[16]

Wenigstens eine Sorge, so dachte er, sei er los. Kafka will Löwy nämlich auf keinen Fall einfach auf das Publikum loslassen, sondern die Zuhörer mit ein paar Worten einstimmen auf das, was sie erwartet. Für diese Aufgabe hatte er seinen Freund Oskar Baum gewonnen. Doch Baum zog seine Zusage kurzfristig zurück und nun muss Kafka auch noch diese Sache selbst übernehmen. Bei diesem Gedanken zittern ihm die Knie. Er hat nur noch fünf Tage Zeit, und Tag für Tag vergeht, ohne dass ihm die richtigen Worte einfallen. Erst am Abend vor der Lesung weiß er endlich, was er sagen will.

Am 18. Februar 1911, abends im spärlich besetzten Festsaal des Jüdischen Rathauses in der Maiselgasse, sind alle Nervosität und Zweifel bei Franz Kafka wie weggeblasen. Während er seinen kurzen Einführungsvortrag hält, wird er getragen von einem *stolzen, überirdischen Bewusstsein.* Er spricht mit fester Stimme, *laut, bestimmt, entschlossen, fehlerfrei, unaufhaltsam.* Er hat Vertrauen zu Löwy, und bei allem, was er sagt, hat man den Eindruck, als wollte er diesen ostjüdischen Künstler rechtfertigen, verteidigen gegenüber den wohlhabenden, gebildeten Prager Juden. Nichts liegt ihm aber ferner, als dieses Publikum, dem die Skepsis ins Gesicht geschrieben steht, vor den Kopf zu schlagen. Vielmehr will er ihnen die Angst nehmen vor dem Jargon, der ja nicht nur Sprache ist, sondern eine eigene, ganz fremde Welt. Mit kleinen gelehrten Anmerkungen und persönlichen Gedanken will Kafka davon überzeugen, dass jeder fähig ist, *Jargon fühlend zu verstehen.* Dann werde man entdecken, dass diese Angst im Grunde *Angst vor sich* ist und dass gleichzeitig aus dem Jargon ein Selbstvertrauen kommt, das stärker ist als diese Furcht.[17]

Der Vortragsabend wird ein Erfolg. Kein finanzieller, auch keiner für Löwy, aber einer für Kafka. Er hat Kräfte in sich gespürt, denen er sich in Zukunft gern anvertrauen möchte, wenn sie bleiben. So schreibt er es in sein Tagebuch. Nur in Klammern fügt er hinzu: *Meine Eltern waren nicht dort.*

VI. Goethe und Margarethe

Franz Kafka ist ein Suchender. Aber welche Suche betreibt er?

Ein Suchender wird jeder, der mit sich und seinem Leben unzufrieden ist. Er leidet, und daraus entsteht ganz natürlich die Sehnsucht nach einem anderen Leben, in dem er nicht mehr mit sich und der Welt uneins wäre. Ob es so ein Glück überhaupt gibt oder ob es Illusion ist, darüber kann man streiten. Jedenfalls muss, wer ein besseres Leben, sein wahres Selbst finden will, sich ändern, er muss sich auf den Weg machen. Wohin, das ist offen. Hauptsache: weg von sich.

Viele Romane und Filme handeln von Suchenden. Der Held hat sich im alltäglichen Leben verrannt. Das wird ihm immer schmerzlicher bewusst, und er leidet, bis er es nicht mehr aushalten kann. Schließlich macht er nicht mehr mit, er steigt aus. Zunächst stürzt er in eine tiefe Krise, verliert jeden Halt, doch dann kämpft er sich daraus wieder hervor. Vielleicht findet er eine neue Liebe oder eine neue Aufgabe, die ihn ganz erfüllt. Er hat also seine Bestimmung gefunden, die immer schon auf ihn gewartet hat. Das ist ein Happy End und eine sehr geradlinige Suche.

Die Suche kann aber auch anders verlaufen. Wenn einer sich auf den Weg macht und dann entdecken muss, dass es unmöglich ist, alles hinter sich zu lassen. Vor allem sich selbst kann man nicht einfach abschütteln. Das alte Ich folgt einem hartnäckig wie ein Schatten. Und je heftiger man versucht, es loszuwerden, desto aufdringlicher zeigt sich, was sich nicht loswerden lässt. An diesem Punkt kommt es zu einer Entscheidung. Entweder man führt diese Suche weiter und blendet sein störendes Ich aus. Oder man sieht ein, dass dieses Ziel unerreichbar ist, weil nichts einen vor sich selber retten kann. Der hoffnungsfrohe Aufbruch gerät ins Stocken, die Suche weiß nicht mehr vor noch zurück. *Das Leben scheint unerträglich, ein anderes unerreichbar*, so beschreibt Kafka einmal dieses Dilemma.[1] In dieser Enttäuschung verbrennen die falschen Ideale und der Suchende kehrt zurück an seinen Anfang. Dort ist die Suche aber nicht am Ende. Sie wird nur eine andere. Sie wird zur Lebenskunst, bei der es immer darum geht, zwischen dem Unerträglichen und dem Unmöglichen einen Weg zu finden.

Franz Kafkas Suche ist auch eine ständige, ent-täuschte Rückkehr zu sich selbst. Dabei muss er mit vielen falschen Vorstellungen von sich aufräumen, Vorstellungen, die auch von außen an ihn herangetragen werden. Wenn er seinen Eltern wieder einmal ein Rätsel ist, retten sie sich in den tröstlichen und nicht ganz uneitlen Gedanken, dass ihr Franz eben etwas Besonderes ist, vielleicht geboren zu einem Wissenschaftler, einem Gelehrten. Kafka weiß ganz genau, dass er dazu sicher nicht berufen ist. An der Universität tat er sich schwer mit dem wissenschaftlichen Denken. Die Germanistik wünschte er zum Teufel. Von Chemie, das er kurzzeitig studierte, ließ er bald wieder die Finger. Und in Jura, für das er sich schließlich entschied, hatte er das Gefühl, sich *geistig förmlich von Holzmehl* zu ernähren.[2] Für die Wissenschaft hat er also kein Talent, noch weniger für die Musik. Seine Versuche, Geige und Klavier zu lernen, endeten in einem Desaster. Kafka hält sich für so unmusikalisch, dass er eine Operette wie *Die Lustige Witwe* nicht von Wagners *Tristan* unterscheiden kann.[3] Auch liegt ihm das abstrakte Denken nicht. In den philosophischen Gesprächen ist ihm sein Freund Felix Weltsch haushoch überlegen. Und dass er kein Geschäftsmann ist, das beweist hinlänglich seine Karriere als Fabrikant. Die Asbestfabrik schreibt inzwischen rote Zahlen und er musste schon seinem reichen Onkel Alfred in Spanien einen Brief schreiben und ihn um Geld anbetteln.

Überhaupt glaubt Kafka, keine besonderen Fähigkeiten und Interessen zu haben – außer einer einzigen. Die ist allerdings die entscheidende, von der alles abhängt. Es ist das Schreiben. Aber wie soll er bloß erklären, dass Schreiben für ihn etwas ganz anderes ist als literarische Interessen zu haben! Literatur interessiert ihn eigentlich wenig. Von vielen Autoren kennt er nur die Lebensgeschichte, nicht ihre Werke. Nein, Schreiben ist etwas viel Fundamentaleres. Es lässt sich für ihn nicht von seinem Leben trennen. Im Schreiben kommt er wirklich zu sich. Schreiben heißt Leben. Und Leben entscheidet sich für ihn daran, wie es gelingt, die Träume und Bilder seines Innenlebens ans Licht zu holen und in sein Tagleben mit hineinzunehmen. *Jeder bringt sich auf seine Weise aus der Unterwelt hinauf*, meint Kafka in einem Brief, *ich durch Schreiben.*[4]

Sein Leben würde erst richtig beginnen, so glaubt Kafka, wenn er alles, was ihn am Schreiben hindert, beiseite räumt. Vorher fühlt er sich wie noch nicht geboren. Und sein jugendliches Aussehen ist für ihn nur der äußere Beweis dieser Verzögerung. Erst wenn er zu seinem Schreiben gefunden hat, werde er *in natürlicher Weise*[5] altern können. Und wenn nicht, so klagt er einmal Max Brod, dann werde er *bis zum 40. Jahre wie ein Knabe aussehen, um dann plötzlich ein vertrockneter Greis zu werden.*[6]

Auch Max Brod hat seine Vorstellungen von seinem Freund Franz. Er hält ihn für einen begnadeten Schriftsteller. Aber was hilft es ihm, wenn er der größte Schriftsteller der Gegenwart ist und kein einziges Buch von ihm existiert? Für Brod gehört zu einem Autor nicht nur Talent, sondern auch der Ehrgeiz, das Geschriebene zu veröffentlichen und möglichst hohe Auflagen zu erreichen. Er selbst ist unermüdlich, wenn es darum geht, seinen Verleger Juncker in Berlin anzutreiben und ihm Manuskripte zu schicken. Erst im Frühjahr ist wieder ein neues Buch von ihm erschienen, *Arnold Beer*, die Geschichte eines Juden, der zu seinen Ursprüngen zurückfindet. Trotzdem ist Brod unzufrieden mit seinem Verleger. Axel Juncker in seiner bunt bestickten Weste mit seinem ewig gutmütigen Lächeln ist ihm auf die Dauer einfach eine Nummer zu klein. Wenn Brod ihn in seiner engen Buchhandlung auf dem Kurfürstendamm besucht, bekommt er einen guten Schluck Wein, aber meistens kein Honorar. Brod hat sich schon nach anderen Verlagen umgeschaut, und er will nun eine gemeinsame Urlaubsreise mit Kafka in die Goethestadt Weimar dazu nutzen, aus den ersten Kontakten handfeste Verbindungen zu machen. Und wer weiß, vielleicht kann er dann auch gleich Kafka mit ins Geschäft bringen.

Für Kafka ist die Reise mit Brod nur ein Teil seines Sommerurlaubs. Er fühlt sich überarbeitet und ausgelaugt. Die drei Wochen Freizeit, die ihm noch zustehen, sind ihm zu wenig, um sich gründlich zu erholen. Von dem Arzt Dr. Kohn lässt er sich bestätigen, dass er »wegen Verdauungsstörungen, minderem Körpergewichte und einer Reihe von nervösen Beschwerden« eine mindestens vierwöchige Kur dringend nötig hat. Die zusätzliche Urlaubswoche wird ihm von der Versicherungsanstalt zugestanden. Und bei der Wahl einer gut geleiteten Kuranstalt hat er sich für das Natursanatorium Jungborn entschieden. Das bekannte Erholungsheim an den Nordhängen des Harz will »dem heutigen Kulturmenschen bei voller Freiheit und ohne jeden Zwang die Gelegenheit zum reinen Naturerleben bieten«.[7] So heißt es in einem Prospekt des Gründers Adolf Just.

Die erste Station der Reise ist die Verlagsstadt Leipzig, wo Max Brod und Franz Kafka am Freitag, den 18. Juni, ankommen. Sie wollen nur bis zum nächsten Tag bleiben und dann weiterreisen nach Weimar. Im »Hotel Opel« müssen sie sich ein Zimmer teilen und, wegen Kafka, bei offenem Fenster schlafen. Als Brod um vier Uhr früh das Pferdegetrampel und den Lärm der Elektrischen nicht mehr aushält und das Fenster schließt, kann Kafka nicht mehr schlafen und fühlt sich *lebendig begraben.*[8] In Brods Träumen ist dann Kafka so böse, dass er das Fenster wieder freiwillig öffnet.

Mit dem Kopf unter dem Kissen schläft Brod noch lange in den Vormittag und muss sich dann beeilen, denn um elf Uhr hat er einen Termin beim Verlag Rowohlt. Kafka macht sich auf zu einem Spaziergang, obwohl er sich in der fremden Stadt wie verloren fühlt und Angst hat, sich in den Straßen zu verirren. Brod dagegen kann sich auch in unbekannter Umgebung schnell orientieren, und er findet auch gleich zu dem Gebäude der altehrwürdigen Druckerei Drugulin, wo der Verlag in zwei recht bescheidenen Zimmern sein Büro hat. Hier trifft er auch die beiden jungen Chefs des Verlags, die unterschiedlicher nicht sein könnten. Der eine, Ernst Rowohlt, fünfundzwanzig Jahre alt, ein großer, breiter, vitaler und manchmal etwas derber Mann. Sein gleichaltriger Partner Kurt Wolff wirkt dagegen fein und gebildet wie ein Gentleman. Er hat erst vor ein paar Jahren die Universität verlassen und ist als stiller Teilhaber in den Verlag eingetreten.

Max Brod kommt nicht mit leeren Händen. Nicht nur ein eigenes kleines Theaterstück hat er anzubieten, sondern er legt gleich eine lange Liste von Projekten und Vorschlägen auf den Tisch: Reisetagebücher, Auszüge aus Grillparzers autobiographischen Schriften, Flaubert auf Französisch, ein philosophisches Werk, das er zusammen mit Felix Weltsch verfasst hat, und die Idee zu einem Jahrbuch für moderne Dichtung. Dazu hat er schon genaue Vorstellungen, wie eine sanfte Loslösung von seinem alten Verlag vonstatten gehen könnte.

Die beiden Jungverleger finden das alles sehr »anregend«. Rowohlt braucht aber für weitere Gespräche auch eine anregende Umgebung, am liebsten »Wilhelms Weinstube«, wohin er Max Brod zum Mittagessen mitnimmt. Die Weinstube ist zur Mittagszeit Treffpunkt von Journalisten und Literaten, und Rowohlt ist hier der lebhafte Mittelpunkt. Er lacht laut, macht Witze und redet in der B-Sprache, sagt also statt furchtbar »fuburchtbabar«[9]. Brod hat es sicher schwer, in dieser Atmosphäre noch Geschäftliches zu besprechen und an seinen Freund Franz Kafka zu erinnern, der auch in Leipzig ist. Rowohlt ist der Name noch ein Begriff aus den kurzen Texten in der inzwischen eingestellten Zeitschrift *Hyperion* und er würde deren Autor gerne einmal persönlich kennen lernen. Also eilt Brod aus der Weinstube, um Kafka zu holen.

Kafka hat sein Mittagessen in einem vegetarischen Restaurant eingenommen und wartet, wie verabredet, um zwei Uhr vor dem Goethedenkmal. Brod nimmt ihn gleich mit in die Weinstube, wo Rowohlt und seine Freunde vor großen Weingläsern mit Zitronenscheiben sitzen. Der abstinente und schüchterne Kafka ist in der lauten und trinkfesten Runde wohl keine besonders imposante Erscheinung. Und wer erwartet hat, dass nach dem rührigen Max Brod nun auch sein Freund die Gelegenheit nützen wird, sich wortreich in Szene zu setzen, muss überrascht sein. Dieser stille, immer lächelnde Mensch scheint schlichtweg nicht fähig, sich interessant zu machen. Kafka kann sich auch nicht vorstellen, dass er irgendetwas zu bieten hat. Und Rowohlt ist einer jener Menschen, denen er sich sofort unterlegen fühlt. Umso überraschter ist er, dass der junge Verleger schließlich *ziemlich ernsthaft* ein Buch von ihm will.

Von »Wilhelms Weinstube« geht Max Brod mit Kafka in das Büro des Verlags, um auch Kurt Wolff mit seinem Freund bekannt zu machen. Wolff ist dieser Besuch peinlich, weil er von Anfang an den Eindruck hat, dass hier ein »Impressario« seinen Star präsentiert. Und das Bedrückende dabei ist, dass Kafka diesem Eindruck hilflos ausgeliefert ist und ihn mit keinem Scherz, keiner ironischen Geste überspielen kann. »Ach, wie er litt«, erinnert sich Wolff später. »Schweigsam, linkisch, zart, verwundbar, schüchtern wie ein Gymnasiast vor den Examinatoren, überzeugt von der Unmöglichkeit, die durch die Anpreisungen des Impressarios geweckten Erwartungen je zu erfüllen.«[10] Wolf ist erleichtert, als diese Vorführung vorbei ist und sich die beiden Prager Autoren wieder verabschieden. Und beim Abschied macht dieser alterslos wirkende Kafka eine Bemerkung, die Wolff noch nie von einem Autor gehört hat und die er nie vergessen wird: *Ich werde Ihnen immer viel dankbarer sein für die Rücksendung meiner Manuskripte als für deren Veröffentlichung.*

Kurz darauf, um fünf Uhr, sitzen Brod und Kafka im Zug nach Weimar, wo sie sich abends im »Hotel Chemnetius« in der Geleitstraße einmieten, diesmal in zwei getrennte Zimmer. In der lauen Sommernacht baden sie in einem See und gehen dann in der Dunkelheit zum Goethehaus. Kafka erkennt es gleich. Er hat in den letzten Monaten viel Goethe gelesen und war zeitweise so gebannt, dass es sein eigenes Schreiben verhindert hat. Vor allem die Tagebücher haben es ihm angetan, weil durch sie an das Leben dieses Mannes, das schon in eine beruhigende Ferne gerückt ist, wieder *Feuer* gelegt wird.[11]

In Weimar kann er sich nun mit eigenen Augen einen Eindruck davon verschaffen, wie ein Genie tagtäglich gelebt hat. Er sieht das Schreibzimmer und das enge, dumpfe Schlafzimmer. Nur Goethes Klosett wird, zu Max Brods Enttäuschung, nicht gezeigt. Als Kafka mit Max im Treppenhaus sitzt, ist es mit dem Interesse an Goethe schlagartig vorbei. Ein junges, sehr hübsches Mädchen läuft an ihnen vorüber. Sie sehen es wieder im Junozimmer und als sie in den Garten hinausschauen. Im

Garten treffen sie dann die Mutter des Mädchens, die, wie sich herausstellt, die Frau des Hausmeisters ist. Die Tochter, Margarethe heißt sie, steht an einem Rosenstrauch. Brod muss Kafka schubsen, damit er sich traut, zu ihr zu gehen.

Die sechzehnjährige Margarethe Kirchner erzählt dem großen schlanken Mann, der schon ein Doktor ist, dass ihre Familie für den Nachmittag einen Ausflug ins nahe gelegene Schloss Tiefurt plant. Sie hat auch nichts dagegen, dass Kafka mitgehen will. Er soll im Gasthof gegenüber dem Goethehaus warten. In diesem Gasthof essen dann Brod und Kafka zu Mittag. Und Kafkas Augen sind mehr auf die Tür des Goethehauses als auf seinen Teller gerichtet. Als diese Tür endlich aufgeht und die Familie erscheint, rennt Kafka hinüber, stellt sich vor und wird wegen des Ausflugs auf später vertröstet. Er muss wieder warten und eilt dann auch gleich über den Vorplatz, als er die Frau des Hausmeisters mit ihrer Tochter sieht. Aber die wollen erst in ein Kaffeehaus. Kafka soll später den Vater abholen und mit ihm nachkommen.

Und so begleitet Franz Kafka Margarethes Vater, der viel von seiner Leidenschaft, dem Fotografieren, erzählt. In Tiefurt macht er Fotos von seiner Familie und von Kafka. Aber erst auf dem Rückweg gelingt es Kafka, neben Margarethe zu gehen, und es betrübt ihn, dass er nicht recht weiß, worüber er mit ihr reden soll. Margarethe hat seit einiger Zeit Tanzstunden und am kommenden Samstag soll der große Abschlussball sein.

Max Brod hält Margarethe für ziemlich dumm. Und er hat Wichtigeres zu tun, als hinter dieser blöden Gans herzurennen. Fast täglich erreichen ihn Briefe von Verlegern und Journalisten, mit denen er in Kontakt steht. Er hat mit Rowohlt telefoniert und kann sich nun ziemlich sicher sein, dass sein Besuch in Leipzig ein voller Erfolg war.

Kafka ist sehr verliebt in Grete. Er geht zu der Schule, wo sie Nähen lernt, ohne sie allerdings zu sehen. Und er interessiert sich für die Fotoleidenschaft des Vaters, nur um Margarethe nahe zu sein. Es wird auch eine Aufnahme von den beiden auf einer Bank im Garten des Goethehauses gemacht. Grete sitzt auf der Bank. Kafka sitzt seitlich mit übergeschlagenen Beinen und in gehörigem Abstand auf der Armlehne, sehr korrekt in Anzug und Krawatte. Sie verspricht ihm ein Rendezvous für den nächsten Tag.

Zur verabredeten Zeit wartet Kafka auf Grete, in der Hand eine Schokoladenschachtel, die mit einer Kette samt Herzchen umwickelt ist. Aber Margarethe kommt nicht. Am nächsten Tag geht er mittags zur Nähschule und stellt sie zur Rede, als er sie mit zwei Freundinnen sieht. Sie stammelt Entschuldigungen. Immerhin weiß sie, dass Kafka auf sie gewartet hat. Ihre Freundinnen haben ihn beobachtet und es ihr erzählt. Kafka gibt ihr die Schokoladenschachtel und sie verabreden sich für den morgigen Tag vor dem Goethehaus. *Sie liebt mich sicher nicht*, schreibt er in sein Tagebuch, *einigen Respekt aber hat sie.*[12]

Dieses Mal ist Margarethe da. Sie hat ein rosa Kleid an und trägt Kafkas Herzchen um den Hals. Sie machen einen langen Spaziergang. Margarethe ist aufgeregt wegen des großen Balls am Abend. Das Gespräch kommt immer wieder ins Stocken. Kafka kostet es Mühe, nicht deutlich werden zu lassen, dass ihn mit diesem Mädchen nichts, aber auch gar nichts verbindet. *Was treibt uns gemeinsam durch den Park?*, fragt er sich. *Nur mein Trotz?*[13]

Am späten Nachmittag kommt er noch einmal, das letzte Mal in das Goethehaus. Margarethe hat ihr Kleid für den Ball an. Kafka findet es nicht so schön wie ihr normales Kleid, aber das sagt er natürlich nicht. Margarethe ist sowieso schon ganz aufgelöst wegen des Balls und hat verweinte Augen, wahrscheinlich wegen ihres Haupttänzers. Kafka zweifelt daran, ob ihr klar ist, dass er sich für immer verabschieden will. Und wenn sie es wüsste, würde es ihr etwas ausmachen? Nun kommt eine Frau und bringt Rosen und stört auch noch den *kleinen Abschied*, den sich Kafka erhofft hat. Als er durch die Gassen geht, sieht er überall festlich gekleidete junge Männer und Frauen, die auf dem Weg sind zum großen Ball.

Zwei Tage später ist Franz Kafka im Naturheilsanatorium Jungborn im Harz. Aus der Heilanstalt schickt er drei Ansichtskarten an Margarethe Kirchner und erhält aus Weimar eine Anwort, in der sie schreibt: »Für die liebenswürdige Sendung der Karten und freundliches Gedenken, erlaube mir Ihnen bestens Dank zu sagen. Auf dem Ball habe ich mich gut amüsiert, bin erst mit meinen Eltern morgens ½5 Uhr nach Hause gekommen. Auch war der Sonntag in Tiefurt ganz nett. Sie fragen, ob es mir Vergnügen macht, Karten von Ihnen zu erhalten; darauf kann ich nur erwidern, dass es mir und meinen Eltern eine große Freude sein wird, von Ihnen zu hören. Sitze so gern im Garten am Pavillon und gedenke Ihrer. Wie geht es Ihnen? Hoffentlich gut. Ein herzliches Lebewohl und freundliche Grüße von mir und meinen Eltern sendet Margarethe Kirchner.«[14]

Kafka glaubt, dass er Margarethe nicht unangenehm ist, aber doch gleichgültig *wie ein Topf. Aber warum*, so fragt er sich, *schreibt sie dann so, wie ich es wünsche? Wenn es wahr wäre, dass man Mädchen mit der Schrift binden kann!*[15]

VII. Sonne, Luft und Mädchen

Kafkas Holzhütte heißt »Ruth«. Es ist ein so genanntes »Lichtlufthäuschen«, weil durch die Fenster und Luken immer viel Licht und Luft in die zwei Zimmer gelangen soll. Und Licht und Luft sind die wichtigsten Voraussetzungen für ein »reines Naturleben«, wie es das Erholungsheim Jungborn verspricht.

Vor Kafkas Hütte geht es recht natürlich zu. Nackte Männer liegen im Gras, gehen spazieren oder spielen Fußball. Ganz ungeniert strecken, reiben und kratzen sie sich oder furzen laut. Jeden Morgen wird gemeinsam geturnt. Und dabei fällt es natürlich besonders auf, dass ein einziger Kurgast nicht nackt ist, nämlich Kafka. Der hat eine Badehose an und heißt darum bald bei allen »der Mann mit der Schwimmhose«[1].

Eigentlich ist Kafka ganz gerne nackt. Aber bisher hat er sich das nur allein in Hotelzimmern getraut. Unter so vielen Leuten kann er sich noch nicht überwinden. Außerdem würde man bei ihm auf den ersten Blick sehen, dass er ein Jude ist. Und in Jungborn, wo in jeder Hütte eine Bibel liegt und der Zusammenhang von christlichem Glauben und naturnahem Leben besonders betont wird, würde das mehr Aufsehen erregen, als ihm lieb sein kann.

Die Hütte »Ruth« und viele weitere Luftlichthäuschen stehen in einer weitläufigen Parklandschaft. Es gibt ein

Areal für Herren und eines für Damen, beide umgeben und voneinander getrennt durch einen hohen und garantiert fugenlosen Bretterzaun. Vereint – und selbstverständlich bekleidet – sind die Gäste der Anlage in den großen beheizbaren Gebäuden. Im Speisesaal können sie wählen zwischen einem vegetarischen Essen und einer »Frucht-Diät«. Und wer unbedingt Fleisch will, kann in das außerhalb liegende Gasthaus »Zum Eckerthal« gehen.[2]

Für alle gesundheitlichen Fragen steht ein Kurarzt zur Verfügung. Er ist ein Anhänger der so genannten Mazdaznan-Bewegung, die auf yoga-ähnliche Atem- und Dehnübungen setzt. In seinen Vorträgen im Unterhaltungssaal spricht dieser Mazdaznan-Arzt darüber, wie man durch richtige Bauchatmung seine Geschlechtsorgane wachsen lassen kann oder durch regelmäßiges Ziehen eine verkrüppelte Zehe wieder gerade bekommt.

Trotz einer gewissen Skepsis besucht Kafka die Vorträge. Und er macht auch bei den Spielen und Aktivitäten im Freien mit. Im Obstgarten steigt er auf einer Leiter bis zu den obersten Zweigen eines Baumes und pflückt Kirschen. Wie man mit einer Sense Gras mäht, das versucht er allerdings vergeblich zu lernen. Dafür hilft er bei der Heuernte. Als einige alte Männer nackt über die Heuhaufen springen, wird ihm bei dem Anblick leicht übel. Und es befremdet ihn auch, als an einem verregneten Tag plötzlich ein Greis wie ein wildes Tier über die Wiese rennt, um ein Regenbad zu nehmen.

Kafka ist aber nicht nur nach Jungborn gekommen, um naturnah zu leben und an Gewicht zuzunehmen. Er will mit Menschen zusammen sein, er sucht Gesellschaft. *Dieses Verlangen nach Menschen*, schreibt er an Max Brod, *das ich habe und das sich in Angst verwandelt, wenn es erfüllt wird, findet sich erst in den Ferien zurecht; ich bin gewiss ein wenig verwandelt.*[3] In Jungborn spielt er mit anderen Karten, was er in der eigenen Familie immer strikt abgelehnt hat. Und in Prag würde er auch nicht so leicht ins Gespräch kommen wie hier mit dem Beamten aus Breslau, der doch tatsächlich Friedrich Schiller heißt. Dieser Dr. Schiller ist bekennender Freigeist und Atheist und gerät oft aneinander mit einem besonders frommen Kurgast, dem Landvermesser Hitzer. Kafka hat eine Schwäche für Idealisten wie diesen christlichen Landvermesser, vielleicht auch, weil Hitzer wegen seines Glaubens sogar mit seinem Vater gebrochen hat. In den erregten Debatten jedenfalls sind Kafkas Sympathien mehr bei ihm als bei dem gebildeten Dr. Schiller, der mit Fremdwörtern wie »Illusion« und »Autosuggestion« um sich wirft.[4]

Der Landvermesser liegt den ganzen Tag im Gras, mit drei aufgeschlagenen Bibeln vor sich. Offenbar hat er gemerkt, dass Kafka ihn ernst nimmt. Denn als Kafka einmal auf der Wiese ein Sonnenbad nimmt, kommt der Landvermesser auf ihn zu und gibt ihm vier erbauliche kleine Schriften. Kafka blättert nur kurz darin und bringt die Hefte wieder zurück. Er versucht dem Landvermesser klar zu machen, warum für ihn gegenwärtig *keine*

Aussicht auf Gnade bestehe.[5] Hitzer redet daraufhin lange auf ihn ein, mit einer Wahrhaftigkeit, die Kafka gefällt. Er ist überzeugt davon, dass Kafka »nahe der Gnade« sei. Doch Kafka beruft sich auf die *innere Stimme* und dieses Argument beeindruckt auch den Landvermesser und er hört mit seinen Bekehrungsversuchen auf.

Diese innere Stimme sagt Kafka, dass er leider keinen festen Halt hat wie der Landvermesser Hitzer. Und er weiß auch, dass das Leben in Jungborn dazu geeignet ist, *um die Traurigkeit herumzuführen*[6]. Dabei will und muss Kafka doch lieber mitten in diese Traurigkeit *hineinfahren.* Und das tut er wenigstens einmal am Tag, wenn er abends für eineinhalb Stunden im Schreibzimmer sitzt, wo nicht gesprochen werden darf. Manchmal schreibt er auch an seinem Roman, der in Amerika spielt. In Leipzig hat er nichts davon erwähnt. Und auch gegenüber Max Brod macht er nur Andeutungen. Die Idee zu diesem Buch erscheint ihm so groß *wie über den ganzen Himmel hin entworfen*[7]. Gegenüber dieser Idee kommt ihm das, was er bis jetzt tatsächlich zu Papier gebracht hat, trostlos vor.

Vom Frühling bis in den Herbst herrscht in Jungborn, so behauptet es ein Werbeprospekt, »ein schönes reges Leben«. In der Freizeitanlage ist immer etwas los und jeder kann Ausflüge in den nahe gelegenen Harz oder in das Ecker-Tal machen. An einem Dienstag sind alle eingeladen, an einer Wanderung nach Harzburg teilzunehmen.

Kafka versäumt den Aufbruch oder will ihn vielleicht auch verpassen. Dafür geht er abends zusammen mit Dr. Schiller und einem Berliner Friseur nach Stapelburg, wo ein viertägiges Schützenfest stattfindet.

In Stapelburg marschieren die Schützen und Vereine mit Musik durch die Gassen. Einige schöne Frauen sind darunter, die Kafka gleich auffallen. Ein Tanzboden ist aufgebaut. Aber der Tanz soll erst gegen zehn Uhr beginnen. Einstweilen rutschen kleine Mädchen auf den Brettern herum. Kafka lässt sie von seiner Brause trinken und gleich ist er von einem ganzen Schwarm Mädchen umringt. Er lädt sie ein zum Karussellfahren und sitzt dann mit allen in einer kleinen Kutsche auf dem Karussell, zwei seiner Freundinnen auf den Knien. Vom Karussell geht es dann weiter zum Glücksrad und zu einem Zelt, wo Süßigkeiten verkauft werden. Kafka zahlt alles. *Ich fühlte das Erlebnis der Mädchen stärker als mein Schenken*, schreibt er später in sein Tagebuch.[8]

Noch bevor der Tanz beginnt, müssen die drei Männer wieder zurück nach Jungborn. In seiner Hütte findet Kafka ein furchtbares Durcheinander. Seine Sandalen stecken hinter dem Wandspiegel, der Nachttopf steht auf dem Schrank, das Buch von Flaubert ist im Kopfkissen und unter der Bettdecke liegen sein Tintenfass und ein nasser Waschlappen. Das ist die spaßige kleine Rache dafür, dass er beim Massenausflug nach Harzburg nicht mitgemacht hat.

Kafka hat keine Lust auf Ausflüge. Es reizt ihn nicht

einmal, den Brocken zu sehen, den höchsten Gipfel im Harz. Lieber geht er mit Dr. Schiller noch einmal nach Stapelburg, wo zum Ende der mehrtägigen Feier wieder getanzt wird. Dieses Mal ist der Tanzboden voll, und die Paare warten am Rand darauf, dass Platz frei wird. Kafka und Dr. Schiller gehen lange *nutzlos* herum, bis sich Kafka endlich ein Herz nimmt und ein Mädchen anspricht, das ihm schon aufgefallen ist, weil es ein so trauriges Gesicht gemacht hat. Er tanzt mit ihr. Sie heißt Auguste, und er erfährt auch, warum sie so traurig ist. Ihre Eltern sind beide schon gestorben, und sie hat nun vor, bald in ein Kloster einzutreten. Kafka geht mit ihr im Mondschein spazieren, verfolgt von den Mädchen, mit denen er Karussell gefahren ist. Die Mädchen nennen Auguste seine »Braut«. Aber Kafkas Braut muss um zehn Uhr schon wieder nach Hause fahren und wird bald in einem Kloster leben.

Wenn du wüsstest, wie die kurze Zeit vergeht!, schreibt Kafka an Max Brod. *Wenn sie so deutlich verginge wie Wasser, aber sie vergeht wie Öl.* Am Samstag, den 27. Juli 1912, reist Kafka von Jungborn ab. Er hat überlegt, ob er über Weimar nach Prag zurückreisen soll. Von dort hat ihm Margarethe einen kleinen Brief geschickt mit einigen Fotos von ihr, auf denen sie hinreißend aussieht. Aber Kafka entschließt sich, nicht mehr nach Weimar zu fahren. *Und ich fahre nach Dresden*, schreibt er an Brod, *als wenn es sein müsste, und werde mir den zoologischen Garten ansehn, in den ich gehöre!*[9]

Kafka fühlt sich manchmal wirklich wie ein Tier, das man wegen seiner Fremdheit nur angaffen kann und das in seine Stummheit wie eingeschlossen ist. Vielleicht das erste Mal hat er das so empfunden, als er – es ist schon viele Jahre her – mit seinem Hund spazieren ging und ein Maulwurf vor ihnen über die Straße lief. Der junge, verspielte Hund packte den Maulwurf und ließ ihn immer wieder los. Kafka fand es anfangs lustig, wie der Maulwurf verzweifelt auf dem harten Boden ein Loch suchte. Doch als der Hund ihn mit den Pfoten schubste und der Maulwurf plötzlich schrie, da war augenblickshaft eine Nähe zwischen ihm und dem Maulwurf, die ihn anfangs ganz sprachlos machte.[10]

In Prag würde sich Kafka am liebsten in sein Zimmer verkriechen. Doch selbst in diesem Versteck findet er keine Ruhe, weil es in der Kafka'schen Wohnung oft nicht auszuhalten ist. Im Wohnzimmer wird lautstark über die bevorstehenden wichtigen Ereignisse geredet. Im Oktober wird das Geschäft umziehen in den Seitenflügel des Kinsky-Palais am Altstädter Ring, eine feine Adresse, von der sich Hermann Kafka einen Aufschwung verspricht. Noch vorher, Mitte September, wird es die nächste Verlobung in der Familie geben. Für Valli ist nun auch der richtige Mann gefunden. Josef Pollak heißt er, ein kaufmännischer Angestellter aus der Papierbranche. Die Hochzeit soll noch in diesem Jahr stattfinden.

Kafka hält sich da raus. Auf ihn ist man sowieso schlecht zu sprechen. Nach den Ferien ging es gleich wieder weiter mit den Vorhaltungen wegen der Fabrik. Sogar Ottla, die doch sonst immer zu ihm hielt, nimmt nun Partei für die Eltern. Kafka fährt also wieder zur Fabrik, nur um jedes Mal wieder aufs Neue feststellen zu müssen, wie überflüssig er dort ist. Einmal ist der Motor kaputt, der alle Maschinen antreibt, und Kafka steht zwei Stunden lang ratlos und untätig im abgasverpesteten Maschinenraum, während der Heizer und der Werkmeister schwitzend nach dem Fehler suchen.

Er kann sich auch nicht an dem Gedanken festhalten, dass er nun ein Autor ist mit einem Verlag, der nur darauf wartet, dass er ein Manuskript einschickt. Im Gegenteil, diese Zusage, die er beziehungsweise Max Brod in Leipzig gegeben hat, ist ihm eine Last. Das stolze Gefühl, mit dem er jetzt seine Tagebücher durchgeht, um für die Veröffentlichung geeignete Texte zu finden, kommt ihm lächerlich und schädlich vor. Es ist ihm bloß der Schein eines Erfolgs und macht ihn nur noch überzeugter, dass sein Ziel ein ganz anderes ist. Schließlich will er sich nicht damit zufrieden geben, so schreibt er im Tagebuch, *nur mit den Fingerspitzen im Wahren zu stecken.*[11]

Außerdem ist überhaupt noch nicht geklärt, was er Rowohlt und Wolff vorlegen wird. Ein abgeschlossenes Manuskript hat Kafka nicht, geschweige denn einen Roman. Die zweihundert Seiten, auf die sein *amerikanischer Roman* schon angewachsen war, hat er wieder verworfen, so misslungen erschienen sie ihm. Es kommt also nur ein Sammelsurium von kurzen Texten in Frage, also jene, die schon in Zeitschriften erschienen sind, dazu noch einige Skizzen aus den Tagebüchern und Teile aus einem längst in die Schublade verbannten Versuch, den er *Beschreibung eines Kampfes* genannt hat.

Diese *Stückchen* sich noch einmal vorzunehmen und sie für den Druck zu überarbeiten ist Kafka eine Qual, eine *künstliche Arbeit*, die ihn nur davon abhält, etwas Neues, Besseres zu schreiben. Zudem ist er sich in einigen Fragen der Rechtschreibung und der Kommasetzung so unsicher, dass er sich damit schier verrückt macht.

Nachdem er sich in seinen freien Stunden dazu gezwungen hat, an dem Manuskript zu feilen und die handschriftlichen Vorlagen in die Schreibmaschine zu tippen, teilt er Max Brod mit, dass er die Nase voll hat und einfach nicht mehr kann. Dass seine Sachen nicht gedruckt werden, das kann er verkraften, jedenfalls erscheint ihm das weniger schlimm als dieses *verdammte Sichzwingen*[12]. Aber Brod wäre nicht Brod, wenn er sich von Kafkas Jammerei beeindrucken ließe. Er hat ja schon mit dem Tagebuchroman *Samuel und Richard* einen ähnlichen »Tanz« mit Kafka erlebt und es damals auch noch geschafft, dass wenigstens das erste Kapitel in den *Herderblättern* erschienen ist. Und auch jetzt lässt er nicht locker, so kurz vor dem Ziel. Er bringt seinen Freund dazu, weiter an seinem ersten Buch zu arbeiten, auch wenn es ihm noch so schwer fällt. Anfang August ist Kafka damit fertig. Bevor er das schmale Manuskript nach Leipzig schickt, muss noch geklärt werden, in welcher Reihenfolge die Texte stehen sollen. Um darüber zu beraten, soll Kafka am Dienstag, den 13. August, zu Max Brod kommen, um acht Uhr abends.

Es ist schon weit nach neun Uhr, als Kafka vor der Tür der Wohnung in der Schalengasse 1 steht. Der eine oder andere aus der Familie Brod wird wohl seufzen über den verspäteten Gast. Denn bei Brods geht man früh schlafen. Und Kafka, der Nachtmensch, macht sich oft einen heimlichen Spaß daraus, immer lebhafter zu werden, je später es wird, bis die Familie dann diesen *berufsmäßigen Schlafstörer* mit vereinten Kräften und in aller Liebe aus der Wohnung drängt.[13]

Die ganze Familie ist versammelt. Die Eltern Brod, Max und sein Bruder Otto, der besonders viel Wert darauf legt, pünktlich ins Bett zu kommen. Am großen Wohnzimmertisch sitzt eine junge Frau, die Kafka nicht kennt. Sie hat blondes Haar, eine knöchrige Nase und ein starkes Kinn. Kafka reicht ihr über den Tisch hinweg die Hand, obwohl sie ihm noch gar nicht vorgestellt wurde. Erst jetzt erfährt er, dass sie eine entfernte Verwandte aus Berlin ist, Felice Bauer heißt und auf der Reise nach Budapest ist, wo ihre Schwester heiratet. In Prag ist sie auch aus beruflichen Gründen. Sie arbeitet nämlich in Berlin bei einer Firma für Diktiergeräte und Grammophone und hat die Prager Filiale ihrer Firma aufgesucht. Mit einem Herrn aus der Filiale hat sie schon einen Ausflug auf den Hradschin gemacht. Im »Hotel

Blauer Stern« wird sie übernachten und gleich morgen in aller Frühe weiterreisen.

Kafka ist zunächst ein wenig verärgert, weil dieser unvorhergesehene Besuch natürlich verhindert, dass er mit Max das Manuskript durchschauen kann. Doch dann beginnt ihn dieses Fräulein Bauer immer mehr zu interessieren. Sie erzählt von einer Operette, die sie in Berlin gesehen hat, und wie sie als Kind immer von ihrem Bruder Ferri und den Vettern geschlagen worden sei. Kafka merkt sich jedes Wort. Und als sie auch noch sagt, dass das Abschreiben von Manuskripten ihr Vergnügen macht, da schlägt er vor Staunen mit der Hand auf den Tisch. Sie gefällt ihm, auch wenn sie manchmal etwas unbedacht drauflosredet und leicht ins Fettnäpfchen tritt. So schauen die Brods recht betreten, als sie erzählt, sie habe ein Buch von Max Brod, den Roman *Schloss Nornepygge*, angefangen, aber dann nicht zu Ende gelesen. Oder sie behauptet, Zionistin zu sein und Hebräisch gelernt zu haben, weiß aber dann doch nicht, dass die 1907 in Palästina gegründete Kolonie Tel Aviv zu Deutsch »Frühlingshügel« heißt.

Das gibt Kafka immerhin die Gelegenheit, eine Ausgabe der Monatszeitschrift *Palästina*, die er zufällig bei sich hat, aus der Tasche zu ziehen, und irgendwie redet man plötzlich allen Ernstes darüber, dass man doch gemeinsam nach Palästina reisen könnte. Und dieses Fräulein aus Berlin gibt ihm doch tatsächlich die Hand darauf, dass sie zu ihrem Wort auch stehen wird.

Die Gesellschaft wechselt in das Nebenzimmer, wo das Klavier steht und Otto Brod zu Ehren des Berliner Gastes etwas vorspielt. Kafka sitzt hinter Felice Bauer und beobachtet sie genau. Später macht er doch noch einen halbherzigen Versuch, mit Max über sein Manuskript zu sprechen. Viel kommt nicht dabei heraus, die anderen mischen sich bald ein und machen *komische Ratschläge*, wie er das wertvolle Paket am besten nach Leipzig schicken soll. Man merkt, dass die Brods den Zeitpunkt überschritten haben, bis zu dem sie noch willige und aufmerksame Gastgeber sein können. Frau Brod duselt auf dem Sofa. Und Otto werkelt am Ofenschirm herum, was seine übliche Art ist, Gäste darauf hinzuweisen, dass es nun langsam Zeit wird, zu gehen.

Max' Vater und Kafka begleiten das Fräulein aus Berlin zu ihrem Hotel. Kafka trottet stumm hinter oder neben den beiden her und kommt sich völlig nichtsnutzig vor. Felice Bauer fragt ihn beiläufig, wo er denn wohne. Kafka versteht die Frage falsch und denkt, sie wolle seine Adresse wissen, um ihm wegen der Palästinareise zu schreiben. Dieses Missverständnis macht ihn noch unsicherer. Er überlegt auch nur kurz, morgen auf dem Bahnsteig mit einem Blumenstrauß zu erscheinen. Ihre frühe Abfahrt und der Gedanke an den Herrn, mit dem sie auf dem Hradschin war, bringt ihn wieder von diesem Plan ab.

Auf dem Weg zum Hotel plaudern Herr Brod und Felice Bauer über alle möglichen nebensächlichen Sachen.

Kafka prägt sich alles ein, ob es nun ein vergessener Regenschirm oder Fräulein Bauers nicht gerade literarische Reiselektüre ist. Beim Eingang ins Hotel drängt sich Kafka hinter Felice Bauer ungeschickt in das gleiche Abteil der Drehtür und tritt ihr fast auf die Fersen. Der »Blaue Stern« ist das feinste Hotel in Prag. Felice Bauer bewegt sich hier sehr selbstbewusst und redet mit dem Kellner wie eine stolze Dame von Welt.

Vor dem wartenden Aufzug verabschieden sie sich, und Kafka erwähnt noch mal die geplante Palästinareise, obwohl es ihm so vorkommt, als ob er der Einzige wäre, der diese Reise ernst nimmt.

Felice Bauer kann sich später nicht mehr daran erinnern, dass Kafka sie zum Hotel begleitet hat. Sie verschwindet im Aufzug. Kafka hätte sich gewünscht, dass sie ihm ohne Rücksicht auf Herrn Brod ins Ohr sagt: *Komm mit nach Berlin, lass alles liegen und komm!*

Prag bleibt das Mütterchen mit Krallen, das Kafka nicht loslässt. Von Prag wegzukommen, das würde bedeuten, endlich unabhängig und frei zu werden. Und dann noch jemanden zu finden, mit dem er dieses freie Leben teilen kann, das wäre das höchste Glück. Warum ist das für ihn so schwer? Alle um ihn herum verloben sich und heiraten. Auch bei Max Brod und seiner Elsa kann es nicht mehr lange dauern. Und er, Franz Kafka, soll ein Junggeselle bleiben? Ihm graut vor dieser Vorstellung. Es gibt einige Junggesellen in der Familie und er beneidet sie nicht. Auch nicht seinen reichen Onkel Alfred, den ältesten Bruder seiner Mutter, der in Madrid lebt und im September in Prag zu Besuch ist. Onkel Alfred ist Direktor einer Eisenbahngesellschaft, ein wirklicher Mann von Welt, mit Einfluss und Geschmack – und Junggeselle. Er erzählt Kafka, wie er abends gut essen geht, dabei wichtige Leute trifft, mit ihnen plaudert, und auf dem Nachhauseweg kommt ihm dieser Abend sinnlos vor, er fühlt sich allein und bedauert es, nicht geheiratet zu haben.[14]

In dem Manuskript, das Kafka nach Leipzig geschickt hat, ist auch eine kleine Skizze, zwei Sätze lang, mit dem Titel *Das Unglück des Junggesellen*:

Es scheint arg, Junggeselle zu bleiben, als alter Mann unter Wahrung der Würde um Aufnahme zu bitten, wenn man einen Abend in Gesellschaft verbringen will, krank zu sein und aus dem Winkel seines Bettes wochenlang das leere Zimmer anzusehn, immer vor dem Haustor Abschied zu nehmen, niemals neben seiner Frau sich die Treppe hinaufzudrängen, in seinem Zimmer nur Seitentüren zu haben, die in fremde Wohnungen führen, sein Nachtmahl in einer Hand nach Hause zu tragen, fremde Kinder anstaunen zu müssen und nicht immerfort wiederholen zu dürfen: »Ich habe keine«, sich im Aussehn und Benehmen nach ein oder zwei Junggesellen der Jugenderinnerungen auszubilden.

So wird es sein, nur dass man auch in Wirklichkeit heute und später selbst dastehen wird, mit einem Körper und einem wirklichen Kopf, also auch einer Stirn, um mit der Hand an sie zu schlagen.[15]

Es war für Kafka ziemlich schwierig, die Adresse in Berlin herauszufinden. Erst bekam er nur die Anschrift einer Aktiengesellschaft, dann den Namen einer Straße, dann die Hausnummer dazu. Aber auch mit vollständiger Adresse hat er sich lange nicht entschließen können. Tagelang, nächtelang entwarf er Briefe in seinem Kopf, stand mitten in der Nacht auf, um aufzuschreiben, was ihm eingefallen war, und verwarf es dann doch wieder. Endlich, am Freitag, den 20. September 1912, nach Arbeitsschluss, setzt er sich in seinem Büro vor die Schreibmaschine, spannt ein Papier mit dem Briefkopf der Arbeiter-Unfall-Versicherung ein und beginnt zu tippen:

Sehr geehrtes Fräulein! Für den leichten Fall, dass Sie sich meiner auch im Geringsten nicht mehr erinnern können, stelle ich mich noch einmal vor: Ich heiße Franz Kafka und bin der Mensch, der Sie zum ersten Mal am Abend beim Herrn Direktor Brod in Prag begrüßte, Ihnen dann über den Tisch hin Photographien [...] *reichte und der schließlich in dieser Hand, mit der er jetzt die Tasten schlägt, Ihre Hand hielt, mit der Sie das Versprechen bekräftigten, im nächsten Jahr eine Palästinareise mit ihm machen zu wollen.*[16]

Acht Tage später bekommt Kafka Antwort aus Berlin. Aber in der Zwischenzeit hat sich sein Leben verändert.

VIII. Wahre Träume

Kafka und sein Vater sind in Berlin. Sie fahren mit der elektrischen Straßenbahn durch die Stadt. Überall sieht man nur unzählige Schlagbäume in den Himmel ragen. Die Elektrische hält an, die beiden steigen aus und treten durch ein Tor. Dahinter ist eine sehr steile Wand, die der Vater gleich mühelos, geradezu tänzerisch hinaufsteigt, während Kafka nur mit großer Mühe vorwärts kommt. Auf allen Vieren kriecht er und rutscht immer wieder zurück, was auch daran liegt, dass die Wand mit *Menschendreck* bedeckt ist. Kafka kann nicht verhindern, dass dieser Dreck an ihm hängen bleibt. Das ist sehr peinlich.

Als er endlich oben ankommt, tritt sein Vater gerade aus einem Gebäude, eilt aufgeregt auf seinen Sohn zu, fällt ihm um den Hals und küsst ihn. »Dieser Dr. von Leyden!«, ruft der Vater. »Das ist doch ein ausgezeichneter Mensch.« Dr. von Leyden ist ein berühmter Arzt, der Vater hat ihn aber nicht besucht, weil er ein Mediziner, sondern weil er so bekannt ist. Ja, es stellt sich heraus, dass der Vater gar nicht bis zu dem Professor vorgedrungen ist, sondern nur bis zu dessen Sekretär, der in einem Zimmer mit Glaswänden sitzt und von dem Kafka nur den Rücken sieht. Aber dieser Sekretär ist auf sonderbare Art ein so guter Stellvertreter, dass es war, als wäre der Vater dem Professor persönlich begegnet und hätte mit ihm geredet.[1]

Den Ausflug nach Berlin hat Kafka geträumt. Kafka träumt oft und viel. Vor allem, wenn er in seinem Zimmer auf dem Kanapee liegt. Wenn er bedenkt, wie viel Zeit er schon auf diesem Kanapee *verfaulenzt*[2] hat. Sein Vater hat bestimmt sein ganzes Leben nicht so viel Zeit mit Nichtstun verbracht, die Tage, an denen er krank war, mit eingerechnet. Dabei leidet Kafka an Schlaflosigkeit. Ja, es ist sogar so, dass seine Träume ihn vom Schlafen abhalten. Auch wenn er hundemüde ist, bleibt er oft stundenlang in einem Zustand, in dem andere Menschen sich kurze Zeit vor dem Einschlafen befinden.[3] Dann schläft er zwar, oder er schläft sozusagen neben sich, aber gleichzeitig halten ihn starke Träume wach. Es ist wie ein Halbschlaf oder wie ein Tagträumen. Jedenfalls ist dieses Dämmern nicht sehr erholsam. Nach einer traumreichen Nacht ist Kafka morgens wie erschlagen. Und im Büro schaltet er im Reden und Diktieren manchmal ab, was erholsamer ist als der Schlaf der Nacht.

Andererseits findet Kafka in diesem Traumleben seinen Halt. Es eröffnet sich ihm eine innere Welt, die ihn geradezu überflutet. Es sind keine phantastischen Träume, die er hat. In ihnen wiederholen sich nur Gedanken, Gefühle, Eindrücke, die er tagsüber ansammelt, nur eben intensiver, *aufgeregter*[4]. Bisher musste er diesen Ansturm zurückhalten, weil er ihn einfach nicht bewältigen konnte. Sogar am Tag verfolgen ihn die Bilder, aber da hat er als Gegengewicht die äußere Realität des Büros, der Familie, der Fabrik. In der Nacht jedoch ist er diesem

Lärm hilflos ausgeliefert und wird von ihm regelrecht zerschnitten. Dabei weiß er, dass dieser Lärm nur eine *zurückgehaltene Harmonie*[5] ist, die ihn ganz erfüllen wird, wenn er erst einmal die Kraft hat, ihr freien Lauf zu lassen und mit ihr umzugehen.

Am Sonntag, den 15. September, war die Verlobung Vallis mit Josef Pollak. Am Sonntag darauf, zwei Tage nachdem Kafka den Brief an Felice Bauer geschrieben hat, kommt die neue Verwandtschaft zu Besuch in die Niklasstraße. Ein Ereignis, dem Kafka gern entfliehen würde. Er muss viele Hände schütteln und höflich die neugierigen Fragen nach seinem Beruf und seinem sonstigen Leben beantworten, vielleicht auch gezwungen lächeln zu den spaßhaften Bemerkungen darüber, dass er nun wohl als Nächstes an der Reihe sei mit Heiraten.

Für Josef Pollak bedeutet die Verbindung mit Valli Kafka einen sozialen Aufstieg. Die Pollaks sind Juden vom Lande, also aus einem Milieu, das Hermann Kafka längst hinter sich gelassen hat. Als Josef Pollak als Mann für seine zweite Tochter feststand, war Hermann Kafka nicht glücklich über diese Wahl. Es war klar, dass der neue Schwiegersohn keine Reichtümer mitbringt. Dagegen muss Hermann Kafka wieder für eine angemessene Mitgift sorgen, und das zu einer Zeit, da der Umzug des Geschäfts viel Geld verschlingt und die Asbestfirma sich als Fass ohne Boden erweist. Immerhin scheint Josef Pollak, der acht Jahre älter ist als Valli, ein patenter und sympathischer Mann zu sein. »Pepa« oder »Peppo«, wie ihn alle nennen, ist ein wahrer Alleinunterhalter, er kann eine Anekdote nach der anderen erzählen, mit einer Stimme, die noch dröhnender ist als die seines Schwiegervaters. Sein neuer Schwager Franz wirkt dagegen kleinlaut – wenn er überhaupt redet, meistens sitzt er bei den Familientreffen stumm auf seinem Platz. Für ihn ist es ein *zum Schreien* unglücklicher Sonntag.[6]

Bis fast zehn Uhr muss er aushalten, dann ist der Spuk für ihn vorbei und er kann sich endlich in sein Zimmer zurückziehen. Er schlägt sein Tagebuch auf. In letzter Zeit musste er oft an die Französische Revolution denken, wie die Bevölkerung aus den Vorstädten durch die Gassen in die Innenstadt vorrückte. Das ist ihm zum Bild geworden für die Träume, die unaufhaltsam von ihm Besitz ergreifen. Auch jetzt will er eine Kriegsszene schreiben, wie ein junger Mann aus dem Fenster eine Menschenmenge über die Brücke herankommen sieht. Doch daraus wird ihm, er weiß nicht wie, eine ganz andere Geschichte. Um zwei Uhr nachts sieht er das letzte Mal auf die Uhr.

Am nächsten Morgen, früh um sechs Uhr, ist das Dienstmädchen der Kafkas als Erste wach. In der Wohnung ist es noch dunkel. Durch die Fenster dämmert das erste Tageslicht. Das Dienstmädchen geht in die Küche, um alles für das Frühstück vorzubereiten. Es staunt nicht schlecht, als der junge Herr Kafka aus seinem Zimmer tritt, vollständig angezogen, sich streckt und meint: »Ich habe bis jetzt geschrieben.«[7] Tatsächlich hat Kafka die ganze Nacht, acht Stunden lang, ununterbrochen am Schreibtisch verbracht. Und es war für ihn eine großartige Nacht, auch wenn es eine fürchterliche Anstrengung war. Zum ersten Mal ist ihm ein Schreiben geglückt, wie er es sich immer erhofft hat. Und jetzt ist er sich absolut sicher, dass alles, was er bisher geschrieben hat, nur wertlose Pseudo-Literatur ist im Vergleich zu dieser Geschichte, die er wie in einer *Geburt* hervorgebracht hat, *mit Schmutz und Schleim bedeckt. Nur so kann geschrieben werden*, schreibt er in sein Tagebuch, *nur in einem solchen Zusammenhang, mit solcher vollständigen Öffnung des Leibes und der Seele.*[8]

Kafka beschließt, heute nicht zur Arbeit zu gehen und sich mit einer kleinen Ohnmacht zu entschuldigen. Mit seinem Heft eilt er in das Zimmer seiner Schwestern. Er will ihnen die Geschichte gleich vorlesen. Um sechs Uhr morgens! Ottla und Valli kennen ihren Bruder und wundern sich nicht, und sie wissen auch, wie hartnäckig er sein kann. Also lauschen sie verschlafen einer Geschichte, die eigentlich ganz harmlos und normal beginnt, dann aber immer seltsamer wird: Der junge Kaufmann Georg Bendemann schreibt einen Brief an seinen Freund in Russland. Dieser Freund ist vor vielen Jahren ausgewandert und betreibt ein Geschäft in Sankt Petersburg. Es geht ihm aber schlecht. Er lebt am Rande des Ruins und ist ein einsamer Junggeselle geblieben. Georg Bendemann dagegen ist in jeder Hinsicht erfolgreich. Er führt die Firma seines Vaters weiter und hat sich verlobt. Bisher hat er nichts davon seinem Freund geschrieben, aus Sorge, ihn zu beschämen und ihm vielleicht sein gescheitertes Leben noch mehr vor Augen zu halten. Jetzt aber soll mit dieser falschen Rücksicht Schluss sein. Georg Bendemann will zu seinem Glück stehen und teilt ihm in dem Brief seine Verlobung mit.

Mit dem Brief geht Georg Bendemann zu seinem Vater. Der wohnt seit dem Tod seiner Frau, Georgs Mutter, in einem dunklen Hinterzimmer. Georg erzählt ihm von dem Brief, und der Vater bezweifelt, ob Georg wirklich einen Freund in Petersburg hat. Georg überhört diese Frage und behandelt den Vater wie ein hilfloses Kind. Er hilft ihm beim Ausziehen, trägt ihn ins Bett und deckt ihn sorgfältig zu.

Der Vater lässt sich erst alles gefallen. Doch plötzlich reißt er die Decke wieder weg, springt im Bett auf und hält gegen Georg eine vernichtende Rede: dass er den Freund verraten habe, dass er ihn, den Vater, aus dem Geschäft drängen wolle, dass er das Andenken der Mutter geschändet und auf die Verführungskünste seiner Braut hereingefallen sei. *»Ich bin noch immer der viel Stärkere«*, ruft er. Georg dagegen sei eigentlich ein *»unschuldiges Kind«*, aber noch eigentlicher ein *»teuflischer Mensch«*. Und schließlich verurteilt ihn der Vater zum Tode durch Ertrinken.

Wie von einer unsichtbaren Hand gepackt, jagt Georg aus der Wohnung, die Treppe hinunter, aus dem Haus, über die Straße, auf die Brücke und schwingt sich über das Geländer. *Noch hielt er sich mit schwächer werdenden Händen fest*, so endet die Erzählung, *erspähte zwischen den Geländerstangen einen Autoomnibus, der mit Leichtigkeit seinen Fall übertönen würde, rief leise: »Liebe Eltern, ich habe euch doch immer geliebt«, und ließ sich hinabfallen.*

In diesem Augenblick ging über die Brücke ein geradezu unendlicher Verkehr.[9]

Kafka ist wie verwandelt. Hat er vorher nur äußerst ungern über seine *Schreibereien* geredet und noch widerwilliger daraus vorgelesen, so möchte er jetzt sein Glück fast hinausschreien. Gleich am nächsten Tag liest er *Das Urteil*, so nennt er die Erzählung, bei Oskar Baum einer kleinen Gesellschaft vor, darunter wieder seine Schwestern. Und als Max Brod und Felix Weltsch am Sonntag darauf von einer gemeinsamen Italienreise zurückkommen, holt er sie vom Bahnhof ab, erzählt ihnen begeistert von seinem literarischen Erlebnis und kann es gar nicht abwarten, was sie zu seiner Geschichte sagen, deren Wahrheit für ihn so *zweifellos* ist. »Kafka in unglaublicher Ekstase«, schreibt Brod in sein Tagebuch.[10] Und er kann nur staunen darüber, dass Kafka schon wieder an einem neuen Text schreibt. Hunderte Seiten seines Amerika-Romans hat Kafka vernichtet. Nun erst fühlt er sich in der Lage, aus der ursprünglichen Idee etwas Rechtes zu machen und noch einmal ganz von vorne anzufangen, mit einem Kapitel über einen jungen, siebzehnjährigen

Mann namens Karl Roßmann, der von seiner Familie nach Amerika abgeschoben wird, weil ein Dienstmädchen von ihm ein Kind bekommen hat.

Kafka muss sich fast gewaltsam vom Schreiben zurückhalten. Weiß er doch, dass er mit seinen Kräften sorgsam umgehen muss und er immerhin noch einen Beruf hat, der mehr erfordert als körperliche Anwesenheit. Andererseits braucht er für sein Schreiben vollkommene Ruhe. Und wann ist in der Kafka'schen Wohnung Ruhe, außer wenn alle anderen Familienmitglieder schlafend im Bett liegen? Also muss er seinen Tagesablauf ganz auf diese wertvollen Nachtstunden hin einrichten. Nach der Arbeit im Büro und dem Mittagessen legt er sich ins Bett und versucht, bis halb acht zu schlafen. Dann turnt er erst zehn Minuten nackt vor dem offenen Fenster und macht anschließend alleine oder in Begleitung einen langen Spaziergang. Nach dem Abendessen, mit dem er ungefähr um halb elf fertig ist, setzt er sich an den Schreibtisch und bleibt da bis ein, zwei oder drei Uhr morgens, je nach *Kraft, Lust und Glück.*[11]

Der Haken an diesem Zeitplan ist, dass er nachmittags nicht einfach auf Befehl schlafen kann. Und das liegt auch daran, dass er oft an das Fräulein Bauer in Berlin denken muss. Sie hat tatsächlich auf seinen Brief geantwortet. Kein besonderer Brief, höfliche Nachfragen und Grüße. Doch für Kafka hat die Tür zwischen ihnen sich einen Spalt geöffnet, und damit ist auch die Hoffnung da, dass eine große Offenheit sich ergibt, eine Nähe, in der vielleicht rückhaltloses Vertrauen und Verständnis möglich sind.

Kafka musste sofort wieder nach Berlin schreiben. Und er konnte sich nicht zurückhalten, durch diesen schmalen Spalt schon viel, vielleicht zu viel von sich zu zeigen. Von dem *Regen von Nervositäten*[12], der ununterbrochen auf ihn niedergeht, berichtet er dem Fräulein Bauer, und von dem unsäglichen Kopfzerbrechen, das ihm sein erster Brief an sie bereitet hat. Von der Palästinareise redet er nur noch am Rand. Viel wertvoller ist es ihm jetzt, so viel wie möglich von ihrem Leben in Berlin zu erfahren. Ein *kleines Tagebuch* soll sie ihm doch schicken, in dem dann steht, wann und was sie frühstückt, wohin ihr Blick aus dem Bürofenster geht, wer ihre Freunde und Freundinnen sind – die tausend Dinge eben, von denen er, Franz Kafka in Prag, noch nichts weiß.

Zweifel, ob er den richtigen Ton und die richtigen Worte gefunden hat, haben ihn schon befallen, als er diesen zweiten Brief wegschickte. Sie werden stärker, ja unerträglich, als Tag um Tag vergeht und kein Brief aus Berlin eintrifft. Dabei will Max Brods Verwandte in Berlin erfahren haben, dass Felice Bauer und er in einer »lebhaften Korrespondenz« stünden – ein trauriger Witz.

Für Kafka spitzt sich alles zu. In der Nacht durchlebt er hellseherische Zustände, die ihn auf den Grund seiner Existenz führen. Und gleichzeitig bietet sich für ihn die Chance, auch »in der Wahrheit zu leben«, wie das sein großes Vorbild Gustave Flaubert genannt hat, nämlich dem Sog der Einsamkeit zu entgehen, mit einem Menschen zu leben, den er versteht, der ihn versteht, mit dem gemeinsam er ein normales, glückliches Leben führen kann.

Was er in dieser Situation gerade nicht brauchen kann, ist das *Wimmern* seiner Mutter, die ihn jeden Abend anfleht, er solle doch wenigstens ab und zu in der Fabrik vorbeischauen, damit der herzkranke Vater sich nicht so aufregt. Hermann Kafka macht der Gedanke krank, dass die Fabrik vierzehn Tage lang völlig unbeaufsichtigt ist, weil sein Schwiegersohn Karl Hermann auf Geschäftsreise ist. In den neuen Räumen im Kinsky-Palais haben Hermann und Julie Kafka so viel zu tun, dass ihnen nicht einmal mehr Zeit zum Mittagessen bleibt. Wenn sie abends hungrig und erschöpft nach Hause kommen, liegt ihr Sohn im Bett oder macht sich auf zu einem Spaziergang. Ist es da zu viel verlangt, wenn er in der Fabrik, die ihm doch auch gehört, nach dem Rechten schaut?

Kafka kann die ewigen Vorwürfe nicht mehr hören. Am 8. Oktober schreibt er in einem Brief an Max Brod. *Ich bin lange am Fenster gestanden und habe mich gegen die Scheibe gedrückt, und es hätte mir öfters gepasst, den Mauteinnehmer auf der Brücke durch meinen Sturz aufzuschrecken.*[13] Brod kennt Kafkas dunkle Stimmungen und seine Klagen, und Kafka hat oft selbst mit seinem Jammern kokettiert. Doch dieses Mal ist Max Brod wirklich beunruhigt und beschließt, Kafkas Mutter von den Selbstmordgedanken ihres Sohnes zu unterrichten. Die Antwort, die er darauf erhält, ist für Brod »von rührender Mutterliebe erfüllt«. »Ihren werten Brief«, schreibt Julie Kafka, »habe ich soeben erhalten, und Sie werden an meiner zitternden Schrift erkennen, wie mich derselbe aufgeregt hat. Ich, die ich mein Herzblut für jedes meiner Kinder hergeben würde, um sie alle glücklich zu machen, stehe hier machtlos. Aber ich werde alles tun, um meinen Sohn glücklich zu sehen.«[14]

Kafka ist überzeugt, dass seine Mutter nur das Beste für ihn will und *grenzenlos gut* zu ihm ist. Er kann ihr aber auch kalt ins Gesicht sagen, dass sie ihm völlig fremd ist. Eine große Nähe zu ihrem Sohn hat Julie Kafka tatsächlich nie entwickeln können, schon allein aus zeitlichen Gründen nicht. Sie war immer eingespannt in das »Geschäft«, um die Kinder kümmerten sich Erzieherinnen. Vielleicht hat Julie Kafka das als notwendig oder normal empfunden, weil sie selber ohne Mutter aufgewachsen ist. Sie soll ein tüchtiges und gefügiges Kind ihres Vaters gewesen sein. Und als sie, die reiche Tochter eines Brauereimeisters, den aufstrebenden Provinzler Hermann Kafka heiratete, waren sie für viele ein ideales Paar. Julie stand ihrem Mann immer treu, ja geradezu unterwürfig zur Seite, von morgens bis abends, im Büro oder nach Feierabend beim Kartenspiel, und sie glich die Launen und den Jähzorn Hermann Kafkas durch ihre Güte und ihre Vernunft aus.

Der Sohn Franz sieht darin aber eine fatale Rollenteilung. Die immer ausgleichende Mutter war für ihn keine Hilfe in seinen Versuchen, vom Vater loszukommen, sie trieb ihn, im Gegenteil, immer wieder in seinen Kreis zurück. Ihre Rolle beschreibt er einmal als die eines *Treibers in der Jagd*[15]. Und auch ihre gelegentlichen Ungehorsamkeiten gegen ihren Mann gehörten zu diesem Spiel. Gegen ein so eingespieltes Team sah sich Kafka chancenlos.

Auch in der Krise um die Asbestfabrik will Julie Kafka ihren Mann auf alle Fälle schonen und zugleich ihrem Sohn Franz helfen. Sie gaukelt Hermann Kafka vor, dass Franz nun einsichtig geworden ist und täglich zur Fabrik fährt, während sie hinter dem Rücken ihres Ehemannes den Bruder von Karl Hermann für diese Aufgabe verpflichtet. So ist der Friede wieder hergestellt, jedenfalls vorübergehend.

Kafka will eigentlich nicht so außerhalb der Familie stehen. Es gibt auch Momente, in denen er mit Rührung feststellt, dass im Grunde alle Achtung vor ihm haben und ihn lieben. Er ist auch bereit dazu, bei Vallis Hochzeit die Grußworte an die Gäste zu sprechen. Diese Hochzeit wird nun allerdings verschoben, weil man Angst hat, dass bald ein Krieg ausbrechen könnte. Auf dem Balkan brodelt es. Eine Allianz von Serbien, Griechenland, Bulgarien und Montenegro hat der Türkei den Krieg erklärt und der türkischen Armee herbe Niederlagen bereitet. Österreich-Ungarn fühlt sich nun durch ein erstarktes Serbien bedroht, vor allem in den annektierten Gebieten Bosnien und Herzegowina. In den Räumen der Prager Versicherungsanstalt drehen sich alle Gespräche nur noch um die Frage, ob und wann die Donaumonarchie in das Kriegsgeschehen eingreifen wird.

Endlich, am 23. Oktober, liegt ein Brief von Felice Bauer für ihn in der Versicherungsanstalt. Sie entschuldigt ihr langes Schweigen damit, dass ein Brief von ihr offenbar verloren gegangen sei, und sie hat eine Blume beigelegt. Jeden Tag, so erzählt sie ihm, liegen Blumen, Bonbons oder Bücher auf ihrem Schreibtisch.

Kafka antwortet sofort. Er will Felice Bauer so viel sagen, dass er nicht weiß, wo er anfangen soll. Er schreibt ihr, dass er ihr eine *kleine Geschichte* mit dem Titel *Das Urteil* gewidmet hat. Sie soll im Frühjahr im *Jahrbuch für Dichtkunst*, das Max Brod nun tatsächlich bei Rowohlt herausgibt, erscheinen. Und es ist für Kafka schön, aber doch völlig zufällig, dass in dieser Geschichte eine Verlobte vorkommt, deren Name dieselben Anfangsbuchstaben hat wie Felice Bauer, nämlich Frieda Brandenfeld.

Nun beginnt wirklich eine »lebhafte Korrespondenz« zwischen Berlin und Prag. Fast jeden Tag bekommt Kafka einen Brief von Felice Bauer, und jeden Tag schreibt er an sie, einmal einen Brief, der zweiundzwanzig Seiten lang ist. Kafka ist hin- und hergerissen zwischen seinem Bedürfnis, sich mitzuteilen, und seiner Angst, etwas zu sagen, das Felice Bauer abschrecken könnte. Vorsichtig gibt er ihr Einsicht in ein Leben, von dem er annehmen kann, dass es ihre Vorstellungen von wichtig und unwichtig auf den Kopf stellt. Beruf, Familie, Karriere erwähnt er wie nebenbei, dagegen misst er seiner privaten Leidenschaft eine Bedeutung bei, die für eine handfeste junge Frau wie Felice Bauer leicht irritierend sein muss. *Mein Leben besteht und bestand im Grunde von jeher aus Versuchen zu schreiben*, so erfährt sie aus einem Brief, *und meist aus misslungenen. Schrieb ich aber nicht, dann lag ich auch schon auf dem Boden, wert hinausgekehrt zu werden.*[16] Kafka schildert ihr auch seine sonstigen Gewohnheiten, die sommers wie winters gleiche leichte Kleidung, dass er nicht raucht, nicht trinkt, keine Schokolade mag, kaum schläft und sich eine *tyrannische Zeiteinteilung* auferlegt hat. Jedes Wort klingt wie ein Geständnis, durchtränkt von der Sorge, dass das Fräulein in Berlin zurückschreckt vor so viel Eigenartigkeit und Andersheit. Und an diese Sorge klammert sich auch gleich wieder die Hoffnung, dass Felice Bauer ihn doch so nimmt, wie er ist. *Liebstes Fräulein Felice*, schreibt er, *verwerfen Sie mich aber deshalb nicht, suchen Sie mich auch nicht in diesen Dingen zu bessern und dulden Sie mich freundlich in der großen Entfernung.*[17]

Kafka wünscht sich größte Nähe, er braucht aber auch den Schutz der Distanz. Sie ist durch die räumliche Entfernung zwischen Prag und Berlin gegeben, aber vor allem durch die Briefe gewährleistet. In Briefen kann er sich zeigen und verstecken. Vor allem kann er seine Empfängerin vorbereiten auf den Augenblick, da er einmal leibhaftig vor ihr stehen wird. Und manchmal hat man den Eindruck, als sei er ein Monster, dessen Anblick er Felice Bauer so lange wie möglich ersparen möchte.

Wie ein Süchtiger wartet er jeden Tag auf den Brief aus Berlin. Nicht nur, weil die Briefe ihm Halt und Zuversicht geben, sondern weil er wissen muss, wie Felice Bauer auf seine Enthüllungen reagiert. Immer und immer wieder liest er ihre Briefe durch nach Spuren von Skepsis, Zweifel, Unverständnis. Und Anfang November bleiben seine Augen hängen an einem Ausdruck, wie er ihn immer befürchtet hat. Felice Bauer rät ihm beim Schreiben zu »Maß und Ziel«. Hat sie denn nicht verstanden, dass es ihm beim Schreiben um alles oder nichts geht, dass er in dieser Sache alles einsetzen muss, was er hat?

Aber noch schlimmer ist ein anderes Wort, das so ganz harmlos in einem ihrer Briefe steht. Es ist das Wort Fremdheit. Felice Bauer findet einen seiner Briefe »fremd«[18].

Kafka ist entsetzt. Er weiß nicht, wie er darauf antworten soll. Er will sagen, wie schlimm ihn so ein Wort trifft, fürchtet aber, dass er damit alles kaputtmacht. Schließlich schreibt er fast gegen seinen Willen einige Zeilen. *Liebstes Fräulein! Sie dürfen mir nicht mehr schreiben, auch ich werde Ihnen nicht mehr schreiben. Ich müsste Sie durch mein Schreiben unglücklich machen, und mir ist doch nicht mehr zu helfen.*[19] Den Brief schickt er jedoch nicht ab. Tagelang meldet er sich nicht, bevor er wieder zum Stift greift. Es sind Sätze, die bis in jedes einzelne Wort hinein schwanken zwischen Sehnsucht und Enttäuschung, zwischen Hoffnung und Verzweiflung. Von einem Satz auf den anderen duzt er Felice, zum ersten Mal, und beteuert, wie sehr er ihr angehöre. Und am Ende des Briefes schreibt er: *lassen wir alles, wenn uns unser Leben lieb ist.*[20]

Weil er sich nicht mehr zu helfen weiß, hat er Max Brod, der zufällig in Berlin war, gebeten, mit Felice zu sprechen. Brod hat sie im Büro angerufen, und er kann Kafka berichten, dass sie am Telefon sehr zuversichtlich war und viel gelacht hat. Etwas ratlos war sie offenbar, weil sie von Kafka zwar viele Briefe bekam, aber oft nicht genau wusste, was er wollte, und sie ihm auch nicht richtig näher kam.

In der Versicherungsanstalt hat Kafka schon seine Boten, die er angewiesen hat, ihm sofort jeden Brief zu bringen, der für ihn in der täglichen Post eingeht. Am 14. November sitzt er bei seinem Chef Dr. Robert Marschner, und sie sprechen über die Versicherung der Feldspaltgruben, als ihm ein Brief gebracht wird. Er ist von Felice Bauer. Kafka sieht seinen Chef an *wie eine Erscheinung* und öffnet den Brief mit zitternden Händen. Als er ihn gelesen hat, fällt alle Unruhe von ihm ab. Felice, auch sie duzt ihn jetzt, versichert ihm, dass er sie missverstanden habe und sie weiter mit ihm in Beziehung bleiben möchte. Kafka glaubt das nur zu gerne. Er ist glücklich, alles ist für ihn wieder *unausdenkbar gut* und er lässt Felice in Berlin durch einen Boten einen Strauß Rosen bringen. *Liebste! Liebste!*, schreibt er ihr. *Wenn es so viel Güte in der Welt gibt, dann muss man sich nicht fürchten, muss nicht unruhig werden.*[21]

Kafka trägt immer die letzten Briefe von Felice mit sich herum, um jederzeit wieder in ihnen lesen zu können. Zu Hause, in seinem Zimmer, hängt er dann seine Jacke mit den Briefen an einen Kleiderhaken. Als seine Mutter durch das leere Zimmer geht und ein Kuvert aus der Brusttasche der Jacke schimmern sieht, zieht sie es heraus und liest den Brief. Was darin steht, gefällt ihr sehr, vor allem, dass dieses Fräulein aus Berlin ihrem Sohn empfiehlt, er solle doch mit seiner Mutter sprechen, die ihn sicher liebe. Julie Kafka beschließt, diesem Fräulein Bauer in Berlin zu schreiben, wie verstanden sie sich fühlt. »Sie haben, liebes Fräulein, die richtige Meinung von mir, was freilich selbstverständlich ist, denn gewöhnlich liebt eine jede Mutter ihre Kinder, aber so, wie ich meinen Sohn liebe, kann ich Ihnen nicht schildern und würde gerne einige Jahre meines Lebens hergeben, wenn ich sein Glück damit erkaufen könnte. [...] Dass er sich in seinen Mußestunden mit Schreiben beschäftigt, weiß ich schon viele Jahre. Ich hielt dies aber nur für einen Zeitvertreib. Auch dies würde ja seiner Gesundheit nicht schaden, wenn er schlafen und essen würde wie andere junge Leute in seinem Alter. Er schläft und isst so wenig, dass er seine Gesundheit untergräbt, und ich fürchte, dass er erst zur Einsicht kommt, wenn es Gott behüte zu spät ist. Darum bitte ich Sie sehr, ihn auf eine Art darauf aufmerksam zu machen und ihn zu befragen, wie er lebt, was er isst, wie viel Mahlzeiten er nimmt, überhaupt seine Tageseinteilung. [...] Sollte es in Ihrer Macht stehen, seine Lebensweise zu ändern, würden Sie mich zum großen Dank verpflichten und zur Glücklichsten machen. Ihre Sie schätzende Julie Kafka.«[22]

Natürlich bittet Julie Kafka das Fräulein auch, über den Brief Stillschweigen zu bewahren. Kafka erfährt einige Tage später doch davon, und er ist so wütend über diese *Zudringlichkeit* der mütterlichen Liebe, dass er völlig ausrastet und auf sie einschreit. *Ihre Liebe zu mir ist so groß wie ihr Unverstand mir gegenüber*, schreibt er an Felice. Seine Eltern hätten immer versucht, ihn zu ändern, *aus Liebe* natürlich, aber das sei ja das Entsetzliche.[23]

Es ist beeindruckend, dass Kafka in dieser angespannten Zeit kontinuierlich an seinem Roman weitergeschrieben hat. Fünf, fast sechs Kapitel hat er schon fertig. Doch am 17. November hat er die Arbeit daran unterbrochen. Er lag in seinem Bett und ihm war jämmerlich zumute, als ihm eine Geschichte einfiel, die ihn immer mehr bedrängte, bis er den ersten Satz niederschrieb: *Als Gregor Samsa eines Morgens aus unruhigen Träumen erwachte, fand er sich in seinem Bett zu einem ungeheueren Ungeziefer verwandelt.*

IX. Franz, das Tier

Der Mann, der durch die Immanuelkirchstraße in Berlin schlenderte, hat wahrscheinlich misstrauische Blicke auf sich gezogen. Man kannte ihn nicht und er sah auch nicht Vertrauen erweckend aus in seinen abgetragenen Kleidern. Er schien etwas zu suchen und blieb dann vor dem Haus Nr. 37 stehen. Der Mann mit dem gewellten Haar war Jizchak Löwy, der Schauspieler und Freund von Franz Kafka. Gegen den Rat Kafkas hat Löwy sich von seiner alten Lemberger Truppe getrennt und eine neue zusammengestellt. Mit der pendelt er nun zwischen Berlin und Leipzig hin und her und hat es geschafft, noch erfolgloser zu sein als früher. An den Litfaßsäulen hängen Plakate, auf denen er sich »Dramatist« nennt. Eines dieser Plakate hat Löwy an Kafka geschickt, und der hat zu seinem freudigen Erschrecken festgestellt, dass es in der Berliner Immanuelkirchstraße gedruckt worden ist.

Kafka hat Löwy daraufhin gebeten, dort einmal vorbeizuschauen und ihm ein bestimmtes Haus zu schildern. Löwy hat es ohne nachzufragen gemacht. »Von Alexanderplatz«, so schrieb er, »ziht sich eine lange, nicht belebt Strasse, Prenzloer Strasse, Prenzloer Allee. Welche hat viele Seitengässchen. Eins von diese Gässchen ist das Immanuel Kirchstrass. Still, abgelegen, weit von den immer roschenden Berlin. Das Gässchen beginnt mit eine gewenliche Kirche. Wi sa wi steht das Haus Nr 37 ganz schmal und hoch. Das Gässchen ist auch ganz schmall. Wenn ich dort bin, ist immer ruhig, still und ich frage, ist das noch Berlin?«[1]

Kafka gefällt diese Schilderung, auch wenn es das falsche Haus ist, das Löwy beschrieben hat, wahrscheinlich die Druckerei. Felice Bauer wohnt nämlich im Haus Nr. 29. Kafka hätte es immerhin aufregend gefunden, wenn Felice zu Hause gewesen wäre, als Löwy die Straße besuchte. Aber sie arbeitet tagsüber, und es kann sieben oder acht Uhr abends werden, bis sie in die Immanuelkirchstraße kommt. Manchmal, wenn es zu spät wird, ruft auch ihre Mutter an ihrem Arbeitsplatz an und befiehlt ihr, Schluss zu machen. Anna Bauer wartet dann, bis Felice vor dem Haus in die Hände klatscht, dann geht sie nach unten, sperrt ihr die Haustüre auf und verriegelt sie wieder sorgsam.

Anna Bauer passt gut auf ihre Tochter auf. Solange Felice und ihre kleine Schwester Toni noch zu Hause leben, können sie sich der Kontrolle ihrer Mutter kaum entziehen. Die älteren Geschwister sind der mütterlichen Obhut schon entwachsen und machen Sorgen genug. Else, das älteste Kind, lebt unglücklich verheiratet in Budapest. Ferdinand ist der einzige Sohn, der Liebling aller, was er auch gründlich ausnützt. Der charmante, gut aussehende Ferri, wie ihn alle nennen, reist als Korsettvertreter durchs Land und bringt sich immer wieder in missliche Lagen, aus denen ihn dann die Familie wieder befreien muss. Erna, ein Jahr älter als Felice, lebt alleinstehend als Sekretärin in der Nähe von Dresden, und ihre Mutter will gar nicht genau wissen, welchen Verführungen sie dort ausgesetzt ist.

Anna Bauer hat unbestritten das Sagen in der Familie. Ihr Mann Carl Bauer, ein weicher, sensibler Mann, ist als Vertreter die meiste Zeit unterwegs und mischt sich kaum in die Erziehung ein. Nach Auffassung seiner Frau hätte er wohl auch kein Recht dazu, denn er muss mit dem Vorwurf leben, die Familie schmählich verraten und im Stich gelassen zu haben. Carl Bauer lebte viele Jahre mit einer anderen Frau zusammen. Als sie verstarb, kehrte er reumütig zu seiner Familie zurück.

Felice hat die Trennung der Eltern als Jugendliche erlebt. Und wenn sie etwas aus dieser Katastrophe gelernt hat, dann dies, dass die Familie in Notzeiten zusammenhalten muss und man sich als Frau nicht von Männern abhängig machen darf. Darum war ihr neben der Familie ihr berufliches Fortkommen immer am wichtigsten. Mit einundzwanzig trat sie als Stenotypistin in die Firma Carl Lindström ein, einen führenden Hersteller von Grammophonen und Bürogeräten, und schon bald stieg sie in eine verantwortungsvolle Stellung auf und wurde zuständig für den Vertrieb von Diktiergeräten, so genannten Parlographen.

In ihrem Beruf muss Felice ständig mit Menschen umgehen, hauptsächlich mit Männern. Sie ist nicht so hübsch, dass ihre Reize in dieser Geschäftswelt irritieren würden. Aber sie ist offen und umgänglich und dabei so tüchtig und belastbar, dass sie sich Respekt verschaffen kann. Zu Hause dagegen fällt diese emanzipierte Frau in die Rolle der unmündigen Tochter zurück. Sie nimmt es hin, dass ihre Mutter fast »tyrannisch« ihren Alltag bestimmt und auch sehr genau darüber wacht, welche Männer sich ihr nähern. Sogar im Urlaub, den sie natürlich gemeinsam verbringen, kann sich Felice nicht frei und unbeobachtet bewegen.

Und nun hat sie also in Prag diesen Versicherungsangestellten kennen gelernt, von dem jeden Tag Briefe kommen. Anna Bauer ist nicht weniger um das Glück ihrer Kinder besorgt als Julie Kafka. Und nach der Katastrophe mit ihrem Mann will sie ihrer Tochter auf alle Fälle eine Enttäuschung ersparen. Daher sieht sie es als ihre mütterliche Pflicht, die Briefe aus Prag zu lesen. Und was darin steht, das kommt ihr doch recht überdreht vor. Sie ist nicht begeistert über diese Brieffreundschaft. Und schon gar nicht darüber, dass ihre Tochter nun Geheimnisse vor ihr hat und nach einem langen, anstrengenden Tag in ihrem Bett liegt und Briefe schreibt. Wenn alle Mahnungen, nun endlich zu schlafen, nichts nützen, dann dreht sie kurzerhand den Strom ab. Felice zündet eine Kerze an und schreibt weiter.

Sie genießt es, dass es jemanden gibt, der so sehr Anteil an ihr nimmt, der alles von ihr wissen will. Dass er so empfindlich auf einige Briefstellen reagierte, das hat sie freilich irritiert. Sie wandte sich deswegen auch an Max Brod, und der hat ihr zu erklären versucht, dass Franz eben etwas Besonderes ist, wie er leidet unter seiner Familie und der Arbeit im Büro und was das Schreiben für ihn bedeutet. Mit einem so ungewöhnlichen Menschen müsse man eben auch anders umgehen, nur durch »Verständnis und Güte« könne man ihm helfen.[2]

Nach der ersten Krise scheint auch alles wieder in bester Ordnung. Täglich gehen die Briefe zwischen Prag und Berlin hin und her, Kafka schreibt zweimal, manchmal sogar dreimal am Tag. Die Briefe an seine *Liebste* sind zärtlich, witzig und liebevoll. Und wie sehr er sich um Felice sorgt! Am liebsten würde er nachts um ihr Bett gehen und ihren Schlaf bewachen, damit sie ausgeruht ist und nicht, wie es oft vorkommt, vor Überlastung Weinkrämpfe hat und gegen ihre Kopfschmerzen Tabletten nehmen muss. Er beschwört sie, ihm nicht so oft zu schreiben, wenn das auf Kosten ihrer Freizeit und Erholung geht. Doch dann, wenn an einem Tag kein Brief kommt, kann er nicht anders, als ihr Vorwürfe zu machen und ihr zu sagen, wie verloren er ohne eine Nachricht von ihr ist. Er braucht diese dauernde Zuwendung wie einen Energiestrom, der ihn am Leben erhält und der nie länger unterbrochen werden darf.

Dabei ist er sich immer schmerzlich bewusst, dass die Briefe nichts sind im Vergleich zu ihrer *ersehnten und doch unvorstellbaren Gegenwart*, und er versucht, diese Grenze wenigstens in der Phantasie zu überschreiten. Er stellt sich vor, wie er in einer Ecke ihres Büros einen Platz findet, von wo er sie betrachten kann, oder wie Felice in seinem Büro ganz nahe neben ihm am Schreibtisch sitzt. Als Felice ihm stolz berichtet, dass ihre Firma täglich 1500 Grammophone herstellt, imponiert ihm das nicht, aber was er sofort bei ihr bestellen würde, wären 1000 *Platten mit deiner Stimme und du musst nichts anderes sagen, als dass du mir so viele Küsse erlaubst, als ich brauche, um alles Traurige zu vergessen.*[3]

Mehr als die Stimme wäre ein Bild von Felice, ein Foto. Kafka ist einen Schritt vorangegangen und hat in einen Brief ein Foto von sich gelegt, ein Kinderbild, auf dem er vielleicht ein Jahr alt ist. Ein aktuelleres zu schicken traute er sich nicht, weil er befürchtete, darauf *merkwürdig* auszuschauen. Als er sich schließlich doch überwinden konnte und Felice ein zwei Jahre altes Foto schickte, rechnete er mit dem Schlimmsten, als sie nicht gleich darauf antwortete. *Liebste, leugne es nicht,* schrieb er im nächsten Brief, *ich scheine dir auf meinem Bild recht fremd.* [...] *Was soll ich tun? So sehe ich nun einmal aus. Das Bild ist schlecht, aber ähnlich ist es, ich sehe in Wirklichkeit sogar ärger aus.* [...] *Wirst du dich, Liebste, an dieses Bild gewöhnen können?* [...] *Und bedenke, das Bild ist schließlich noch erträglich, aber bis dann der Mensch selbst hervortritt.*[4]

Kafka ist überzeugt, dass er auf Felice abstoßend wirken muss, mit seinem mageren Körper, für den er sich schon als Kind geschämt hat. Er hat Angst, dass Felice ihn auslachen wird. Und fast noch mehr Angst hat er davor, dass er ein Telegramm von ihr bekommt, in dem steht: »Franz, du bist wunderschön.« Das wäre unerträglich schön, das wäre das große *»Ja«. Dann hätte ich*, so schreibt er, *nichts zu tun, als unter den Tisch zu kriechen.*[5]

Felice findet ihn nicht hässlich. Sie trägt sein Bild in einem Medaillon um den Hals. Und zu Weihnachten hat sie ihm ein »Täschchen« geschenkt, darin ein Foto von sich. Für Kafka ist das ein *Wundertäschchen*, und er nimmt bei jeder Gelegenheit das Bild heraus und schaut es an, unter der Straßenlaterne, vor beleuchteten Schaufenstern, am Schreibtisch im Büro oder wenn er wieder mit der Verwandtschaft im Wohnzimmer sitzt.

Wenn Kafka jener Felice auf dem Foto in die Augen blickt, kann er für Momente glauben, dass es doch ein Wunder gibt, dass sie ihn lieb haben wird, um jeden Preis. Dann, nur dann, wäre für ihn möglich, was für andere ganz normal ist. Wie für Valli, die im Januar geheiratet hat. Und auch für seinen besten Freund Max Brod, der Anfang Februar 1913 seiner Elsa das Ja-Wort gibt. Aber weiß Felice, welchen Preis sie zahlen muss? Sie haben sich dutzende Briefe geschrieben, aber sich doch erst einmal gesehen. Damals hatte Kafka die Manuskriptseiten dabei, aus denen mittlerweile ein Buch geworden ist. Sein erstes Buch. Ein ungewöhnliches Buch, nur neunundneunzig Seiten und mit übergroßen Buchstaben. Er hat es zu Hause gezeigt, und der Vater hat gar nicht richtig hingesehen und nur gesagt: »Leg's auf den Nachttisch.«[6]

Die *Betrachtung* wurde nur in ganz kleiner Auflage gedruckt, weil nicht mit vielen Käufern zu rechnen war. In der Buchhandlung André in Prag werden anfangs elf Stück verkauft. Seinem Freund Rudolf Fuchs gestand Kafka lächelnd: »Zehn habe ich selbst gekauft. Ich möchte nur wissen, wer das elfte hat.«[7] Kafka hat natürlich gleich ein Exemplar an Felice nach Berlin geschickt, und sie hat versprochen, ihm zu schreiben, wie es ihr gefällt. Brief um Brief kommt, aber kein Wort steht darin über das Buch. Freilich, Kafka weiß, dass dieses Buch nicht einfach ist, die Zusammenstellung der einzelnen Stücke vielleicht sogar verwirrend. Dann könnte ihm Felice doch sagen, dass sie sich nicht darin zurechtfindet. Das wäre tausendmal besser als schweigen. Mit ein paar Worten wäre Kafka schon zufrieden. Schließlich sei es doch sein Buch, schreibt er an Felice, *ein Stück von mir und also ein dir fremdes Stück von mir.*[8]

Viel mehr als eine Fotografie zeigt für Kafka ein Buch sein Gesicht. Bei dem Foto, das er Felice geschenkt hat, konnte er noch sagen, dass er so nicht aussehe. Bei seinem Buch ist das unmöglich. Er würde nie sagen, dass er eigentlich ganz anders ist und sich nur schlecht oder missverständlich ausgedrückt hat. Die Worte und Sätze sollen ihn ja nicht begreiflich machen. Ist ein Wort unverständlich, so ist er es. Ist ein Satz verwirrend, so ist er verwirrend. Seine Schreibereien erklären ihn nicht, sie zeigen nur, wie es in ihm aussieht. Das ist die Wahrhaftigkeit, die Kafka anstrebt und die ihm in seinem *Urteil* so zweifellos gelungen scheint. *Wer weiß denn aus sich selbst heraus, wie es um einen steht*, schreibt er an Felice.

Dieses stürmische oder sich wälzende oder sumpfige Innere sind ja wir selbst, aber auf dem im Geheimen sich vollziehenden Weg, auf dem die Worte aus uns hervorgetrieben werden, wird die Selbsterkenntnis an den Tag gebracht, und wenn sie auch noch immer verhüllt ist, so ist sie doch vor uns und ein herrlicher oder schrecklicher Anblick.[9]

So ist es auch mit Kafkas Briefen. Es sind wunderbar zärtliche und humorvolle Liebeserklärungen und dann wieder schreckliche Quälereien. *Die falschen Sätze umlauern meine Feder*, so schreibt er, *schlingen sich um ihre Spitze und werden in die Briefe mitgeschleift.* Und Kafka scheint umso anfälliger für diese falschen Worte, je weniger zufrieden er mit seinem Schreiben ist. Anfang 1913 kommt sein Amerika-Roman ins Stocken. Die Geschichte weist ihn ab, sie entgleitet ihm. Er wird von den Worten nicht mehr getrieben, sondern muss sie suchen. Und damit geht ihm auch seine Zuversicht verloren und sein Glauben an Wunder.

Felice bekommt das zu spüren. Kafka kann sich nun nicht mehr vorstellen, jemals ein Ehemann zu sein und schon gar nicht ein Familienvater mit Kindern. Er ist überzeugt, Felice nur ins Unglück zu stürzen. Und er kann es nicht verstehen, warum sie überhaupt noch etwas von ihm wissen will. Wo er doch ein so jämmerlicher Mensch ist, ja nicht einmal ein Mensch, ein *Affe*, ein *Wurm*, abscheulich, entbehrlich, hinderlich, schädlich, widerlich. Und Felice solle ja nicht glauben, dass er in den ersten Monaten ihrer Bekanntschaft ein anderer war. Nein, er hat sich nicht verwandelt, es ist vielmehr eine *Rückverwandlung*[10], er ist wieder der, der er immer schon war und immer sein wird.

Auch Gregor Samsa in Kafkas Erzählung *Die Verwandlung* denkt, dass er im Grunde der Gleiche geblieben ist. Obwohl er doch seinen runden, braunen Käferbauch sieht und die dünnen Käferbeine und obwohl er auf dem panzerartigen Rücken im Bett liegt und sich kaum bewegen kann. Er hat verschlafen, an die Tür seines Zimmers klopfen schon seine Eltern und die Schwester. Und der Prokurist seiner Firma ist auch schon da und will wissen, was denn mit ihm los ist.

Mit unendlicher Mühe gelingt es ihm, sich aus dem Bett zu wälzen und mit dem Mund den Schlüssel in der Tür umzudrehen. Gleich will er alle beruhigen und alles erklären. Er ist doch immer noch Gregor. Wichtig ist vor allem, dass der Prokurist beruhigt wird. Gregor darf seine Arbeit nicht verlieren, er muss die Familie ernähren und die Schulden seines Vaters zurückzahlen. Gregor meint, vernünftig zu sprechen, doch alle sehen nur das eklige Ungeziefer und hören nur tierische Laute. Der Prokurist flieht aus der Wohnung, die Mutter fällt in Ohnmacht und der Vater treibt ihn angewidert mit einem Stock in sein Zimmer.

Dort muss Gregor nun bleiben. Grete, seine Schwester, stellt ihm jeden Tag Essen auf den Boden. Ansonsten will ihn die Familie möglichst nicht zu Gesicht bekommen und nicht gestört werden. Und er will auch allen den Anblick seiner traurigen und ekelhaften Gestalt ersparen und verkriecht sich unter das Kanapee, wenn jemand den Raum betritt. Er ist schon froh, wenn abends die Tür zum Wohnzimmer einen Spalt offen bleibt und er die Gespräche der Familie mithören kann. Dabei erfährt er, dass er für die Familie doch nicht so wichtig ist, wie er immer dachte. Die Schulden des Vaters sind nicht so hoch, wie immer dargestellt, und er fühlt sich durchaus in der Lage, wieder eine Arbeit anzunehmen. Gregor deswegen nun aus der Wohnung zu werfen, das bringt man dann doch nicht fertig. Für die Eltern ist er immer noch ein Familienmitglied.

Doch diese Geduld ist bald erschöpft. Die Eltern müssen Zimmer vermieten an drei Herren. Als die eines Tages im Wohnzimmer sitzen und Grete ihnen auf der Geige vorspielt, wird Gregor von der Musik angelockt und zeigt sich. Die drei Herren sind entsetzt und kündigen und der Vater wirft im Zorn mit Äpfeln auf seinen missratenen Sohn und verletzt ihn schwer. Nach diesem Vorfall wird sich die Familie einig, dass man dieses *Untier* loswerden muss. *»Du musst bloß den Gedanken loszuwerden suchen, dass es Gregor ist«*, meint die Schwester zum Vater. *»Dass wir es so lange geglaubt haben, ist ja unser eigentliches Unglück. Aber wie kann es denn Gregor sein? Wenn es Gregor wäre, er hätte längst eingesehen, dass ein Zusammenleben von Menschen mit einem solchen Tier nicht möglich ist, und wäre freiwillig fortgegangen.«*

Gregor, der das Gespräch verfolgt hat, gibt der Schwester Recht. In seinem dunklen, verriegelten Zimmer denkt er ein letztes Mal *mit Rührung und Liebe* an seine Familie. Am nächsten Morgen findet ihn die Bedienerin tot auf und teilt allen mit, dass *»es«* krepiert ist. Die Bedienerin sorgt auch dafür, dass *»das Zeug von nebenan«* weggeschafft wird. Der Vater dankt Gott und die Familie macht erleichtert einen Ausflug in den schönen Frühlingstag.[11]

Wann fährt Kafka endlich nach Berlin? Felicens Kollegin im Büro macht schon spitze Bemerkungen über den Verehrer in Prag, der so glühende Liebesbriefe schreibt, aber es gar nicht eilig hat, selbst nach Berlin zu kommen. Kafka weiß, dass er die Reise nach Berlin nicht ewig hinauszögern kann. Geträumt hat er schon oft davon und von dem Traum geblieben ist dann eine *Mischung von Trauer und Glück*. Er fürchtet sich vor dem Augenblick, wenn er Felice gegenübersteht. Wird sie vor ihm erschrecken oder gegen alle Erwartung ihn doch nehmen, wie er ist?

Felice Bauers Briefe an Franz Kafka sind nicht erhalten. Nur indirekt, über Kafkas Antworten, kann man auf einiges schließen, was sie geschrieben hat. Offenbar hat sie sich an die Ratschläge von Kafkas Mutter und von Max Brod gehalten. Sie mahnt Franz, mehr zu schlafen und zu essen und seinen Tag anders einzuteilen. Auf seine selbstquälerischen Anfälle und seine Vorwürfe geht sie oft nicht ein. Sie hält Franz für einen besonderen Menschen, und dazu gehört für sie eben auch, dass er so oft übertreibt und so schwankend und unsicher ist. Felice kann darüber hinwegsehen, weil sie sicher ist, dass alles anders werden wird, wenn sie erst zusammen sind.

Liebend gern würde sich Kafka Felice ganz und gar anvertrauen. Aber er kann es nicht, solange er den Eindruck hat, dass sie ein falsches Bild von ihm hat. Vor allem scheint sie zu glauben, dass ihm in einer gemeinsamen Zukunft auch das Schreiben nicht mehr so wichtig sein wird. Aber wie soll er mit ihr leben, wenn sie nicht versteht, was für ihn lebenswichtig ist? Kafka hat Felice ein chinesisches Gedicht geschickt, in dem ein Gelehrter noch tief in der Nacht über seinen Schriften sitzt, während seine Geliebte auf ihn wartet. Das war ein zarter Hinweis darauf, was Felice mit einem Mann wie ihm erwartet.

Immerhin hat der chinesische Gelehrte eine Frau an seiner Seite. Das scheint auch Felice so zu sehen, als sie Kafka mitteilt, dass sie gerne bei ihm sitzen wollte, während er schreibt. [...] *denke nur*, antwortet ihr Kafka, *da könnte ich nicht schreiben*. Denn Schreiben heißt für ihn *sich öffnen bis zum Übermaß*, viel mehr, als dies im normalen Zusammensein mit Menschen möglich ist. *Deshalb*, so fährt er fort, *kann man nicht genug alleine sein, wenn man schreibt, deshalb kann es nicht genug still um einen sein, wenn man schreibt, die Nacht ist noch zu wenig Nacht*. Und deshalb habe er sich schon oft vorgestellt, dass die beste

Lebensweise für ihn wäre, *mit Schreibzeug und einer Lampe im innersten Raume eines ausgedehnten, abgesperrten Kellers zu sein.* [...] *Was ich dann schreiben würde! Aus welchen Tiefen ich es hervorreißen würde! Ohne Anstrengung! Denn äußerste Konzentration kennt keine Anstrengung!*[12]

In einem wirklichen Kellerraum würde es Kafka nicht lange aushalten. Er braucht helle Räume mit Fenstern, durch die er schauen kann. Der Keller, das ist sein *Verlangen nach Alleinsein.* Kann aber Felice mit so einem Kellerbewohner leben? *Halte dich vor dem Kellerbewohner nicht zurück!*, fleht er sie an.

Felice hält sich nicht zurück. Es ist Kafka, der nicht auf sie zugeht. Bekäme er die Nachricht, Felice sei am Bahnhof und er solle sie abholen, wäre das für ihn ein gewaltiger Schreck. Aber das Beste wäre doch, er selbst würde nach Berlin fahren und Felice in die Arme nehmen? Mit dem Zug wäre er etwa acht Stunden unterwegs. Ein Rendezvous ließe sich also an einem Wochenende ohne weiteres arrangieren. Schon in den Weihnachtsferien hatte Felice darauf gewartet. Weiß Gott, warum Kafka es nicht getan hat. Tausend andere Sachen waren plötzlich wichtiger.

Dabei sind doch auch seine Freunde öfters in Berlin. Sogar der blinde Oskar Baum war dort und hat Verhandlungen mit seinem Verlag geführt. Kafka besucht ihn am ersten Märzsonntag. Baums Bericht über seine erfolgreiche Berlinreise wühlt ihn so auf, dass er Baums Frau, die er eigentlich sehr mag, anschreit. Oskar Baum will bald wieder nach Berlin fahren. Kafka fragt Felice, ob er mit ihm nach Berlin kommen soll.

Die Frage kommt ihm kurz darauf selber merkwürdig vor. Fast eine Scherzfrage. Natürlich soll er nach Berlin kommen. Lange kann er sich nicht mehr davor drücken. Vorher will er aber Felice die Lage der Dinge ganz klar machen, damit sie weiß, was für ein Mensch da kommt. Ein Mensch, der völlig nutzlos lebt und nichts anderes macht, als *ein riesiges Loch zu umlaufen und zu bewachen*, also mehr ein Geist als ein Mensch. Der nicht die geringste Sicherheit hat und den auch kein Glauben an einen Gott hält.[13]

Felice soll sich ernsthaft prüfen, ob sie so einen Menschen wirklich liebt und nicht nur Mitleid mit ihm hat. Denn schließlich ist sie, Felice, doch ein hübsches, selbstbewusstes Mädchen, das einen Mann will und nicht *einen weichen Wurm auf der Erde.* Und selbst wenn er sie nie besitzen könnte, wäre er schon damit zufrieden, wenn er wie ein *besinnungslos treuer Hund* ihre Hand küssen dürfte. Das wäre dann nur ein Zeichen der Verzweiflung eines *zur Stummheit und ewiger Entfernung verurteilten Tieres*[14].

Felice kann das alles nicht so ernst und dramatisch nehmen, und wenn Kafka sich mit einem Tier vergleicht, so sind das für sie eben nur *Bilder.* Wie soll er ihr begreiflich machen, dass es eben keine Bilder sind, sondern *Tatsachen*? Und ist es für Felice überhaupt zu verstehen, wenn er sie in hunderten von Briefen ganz ernsthaft von zwei

Bitten zu überzeugen versucht, die sich doch ausschließen, nämlich: *»Behalte mich lieb« und »Hasse mich!«*[15]

Rund heraus gefragt, Felice, schreibt Kafka ihr endlich am 16. März, *hättest du Ostern, also Sonntag oder Montag, irgendeine beliebige Stunde für mich frei, und wenn du sie frei hättest, würdest du es für gut halten, wenn ich komme?* Felice hält es für gut, wenn er kommt. Doch schon tags darauf ist wieder unsicher, ob er Ostern fahren wird. Und es bleibt auch die nächsten Tage offen. Noch am Samstag, den 22. März, bekommt Felice Bauer eine kurze Mitteilung: *Noch immer unentschieden.*

Am nächsten Tag, es ist Ostersonntag, sitzt Kafka im »Hotel Askanischer Hof« in Berlin und wartet auf eine Nachricht von Felice.

X. Drum prüfe, wer sich ewig bindet

Es ist kalt und es regnet und Kafka hat nur ein Hemd an, das schon durchnässt ist. Zwischen den Gemüsebeeten harkt er Unkraut. Die Gärtnerei liegt in Nusle, einem Vorort von Prag. Man muss mit der Elektrischen bis zur Endstation fahren und dann noch ein Stück zu Fuß gehen. Es gibt hier viele kleine Blumen- und Gemüsegärten. Sie liegen verstreut und uneingezäunt zwischen den Häusern. Das ist ein malerischer Anblick wie auch die Wiesen, auf denen Karussells und Schaukeln stehen und wo nach Feierabend die Leute bei Bier und Blasmusik zusammensitzen.

Kafka kommt immer erst am späten Nachmittag nach Nusle und um diese Zeit ist es ihm fast zu laut hier. Er wollte raus aus der lärmigen Stadt, weg von seinem *Schreibtisch- und Kanapeeleben*[1], weg vor allem von den quälenden Gedanken. Das hat er natürlich nicht gesagt, als er bei verschiedenen Gärtnereien nachgefragt hat. Er hat behauptet, er werde bald selber einen Garten haben und wolle ein paar Erfahrungen sammeln. Viele haben ihn wieder weggeschickt. Erst der Gärtner Dvorsky in Nusle war gleich einverstanden.

Die Gartenarbeit tut Kafka gut. Er fühlt sich besser und kräftiger. Und er kann *ruhig und glücklich* an Felice denken. Mehr als zwei Wochen ist es nun her, dass er sie in Berlin wiedergesehen hat. Den ganzen Vormittag hat er im Hotel gesessen und vergeblich auf eine Nachricht von ihr gewartet. Schließlich hat er einen Boten in die Immanuelkirchstraße geschickt und später hat sie ihn im Hotel angerufen. Felice hatte nicht viel Zeit. Es war Ostersonntag, und sie wusste ja bis zuletzt nicht, ob Kafka wirklich nach Berlin kommt oder nicht. Kafka ist nicht, wie geplant, am gleichen Tag nach Prag zurückgefahren. Er hat mit Felice einen Spaziergang im Grunewald gemacht und sie haben lange auf einem Baumstamm gesessen.

Kafka kam sich ziemlich einsilbig vor und auch Felice schien ihm bedrückt. Aber sonst sah sie gut aus, frisch, mit roten Wangen. Nicht so glatt und allgemein wie auf den Fotos, die ihm jetzt gar nichts mehr bedeuten. Nein, das war ihr wirkliches Gesicht, ihr menschliches Gesicht, das notwendigerweise auch seine Fehler hat. Kafka hatte erst den Blick senken müssen vor dem vielen glänzenden Gold und dem graugelben Porzellan in ihrem Mund[2], offenbar eine Folge von ihrer Schwäche für Süßigkeiten. Später sah er absichtlich auf ihre schlechten Zähne, um sich zu erinnern, dass sie zur wirklichen Felice gehören, ebenso wie der Geruch ihres Halses, an den er sich noch immer genau erinnern kann. Er hat mit Felice verabredet, dass er in fünf Wochen, zu Pfingsten, wieder nach Berlin kommt.

Kafka wird in der Arbeit unterbrochen von der Tochter des Gärtners. Sie ist sehr zutraulich, vielleicht weil sie gleich gesehen hat, dass dieser fremde junge Mann nicht gewohnt ist, mit Spaten und Rechen zu arbeiten. Sie erzählt ihm, dass sich ihr Bruder vor zwei Monaten das Leben genommen hat, mit Gift. Er war nur wenig jünger als Kafka und sollte eigentlich die Gärtnerei seines Vaters, des alten Dvorsky, weiterführen. Aber er war seit langem schwermütig. Im Sommer ging es noch, weil er viel mit Kundschaft zu tun hatte. Im Winter wurde er immer verschlossener.[3]

Da ist Kafka nun nach Nusle gekommen, um seine trüben Gedanken loszuwerden, und nun hört er solche Geschichten. Dabei hat er Felice noch zu überzeugen versucht, dass die Welt nicht trostlos ist, sondern nur er sie mit seinem *schiefen Urteil* so sieht.

Zwei bis drei Stunden arbeitet Kafka in der Gärtnerei, dann kehrt er wieder zurück in die Stadt. In der Niklasstraße herrscht der übliche Abendlärm. Die Eltern kommen aus dem Geschäft und der Tisch wird gedeckt für das Abendessen. Manchmal sind auch die verheirateten Schwestern mit ihren Männern da, und man hört schon an der Eingangstür Josef Pollak, der mit lauter Stimme eine neue Anekdote erzählt. Pepa hat es immer besonders auf Kafka abgesehen. Er kann es einfach nicht lassen, ihn aufzuziehen und an ihm herumzukritisieren. »Guten Abend, Franz!«, hat er ihn einmal scherzhaft gegrüßt. »Wie geht's? Was schreibt man von zu Hause?«[4] Als ob Kafka nicht zu Hause wohnen würde. Aber vielleicht hat Pepa mehr Recht, als er weiß. Wer soll schon verstehen, warum Kafka jetzt freiwillig in einer Gärtnerei arbeitet und fast mit Gewalt gezwungen werden muss, in die Fabrik zu gehen, von der doch für ihn und die Familie so viel abhängt?

Karl Hermann, sein anderer Schwager, hat es schon aufgegeben, mit Franz über seine Verantwortung gegenüber der Familie zu reden. Er ist zum zweiten Mal Vater geworden. Elli hat im vergangenen November ein Mädchen zur Welt gebracht. Gerti heißt es. Felix, der Bruder, ist schon zweieinhalb und noch immer aller Liebling. Vor allem der Opa, Hermann Kafka, ist ganz verrückt nach ihm. Wenn Felix am Wochenende zu Besuch kommt und im Bett der Großeltern seinen Mittagsschlaf macht, steht Hermann Kafka in Franz' Zimmer und horcht, ob Felix noch einmal nach ihm verlangt. Ruft Felix dann nach seinem »Dje-Dje«, also nach seinem Opa, steckt Kafkas Vater *zitternd vor Freude* seinen Kopf durch die Schlafzimmertür.[5] Der kleine Felix liebt seinen Opa, der im Wohnzimmer auf Knien mit ihm spielt, ihm Redensarten beibringt und Lieder.

Wenn Kafka die beiden so sieht, erinnert er sich wieder, wie er ein Kind war und der Vater mit ihm spielte. Das war selten genug der Fall, denn der Vater war von früh bis spät im Geschäft. Aber wenn er da war, war er der Mittelpunkt der Welt. Er wollte Franz zu einem *kräftigen mutigen Jungen* erziehen.[6] Hermann Kafka war einige Jahre Soldat gewesen, bevor er Geschäftsmann wurde. Also ermunterte er Franz, wie ein Soldat zu marschieren, zu salutieren, viel zu essen und aus dem Bierkrug einen kräftigen Schluck zu nehmen. Er ermunterte ihn jedoch nicht, wenn er Eigenheiten zeigte, die ihm fremd waren oder mit denen er nichts anfangen konnte. Dann hatte der Vater seine Erziehungsmethoden, mit denen er zu verstehen gab, dass er so einen Sohn nicht wollte.

Einmal hörte der kleine Franz in der Nacht nicht auf zu winseln, weil er Durst hatte und ihm langweilig war. Schließlich nahm ihn der Vater aus dem Bett und trug ihn auf den Balkon, wo er ihn einige Zeit bei geschlossener Tür stehen ließ. Freilich, der Vater brauchte seine Nachtruhe. Nur konnte Franz nie verstehen, in welchem Zusammenhang sein Betteln, das ihm ganz selbstverständlich war, mit der schrecklichen Strafe stand. Der Vater konnte auch schimpfen und drohen und er konnte vor allen Dingen ironisch sein. »Das ist dir wohl schon zu viel?«, sagte er dann, oder: »Dazu hast du natürlich keine Zeit.«

Kafka glaubt, dass der Vater ihn schon sehr früh besiegt hat. Der Vater war alles, er war nichts, ein ängstliches, störrisches und gleichgültiges Kind, das insgeheim dauernd irgendeinen Halt suchte. Aber nichts war sicher, nicht einmal der eigene Körper. Er wuchs zu schnell, wurde lang und dünn und war anfällig für Krankheiten und Hautausschläge.

Der sicherste Halt wäre Liebe und Vertrauen. Seine Eltern lieben ihn auf ihre Weise. Aber diese Liebe hat Kafka in einen Konflikt geführt, aus dem er keinen Ausweg findet. Zeigt er sich so, wie er ist, muss er fürchten, die geliebtesten Menschen zu verlieren. Und wird er so, wie er sein soll, dann verliert er sich selbst.

Nur in einer Sache hat er eine Selbstständigkeit gefunden, im Schreiben. Das Schreiben ist sein einziger Halt. Das Schreiben ist er. Verliert er diesen Halt, ist er so gut wie tot. Er darf sich diesen Halt um keinen Preis mehr nehmen lassen. Und das Heiraten? Es wäre eine Erfüllung, es ist aber auch eine Gefahr. Denn es gefährdet das Schreiben, und es liegt auf dem Gebiet, das der Vater schon besetzt hat. Heiraten zu wollen, das bedeutete, mit dem Vater in Konkurrenz zu treten, und der kann eine mustergültige Ehe vorweisen, mit vielen Kindern, ehelicher Treue, Zusammenhalt. Wäre nicht auch dieser Kampf von vornherein verloren?

Manchmal, wenn Kafka Felicens Briefe liest, kommt es ihm vor, als höre er seinen Vater reden. Vor allem, wenn Felice sich nach der Fabrik erkundigt oder nach seiner Arbeit oder wenn sie ihn mahnt, sich an die Realität zu halten. Sie versteht nicht, dass ihm sein Beruf und seine Karriere als Fabrikbesitzer völlig egal sind und er es wie eine Strafe empfindet, dass er zum Vizesekretär befördert worden ist und bald stellvertretender Abteilungsleiter werden wird. Kafka erwähnt in den Briefen an Felice auch mit keinem Wort, dass er für seinen Chef Eugen Pfohl einen Vortrag schreibt, den der dann auf einem großen Kongress im September in Wien halten wird.

Allein wichtig für Kafka ist, dass er von Felice Briefe bekommt, viele Briefe und die richtigen.

Felice Bauer hat nicht die Zeit dazu. Im April 1913 ist sie für zwei Wochen auf einer Ausstellung für Bürotechnik in Frankfurt am Main. Die Firma Lindström ist auf der Messe mit einem großen Stand vertreten, der von dem eleganten und dynamischen Fräulein Bauer betreut wird. Jedem, der dies wünscht, führt Felice Bauer vor, wie der Parlograph funktioniert, und wer Interesse an dieser sensationellen Neuheit hat, kann gleich bei ihr seine Bestellungen aufgeben.

Bis acht Uhr abends geht die Arbeit in der überfüllten und lauten Halle. Dann verlagert sich das Messevolk in die Restaurants und Hotels, wo bei einem guten Essen die geschäftlichen Gespräche weitergeführt werden. Nach wenigen Tagen sieht Felice Bauer nicht mehr so frisch aus. Sie ist übermüdet, und wenn sie zum weiß Gott wie vielten Male den Parlographen erklärt, dann kann sie das nur noch mit heiserer Stimme. Zwischendurch schreibt sie hastig ein paar Zeilen auf eine Postkarte mit ihrem Hotel darauf oder schickt ein Telegramm nach Prag, »in Eile« oder »wieder in Eile«, wie sie entschuldigend hinzufügt.

Kafka kann sie nicht bemitleiden. Im Gegenteil, er hält ihr vor, dass sie sich von ihrer Arbeit auffressen lässt und es nicht einmal schafft, ein paar Minuten mit ihren Gedanken ganz bei ihm zu sein. Er stellt sich auch vor, dass Felice in Frankfurt umgeben ist von jungen, kräftigen, gut angezogenen und lustigen jungen Leuten, neben denen er wie eine lächerliche Figur wirken würde. Felice muss wohl lachen über die Ängste ihres eifersüchtigen Liebhabers. Er solle sich keine Sorgen machen, schreibt sie ihm kurz und bündig, alles sei, wie es war. Doch Kafka kommt sich verloren vor ohne Briefe von Felice, und er kommt sich verloren vor, wenn er an etwas anderes denken soll als an sie.

Dass er sich auf eine Geschäftsreise vorbereiten muss, ist Kafka nur lästig. Und dass die Korrekturfahnen für sein neues Buch vor ihm liegen, darüber kann er sich auch nicht freuen. Von Franz Werfel weiß Kurt Wolff, dass Kafka eine »Wanzengeschichte«[7] und einen Roman geschrieben hat, und er hat Kafka freundlich darum gebeten. Kafka wollte ihm aber nur das erste Kapitel schicken, weil er den Rest, etwa 500 Seiten, für völlig misslungen hält. Nun soll dieses Kapitel mit dem Titel *Der Heizer* in der neu gegründeten Buchserie »Der jüngste Tag« erscheinen, mit der Wolff, der sich inzwischen von Rowohlt getrennt hat, ein Forum für zeitgenössische Autoren schaffen will.

Eine Woche vor Pfingsten sagt Kafka seiner Mutter, dass er nach Berlin fahren wird. »Drum prüfe, wer sich ewig bindet«, meint die Mutter und einige solcher Bemerkungen mehr. »Es ist nichts«, wehrt Kafka die Anspielungen ab und muss ziemlich dumm lachen. »Warum lachst du?«, fragt ihn die Mutter. »Aus Verlegenheit«, antwortet Kafka.[8]

Der Besuch in Berlin wird eine einzige große Verlegenheit. Felice wollte, dass Kafka ihre Familie kennen lernt. Kafka hatte nichts dagegen, aber jeder andere Zeitpunkt wäre ihm lieber gewesen, denn an Pfingsten feiert Felicens Bruder Ferdinand seine Verlobung mit der Tochter seines Chefs. Und was macht das für einen Eindruck, wenn beim Empfang des Verlobungspaars der Verehrer von Felice, den niemand zuvor gesehen hat, herumsteht?

Am Samstag, den 10. Mai, reist er nach Berlin und steigt wieder im »Askanischen Hof« ab. Die Bauers sind inzwischen umgezogen und wohnen ganz in der Nähe des Hotels, in der Wilmersdorfer Straße in Charlottenburg. Felice hat dieses Mal mehr Zeit für ihn und sie machen am Pfingstsonntag einen Ausflug zum Nikolassee. Am nächsten Tag ist der große Empfang zu Ehren der frisch Verlobten. In der neuen Wohnung haben sich die Familie, Verwandte und Bekannte versammelt, und zwischen ihnen steht Kafka mit einem Blumenstrauß in der Hand, den er bei der Begrüßung Felicens Mutter überreicht.

Anna Bauer wird wohl etwas gezwungen gelächelt haben. Sie ist fast zwei Köpfe kleiner als Kafka, der auch alle anderen Gäste überragt. Trotzdem fühlt er sich ganz klein und alle um ihn herum kommen ihm *riesengroß*[9] vor. Und obwohl alle liebenswürdig und freundlich zu ihm sind, nimmt er nur skeptische Blicke wahr und glaubt, einen *hässlichen Eindruck* zu machen.

Kafka hat Angst vor Felicens Familie. Nur ihre Schwester Erna ist ihm auf Anhieb sympathisch. Vielleicht spürt er instinktiv, dass sie schwere Zeiten hinter sich hat, verletzt und verletzbar ist. Kafka weiß von Felice, dass Erna ein »Unglück« zugestoßen ist. Was Felice ihm aber nicht gesagt hat, ist, dass Erna ungewollt schwanger geworden ist und erst vor zwei Wochen ein uneheliches Kind bekommen hat. Die Eltern dürfen unter keinen Umständen etwas von Ernas Kind erfahren. Nach dem Fehltritt des Vaters wäre das für die Familie eine zweite, schwer zu verkraftende Katastrophe. Und Felice hat Kafka sicher eindringlich gebeten, auf der Familienfeier keine unbedachte Bemerkung wegen Ernas »Unglück« zu machen.

Felice, die alles tun würde, um das Ansehen der Familie zu schützen, gibt selber Anlass zur Sorge. »Das ist dein Ruin«, hat ihre Mutter gesagt, als sie Felice wieder einmal einen Brief aus Prag überreichte.[10] Und sie sieht auch jetzt keinen Anlass, ihre Meinung zu ändern. Welchen Sinn und Zweck Kafkas Reise nach Berlin eigentlich gehabt haben soll, kann sie ohnehin nicht einsehen. Kafka eigentlich auch nicht. Er ist so hin- und hergerissen wie zuvor. *Ohne sie kann ich nicht leben und mit ihr auch nicht*, hat er sich gedacht, als er sonntagabends wieder seinen Koffer packte.[11]

Kafka liebt Felice. Und er tut alles, um sich von ihr zu befreien. Er glaubt, dass Felice das verstehen würde, wenn sie seine literarischen Texte liest. Aber zu seinem *Urteil* hat Felice nie etwas gesagt. Er will ihr nun auch seinen *Heizer* schicken. Das Buch ist Mitte Mai 1913 erschienen. Kafka findet es so gelungen, dass er es aus lauter Übermut an einem Samstagabend seinen Eltern vorlesen will. Der Vater hört nur *höchst widerwillig* zu.

Was sich sein Sohn da wieder für eine Geschichte ausgedacht hat. Von einem sechzehnjährigen Jungen namens Karl Roßmann, der von seinen Eltern nach Amerika abgeschoben worden ist, wahrscheinlich völlig zu Recht. Ein Traumtänzer wie Franz ist dieser Karl. Man stelle sich vor: Bei der Ankunft des Schiffs in New York merkt er, dass er seinen Regenschirm in der Kabine vergessen hat, und vertraut seinen Koffer, sein ganzes Hab und Gut, einem wildfremden Menschen an. Und so wie Franz diesem meschuggen Schauspieler Jizchak Löwy hinterhergerannt ist, so gibt sich dieser Karl mit einem niedrigen Schiffsangestellten ab, einem Heizer. Wie alle faulen Arbeiter glaubt der, von seinen Vorgesetzten ungerecht behandelt worden zu sein. Karl hört sich seine Klagen an, der Heizer tut ihm Leid und er will ihm helfen. Er geht mit ihm tatsächlich in die Kabine des Kapitäns, wo er als Anwalt des Heizers auftritt.

Vor dem Kapitän, einigen Offizieren und dem Oberkassier tritt Karl sehr selbstbewusst und bestimmt auf. Er wünscht sich, seine Eltern könnten ihn sehen, wie er im fremden Land vor wichtigen Leuten für *das Gute* kämpft. Er redet klar, einsichtig und logisch, jedenfalls kommt es ihm so vor, aber es gelingt ihm einfach nicht, sich verständlich zu machen. Und als der Heizer das Wort ergreift, droht ihr Auftritt vollends zur Blamage zu werden. Der Heizer gerät mit dem, was er sagen will, völlig durcheinander, er fängt an zu schwitzen und zu stottern und ein Zuhörer könnte glauben, keine *menschlichen Laute* mehr zu hören. Die Geduld des Kapitäns scheint erschöpft, und Karl fürchtet schon, dass er ihn und den Heizer gleich hinauswerfen lässt.

Da tritt eine unerwartete Wende ein. Ein feiner Herr, der die ganze Zeit über an der Seite des Kapitäns gestanden hat, erkennt nun in Karl seinen Neffen. Er hat von der Dienstmagd, die von Karl ein Kind hat, einen Brief bekommen und Karl erwartet. Der Onkel ist ein reicher und einflussreicher Mann, ein Senator. Er will Karl wie einen Sohn aufnehmen.

Karl muss gehen. Der Heizer bleibt. Aber beim Abschied wird deutlich, dass der Heizer auch ein Teil von Karl ist, den er nun verrät. Der Onkel will nur den klugen, selbstbewussten, wortgewandten und angepassten Karl. Der Heizer ist ihm egal, mehr noch, er verachtet ihn. *»Du musst dich doch zur Wehr setzen«*, sagt Karl noch zum Heizer, *»ja und nein sagen, sonst haben doch die Leute keine Ahnung von der Wahrheit. Du musst mir versprechen, dass du mir folgen wirst, denn ich selbst, das fürchte ich mit vielem Grund, werde dir gar nicht mehr helfen können.«*

Und nun weinte Karl, während er die Hand des Heizers küsste, und nahm die rissige, fast leblose Hand und drückte sie an seine Wange wie einen Schatz, auf den man verzichten muss – da war aber auch schon sein Onkel der Senator an seiner Seite und zog ihn, wenn auch nur mit dem leichtesten Zwang, fort.[12]

Felice schreibt nur noch selten, und wenn, dann sind es Briefe, denen man mit einem Blick ansieht, dass sie gedankenlos und aus Pflicht geschrieben wurden. »Wir sitzen alle zusammen hier im Restaurant am Zoo, nachdem wir den ganzen Nachmittag im Zoo gesessen haben«, schreibt Felice. Kafka ist entsetzt. Aber er weiß, dass Felice keine großen Aussprachen mehr will, sondern endlich Taten von ihm erwartet.

Er hat doch bei seinen Schwestern und in Berlin bei der Verlobungsfeier von Felicens Bruder gesehen, wie es geht. Verliebt, verlobt, verheiratet. Wenn, wie bei Erna, das Kind schon vor der Ehe da ist, ist das eine öffentliche Schande. Erst mit der Hochzeit zieht die Frau von einem Tag auf den anderen aus der elterlichen Wohnung in das Ehebett. Und dann sind Kinder nicht nur nicht verboten, sondern Pflicht. So sind die gesellschaftlichen Regeln. So ist es normal.

Kafkas Eltern sind von Anfang Juni an für drei Wochen im Urlaub, in Franzensbad. Kafka vertritt sie täglichim Geschäft. Eines Nachmittags besucht ihn dort Max Brod in Begleitung von Jizchak Löwy. Löwys neue Truppe ist auch auseinandergegangen und er war lange Zeit im Krankenhaus wegen seiner unerträglichenKopfschmerzen. Kafka organisiert wieder einen Vortragsabend für Löwy, dieses Mal im »Hotel Bristol«. Mehr kann er für Löwy nicht tun. Der hat kein Geld, hohe Schulden und keine Perspektiven. Löwy bleibt ein Außenseiter. Aber er, Franz Kafka, bleibt ein Doktor und ein pensionsberechtigter Versicherungsangestellter. Und während der Abwesenheit seiner Eltern ist er der Sohn des Chefs und hat eine Geliebte in Berlin.

Kafka schreibt nach Berlin. Es wird ein langer Brief, er braucht mehrere Tage dafür. Nach ein paar einleitenden Hinweisen auf seine mangelnde Gesundheit kommt er endlich zur Sache: *Aber zu langem Zögern ist nicht mehr Zeit, wenigstens fühle ich das so, und deshalb frage ich also: Willst du unter der obigen, leider nicht zu beseitigenden Voraussetzung überlegen, ob du meine Frau werden willst? Willst du das?*[13]

Dieser Frage folgen nun noch viele Seiten, auf denen er sich alle Mühe gibt, sich als den schrecklichsten aller Ehemänner zu schildern: *kümmerlich*, unfähig zum klaren Denken, seiner Frau nicht *ebenbürtig*, für den menschlichen Verkehr verloren und im Zusammenleben unerträglich. Und wenn Felice wirklich all das, was er von sich sagt, ernsthaft überdenkt, dann verbiete es sich für sie, »Ja« zu sagen.

Kafka bringt den Brief spätabends zum Staatsbahnhof, damit er noch mit dem letzten Schnellzug nach Berlin kommt. Auf dem Weg dorthin trifft er einen alten Bekannten, mit dem er ein paar Worte wechselt und der auf das dicke Briefkuvert deutet und fragt, was denn da drin sei. »Ein Heiratsantrag«, antwortet Kafka zum Spaß und lacht. Aber es ist ja eigentlich kein Spaß, auch wenn es der merkwürdigste Heiratsantrag ist, den eine Frau je bekommen hat.

Zwei Wochen später erhält Kafka einen Brief von Felice. Was er so befürchtet und so erhofft hat, steht darin. Ein Ja. Felice nimmt seinen Antrag an.

Kafka ist ratlos.

XI. Nicht lebendig, nicht tot

»Alles Gute zum Geburtstag«, wünscht Julie Kafka ihrem Sohn. Sie hat ihn heute noch nicht gesehen, weil Franz morgens immer früher aus dem Haus geht als die Eltern. Jetzt ist es schon nachmittags. Franz kommt aus dem Büro, und Julie Kafka ist schon wieder auf dem Sprung zurück ins Geschäft, wo sie heute mit Ottla alleine ist. Der Vater ist am Morgen aufs Land gefahren, nach Radeschowitz, wo die Familie eine kleine Sommerwohnung hat. Es ist Donnerstag, der 3. Juli 1913. Franz Kafkas dreißigster Geburtstag.

Julie Kafka wirkt nicht überrascht, als Kafka auf ihre Glückwünsche antwortet, dass er eine »Braut« hat. Sie hat sich in letzter Zeit viele Sorgen gemacht um ihren Sohn und ist nun froh, dass sich seine Liaison mit dem Berliner Mädchen so entschieden hat. Bedenken gegen eine Heirat hat sie nicht. Nur soll Franz erlauben, dass die Eltern Erkundigungen über Felicens Familie einziehen. Das ist üblich. Schließlich ist es nicht nur eine Sache zwischen Franz und Felice, sondern eine Familienangelegenheit. Und man möchte doch wissen, wer diese Bauers sind, die dann ja auch zur Familie gehören werden.

Für Kafka ist es ein besonderer Geburtstag. Dreißig Jahre lang hat er in dieser *Familienwärme* zugebracht und jetzt will er endlich mit einem großen *Schwung* herauskommen.[1] Ist nicht die eigene Selbstständigkeit sein größtes Ziel? Bisher hat er immer nur über seine Abhängigkeit geklagt. *Aber durch Klagen*, so hat er schon vor zehn Jahren einem Freund geschrieben, *schüttelt man sich keine Mühlsteine vom Hals, besonders wenn man sie lieb hat.*[2]

Aber wie befreit man sich von Mühlsteinen, die man lieb hat? Zum Beispiel von einem Vater, den man als »Feind« betrachtet, vor dem man so viel Angst hat, wie man ihn bewundert, und der sagt, dass ihm das »Glück der Kinder« am Herzen liegt? Zusammen mit Felice, so denkt Kafka, wird er es schaffen. Und wenn er erst verheiratet ist, will er vom Vater völlig unabhängig sein und keinen Heller seines Geldes nehmen. Er ist schon einer Baugenossenschaft beigetreten und hat eine Wohnung in Aussicht, die im nächsten Mai bezogen werden könnte.

Noch steckt Kafka allerdings bis zum Hals in seiner Familie. Wo es doch so wichtig wäre, mit Felice allmählich eine Vertrautheit aufzubauen. So, wie es aussieht, werden sie sich wohl lange nicht sehen. Kafka hat schon davon geträumt, mit ihr im Sommer in den Süden zu reisen, an einen See oder auf eine Insel. *Im Süden, glaube ich*, so hat er ihr geschrieben, *ist alles möglich.*[3] Nun, im August, ist Felice mit ihrer Schwester Erna nach Westerland auf Sylt gefahren. Sie hatte sich gewünscht, dass Kafka sie begleitet. Doch Kafka muss seinen Vorgesetzten im Büro vertreten. Erst im September kann er seinen Urlaub nehmen und will dann nach Riva am Gardasee, in das Sanatorium Hartungen.

Die Briefe, die Kafka aus Westerland bekommt, gefallen ihm gar nicht. Es sind nichts sagende Briefe, mit einem gewollten *Unterton*, in dem der Vorwurf mitschwingt, auch noch im Urlaub Briefe schreiben zu müssen. Felice hat offenbar keine Lust, am Meer und bei schönstem Wetter dauernd über sich und ihren zukünftigen Ehemann nachzudenken, wie Kafka das erwartet. Kafka kennt keinen Urlaub vom Ich. Felice macht es sich dagegen einfacher und zeigt einem Graphologen, der im gleichen Hotel wohnt, einen seiner Briefe. Und der schließt aus der Handschrift, dass Kafka »sehr bestimmt« in seiner Handlungsweise, »überaus sinnlich«, zwanghaft sparsam und künstlerisch interessiert sein muss.[4]

Kafka, der sich für den unsichersten Menschen und einen geborenen Asketen hält und der glaubt, nicht an Literatur interessiert, sondern davon *besessen* zu sein, reagiert gereizt. Er kann nur hoffen, dass Felice ihn nicht ähnlich einschätzt wie dieser Schriftgelehrte. Aber wenn sie weiterhin all seinen Einwänden widersteht, das hat Kafka für sich beschlossen, dann wird er sie wirklich heiraten. Zu groß ist seine Sehnsucht nach einem eigenen Leben.

Mit seinem Vater hat Kafka noch nie ein Wort über seine Heiratsabsichten gesprochen. Darum ist Hermann Kafka nicht wenig überrascht, als er mit seiner Frau nach dem Mittagessen noch Karten spielt und Franz ins Wohnzimmer platzt und fragt: *»Vater, was sagst du also dazu, dass ich heiraten will?«*[5] Der Vater sagt zunächst gar nichts dazu, sondern reagiert gereizt, wie immer, wenn er mit seinem Sohn redet. Und wie immer fragt ihn Kafka, warum er so gereizt ist. Nach diesem Vorspiel erklärt Hermann Kafka seinem Sohn, dass er sich mit seinem niedrigen Einkommen eine Heirat eigentlich gar nicht leisten kann. Und ob Franz ein Leben in ständiger Geldnot ertragen oder sich gar zum Besseren verändern kann, das bezweifelt der Vater angesichts von Franz' *Mangel an Konsequenz*, der sich ja auch schon bei der Asbestfabrik gezeigt habe.

Der Vater bestätigt nur, wovor Kafka Felice schon längst gewarnt hat. Dass sie an seiner Seite ein eingeschränktes, vielleicht ärmliches Leben führen muss, keine teuren Kleider kaufen, nicht in das Theater gehen kann. Als Entschädigung dafür kann sie nicht einmal auf einen liebevollen, aufmerksamen Ehemann hoffen, sondern muss sich auf ein *klösterliches Leben* einstellen.

Felice ist einfach nicht zu beeindrucken. Kafka hat sogar einen Brief an ihren Vater geschrieben, damit vielleicht der erkennt, in welches Unglück seine Tochter rennt. Felice leitet ihn nicht an ihren Vater weiter. Stattdessen versucht sie, Kafka zu beruhigen. Sie werde sich schon an ihn gewöhnen, schreibt sie, und sie werden auch nicht in Not geraten.[6]

Nur allzu gerne würde Kafka ihr glauben. Aber er kann es nicht. Wenn er in seinem Tagebuch alle Gründe für und gegen eine Heirat aufschreibt, so überwiegt am Ende doch seine Angst vor einer Verbindung, sein Verlangen nach Alleinsein. *Erkenne das doch, Felice*, schreibt er flehentlich an sie, *ich liege auf dem Boden vor dir und bitte, stoße mich fort, alles andere ist unser beider Untergang.*[7]

Felice stößt ihn nicht fort, und darum, so glaubt er, muss er sich *wegreißen*. Der Urlaub, der vor ihm liegt, wird zur Flucht. Und er nimmt es nun auch hin, dass diese Flucht einen Umweg über Wien nehmen soll. Seine Vorgesetzten haben sich nämlich kurzfristig entschlossen, Kafka mitzunehmen zum 2. Internationalen Kongress für Rettungswesen und Unfallverhütung. Das soll sozusagen eine Belohnung sein für seine vorbildliche Arbeit und vor allem für die Vorträge, die er für den Kongress verfasst hat. Kafka würde liebend gerne auf diese Belohnung verzichten. Stattdessen muss er sich bei seinem Vorgesetzten Direktor Marschner bedanken. Felice hat er gebeten, ihm die nächsten Wochen nicht mehr zu schreiben. Auch er will ihr keine Briefe schicken, damit sie in aller Ruhe ihre Lage überdenken kann.

Als er am Samstag, den 6. September, im Zug nach Wien sitzt[8], ist er mit den Gedanken bei Felice, obwohl neben ihm sein alter Bekannter Otto Pick ununterbrochen auf ihn einredet. Pick muss wegen literarischer Geschäfte nach Wien. Er ist ein guter Freund von Max Brod und wie der ein literarisches Multitalent, das Bücher schreibt, herausgibt, übersetzt und in Zeitschriften kritisiert. Er hat auch über Kafkas Buch *Betrachtung* schon mehrmals sehr anerkennend geschrieben. In einer Berliner Zeitung hat er Kafka einen »neuen Kaspar Hauser« genannt, weil er die Dinge wie zum ersten Mal sehe und ihnen etwas »Rätselhaftes« und »Gespenstisches« gebe.[9]

Kafka hat Pick eigentlich ganz gern. Doch auf dieser Fahrt geht er ihm entsetzlich auf die Nerven mit seinem *Literaturgeschwätz*. Während Kafka höflich zuhört und antwortet, denkt er an Felice. Ob es vielleicht doch möglich ist, dass sie zusammenleben und jeder frei, für sich bleibt, also eine Verbindung, die ein bisschen mehr ist als eine Männerfreundschaft? Nein, es ist nicht möglich. Das ist ganz unmöglich.

Pick und Kafka bekommen im »Hotel Matschakerhof« ein Zweizimmerappartement. Der Kongress wird erst am Mittwoch im Parlamentsgebäude eröffnet[10], am Abend zuvor findet im Wiener Rathaus ein großer Empfang statt. Bis dahin will Pick Kafka das literarische Wien zeigen. Er schleppt ihn in die berühmten Literatencafés, und als er vorschlägt, den Schriftsteller Albert Ehrenstein zu besuchen, kann Kafka schlecht nein sagen, zumal Ehrenstein zu Kafkas Buch eine Besprechung geschrieben hat, die freundlichste, wie Kafka fand. Einen »genial-zarten Dichter« nennt er ihn darin und die Texte seltene »Gebilde eines verstandesmäßig unverwüstbaren Traumes«.[11]

Wie ein Traum, wie ein unverständlicher Traum kommt Kafka auch Wien vor. Die Stadt ist nicht nur voll von Experten für Rettungswesen und Unfallverhütung, sondern auch voller Menschen mit blau-weißen Abzeichen an den Revers ihrer Mäntel und Jacken. Es sind Zionisten aus aller Welt. Sie nehmen am XI. Internationalen Zionistenkongress teil, der vor einigen Tagen begonnen hat. Auch aus Prag sind Abgeordnete da, die Kafka gut kennt. Unter ihnen ist Lise Weltsch, die Kusine von Kafkas Freund Felix Weltsch und Vorsitzende des Prager »Klubs jüdischer Frauen und Mädchen«. Mit ihr, Otto Pick und Albert Ehrenstein geht Kafka in den Prater. Sie fahren auf einem Karussell mit Urwald-Kulisse und im Gondelteich, versuchen sich am Schießstand und lassen ein Juxfoto von sich machen – die vier im Propellerflugzeug über Wien. Kafka lächelt als Einziger auf dem Foto. Man sieht ihm nicht an, dass ihn starke Kopfschmerzen plagen. Ein wenig daran schuld ist auch Lise Weltsch mit ihren dauernden Klagen über ihren Vater und ihre Familie. Kafka hat Mitleid mit ihr, aber sie kommt ihm auch vor wie eine festgenagelte, sich windende Schlange. *Ihr ist nicht zu helfen*, glaubt er.[12] Das klingt so, als ob er sich selbst auch damit meint.

Am nächsten Tag geht Kafka mit Lise Weltsch zu einer Veranstaltung des zionistischen Kongresses. In dem riesigen Saal werden Reden gehalten über praktische Siedlungspolitik in Palästina, über Acker- und Gartenbau oder die Errichtung einer Universität. Wenn ein Redner nicht Hebräisch spricht, wird er ausgebuht oder niedergeschrien. Auch die Tochter Theodor Herzls, des Gründers der zionistischen Bewegung, ist da. Ein Arbeiterdelegierter aus Palästina hält eine lautstarke Ansprache.

Aber so richtig mitreißen kann er niemand. Auch Lise Weltsch nicht, die vor Langeweile Papierkügelchen in den Saal wirft. Kafka konnte sich noch begeistern für den Zusammenhalt in der Lemberger Schauspielertruppe, die Appelle an ein zionistisches Gemeinschaftsgefühl lassen ihn kalt. Das hat ihm auch Max Brod, der inzwischen zum glühenden Zionisten geworden ist, erst vor kurzem vorgeworfen, als sie beim Kanufahren an der Moldau waren. Er habe kein Gemeinschaftsgefühl, hat ihm Kafka geantwortet, weil seine Kraft nur eben für ihn reiche.[13]

In Wien scheint diese Kraft bald aufgebraucht. Seine Kopfschmerzen hören nicht auf und in der Nacht findet er kaum Schlaf. Am Mittwoch steht er im strömenden Regen zwischen den Säulen der Vorhalle des Parlamentsgebäudes und wartet auf seinen Chef, den Direktor Robert Marschner. Mit ihm sitzt er nun Tag für Tag unter tausenden anderen Kongressteilnehmern und hört sich über zweihundert Referate an, darunter auch jene, die er selber verfasst hat. Wenigstens das Rahmenprogramm mit Theater und Vorführung von Rettungsaktionen will er sich ersparen. Er legt sich ins Bett, einen kalten Umschlag auf der Stirn, und denkt viel an den Schriftsteller Franz Grillparzer, der in Wien gelebt und im »Hotel Matschakerhof« zu Mittag gegessen hat, der sich mit einem lustigen, gesunden, selbstsicheren Mädchen verlobt und dann doch nie geheiratet hat und der von sich sagte, er sei »der Liebe nicht fähig«.

Am Samstag, den 13. September, findet abends noch einmal ein Empfang im Wiener Rathaus statt. Früh am nächsten Morgen ist Kafka mit seinen Koffern am Bahnhof und sitzt dann den ganzen Tag im Zug, bis er abends erschöpft in Triest ankommt. Ursprünglich wollte ihn Otto Pick begleiten. Die Literatur hat ihn jedoch in Wien zurückgehalten, worüber Kafka nicht unglücklich ist.

Endlich ist er allein. Das Wetter ist schlecht und das Schiff, das er in Triest besteigt, muss die kurze Überfahrt nach Venedig auf dem sturmgepeitschten Adriatischen Meer bewältigen. Mit Übelkeit und Kopfschmerzen liegt Kafka danach in seinem Zimmer im »Hotel Sandwirth«. Draußen regnet es in Strömen, und Kafka wünscht sich, dass der Regen die Tage in Wien gründlich von ihm abwäscht. So stark kann aber kein Regen sein, dass er auch die Erinnerung an Felice wegwaschen könnte. Kafka möchte den Blick abwenden, wenn er auf dem Markusplatz die Hochzeitspaare sieht und die Männerhände, die sich auf die Hüften der Frauen legen. Es ist ihm auch nicht recht, dass Felice ihm doch einen Brief nachschickt. Sie möchte, dass er noch einmal an ihren Vater schreibt, der doch grundsätzlich mit ihrer Verbindung einverstanden ist. Kafka kann ihr nichts Neues sagen. Er kann sie nur vertrösten auf später, wenn er wieder zurück ist. *Aber was soll ich tun, Felice?*, so schließt er den Brief. *Wir müssen Abschied nehmen.*[14]

Nach einigen Tagen in Venedig reist Kafka weiter

nach Verona. Die Sonne zeigt sich wieder, und am Sonntag, den 21. September, liegt Kafka im Gras bei Desenzano und lässt seinen Blick über den Gardasee schweifen. Er nimmt einen Zettel und schreibt darauf: *Mein einziges Glücksgefühl besteht darin, dass niemand weiß, wo ich bin. Wüsste ich eine Möglichkeit, das für immer fortzusetzen! Es wäre noch viel gerechter als Sterben.*[15] Kafka wartet auf den Dampfer, der ihn nach Riva, ans Nordufer des Sees bringt. In einigen Jahren wird er eine Geschichte schreiben, die damit beginnt, dass eine Barke lautlos in den kleinen Hafen von Riva schwebt. Zwei Männer tragen eine Bahre an Land. Auf ihr liegt der Jäger Gracchus, der zu einer endlosen Reise verdammt ist, weil er nicht lebendig ist und nicht tot. Keiner weiß, wo er sich aufhält, und niemand kann ihm helfen. *Der Gedanke, mir helfen zu wollen*, erklärt Gracchus, *ist eine Krankheit und muss im Bett geheilt werden.*[16]

Das Sanatorium des Dr. von Hartungen in Riva ist schon seit vielen Jahren ein Geheimtipp für Menschen, die krank sind oder sich krank fühlen. Wer Beschwerden an der Lunge und am Herzen hat oder an rheumatischen Schmerzen leidet, wird hier ebenso behandelt wie Patienten mit seelischen Problemen, denen man eine psychoanalytische Betreuung anbietet. In erster Linie aber setzt man wie in Jungborn auf die heilende Kraft von Luft, Sonne und Wasser. Auf dem großen, parkähnlichen Seegrundstück mit Grotten und Laubengängen gibt es »Lufthütten«, Einrichtungen für »hydratische Kuren«, also »Mineral-, Kräuter- und Schlammbäder«, und Liegehallen.[17]

Im Speisesaal wird natürlich nur vegetarische Kost serviert. Spezialität des Hauses ist »aseptisch ermolkene Kur- und Kindermilch von tuberkelfreien, nur trocken gefütterten Kühen« sowie pasteurisierter Joghurt und Kefir. An den langen Tafeln wird jedem Neuankömmling ein fester Platz zugewiesen. Kafka sitzt neben einem pensionierten österreichischen General und einer jungen, dunkelhaarigen Schweizerin. Das vielleicht achtzehnjährige Mädchen findet ihre Tischnachbarn offenbar recht langweilig. Sie hat unter dem Tisch ein Märchenbuch auf ihrem Schoß liegen, in dem sie zwischen den Gängen liest. Kein Wunder, der alte, mürrische General sagt kaum etwas, und Kafka ist in seiner trüben Stimmung nicht aufgelegt, mit einem Mädchen Konversation zu treiben, das ihm recht *unfertig*[18] vorkommt.

Es dauert über eine Woche, bis er der italienisch aussehenden Schweizerin doch noch näher kommt. Anlass dafür ist ein trauriges, dramatisches Ereignis. Der General erscheint eines Morgens nicht zum Frühstück und man findet ihn tot in seinem Zimmer. Er hat sich erschossen. Sein Platz am Tisch bleibt leer. Dieser Schock löst bei seinen Tischnachbarn die Zungen und die Gefühle.

Kafka verliebt sich in die Schweizerin, bei der er nun doch wertvolle und tiefe Züge entdeckt. Die bekennende Christin hat das Zimmer über dem seinen. Er hört ihre Schritte, hört sie husten und vor dem Einschlafen singen.

Schräg über dem Flur hat eine andere Patientin ihr Zimmer. Eine Russin, die Kafka bei einem der geselligen Abende die Karten gelegt hat. Erfolg hat sie ihm vorausgesagt und Sorgen, aber keine Liebe. Diese Russin ist eine elegante, sinnliche Frau, und Kafka zweifelt nicht daran, dass sie ihn nachts in ihr Zimmer lassen würde.

Kafka verzichtet darauf. Er pflegt lieber einen abendlichen Verkehr mit der Schweizerin, indem er Klopfzeichen gegen seine Zimmerdecke macht und sie darauf antwortet. Tagsüber sitzt er stundenlang an seinem Fenster und lauscht auf die Geräusche von oben, die er oft irrtümlich für Klopfzeichen hält. Sie lässt ein Band zu ihm herab, nach dem er greift. Und einmal, als er sich aus dem Fenster beugt und nach oben schaut, segnet sie ihn. *Die Süßigkeit der Trauer und der Liebe*, schreibt Kafka später in Erinnerung an einen gemeinsamen Ausflug auf den See. *Von ihr angelächelt werden im Boot. Das war das Allerschönste. Immer nur das Verlangen zu sterben und das Sich-noch-Halten, das allein ist Liebe.*[19]

Kafka muss ihr versprechen, ihre Begegnung als ein Geheimnis zu bewahren. Beide wissen, dass sie nicht zusammengehören und dass mit Kafkas Abfahrt alles zu Ende sein wird. Doch am Tag des Abschieds muss Kafka Vorkehrungen treffen, damit sie nicht vor allen Gästen zu weinen anfängt. Ihm geht es nicht besser.

Kafka hat der Schweizerin von Felice erzählt. Auch dass er nichts anderes will als sie heiraten. Doch der Kontakt nach Berlin ist abgebrochen. Das letzte Lebenszeichen von Felice war der Brief nach Venedig. Und seine Antwort darauf muss für sie ein Schlag gewesen sein. Kafka überlegt, ob er vielleicht Weihnachten nach Berlin fahren soll, um endlich für klare Verhältnisse zu sorgen. Aber der Mut dazu ist ihm verloren gegangen.

Er steckt ohnehin in den Vorbereitungen für den Umzug der Familie. Der Vater sucht schon länger nach einer neuen Wohnung und hat nun eine gefunden, gleich gegenüber dem Geschäft, im so genannten Oppelthaus, einem Prachtbau an der Ecke Altstädter Ring zur Niklasstraße. Die Wohnung mit ihren sechs Zimmern ist größer als die alte, obwohl man nicht mehr so viel Platz braucht. Von den Kindern leben nur noch zwei, Franz und Ottla, bei den Eltern. Franz bekommt ein separates Zimmer, durch das keine Familienmitglieder mehr stapfen. Wenn er aus dem Fenster schaut, sieht er links das Rathaus und vor sich die Niklaskirche, neben der Kuppel, in der Ferne, einen Teil des Laurenziberges.

Den Brief aus Aussig bekommt Kafka wahrscheinlich noch an die alte Adresse oder ins Büro. Absender ist eine gewisse Grete Bloch, ein Name, den Kafka noch nie gehört hat. Sie stellt sich vor als eine Freundin von Felice und bittet Kafka um ein Treffen. Kafka ist einverstanden.

Er hat sich unter Grete Bloch eine ältere Dame vorgestellt, der sich Felice anvertraut hat. Wer nun im »Hotel Schwarzes Roß« vor ihm sitzt, ist eine junge, einundzwanzigjährige Frau, klein, zart, hübsch und gar nicht schüchtern. Grete Bloch hat Felice Bauer erst vor einem Jahr kennen gelernt, offenbar auf der Messe in Frankfurt. Auch sie hat mit Büromaschinen zu tun, die sie für mehrere Firmen vertreibt. Sie ist auch jetzt wieder geschäftlich im Raum Prag unterwegs, und Felice hat sie gebeten, bei dieser Gelegenheit Kafka aufzusuchen, um ihn zu überreden, möglichst bald nach Berlin zu kommen.

Was in der Beziehung ihrer Freundin zu diesem höflichen Versicherungsbeamten nicht stimmt, darüber scheint Grete Bloch nichts Genaueres zu wissen. Dafür kann sie Kafka umso mehr Dinge über Felice erzählen, von denen Kafka noch nichts wusste. Nicht nur über Felicens aufwändige Zahnbehandlung, sondern auch über ihren Bruder. So erfährt Kafka, dass Ferris Verlobung schon wieder gelöst ist. Er hat Geld von Kunden veruntreut, und sein Chef und potenzieller Schwiegervater hat ihn nicht gedeckt, sondern ihm fristlos gekündigt und die Verbindung mit seiner Tochter für null und nichtig erklärt. Ferri muss mit weiteren Konsequenzen rechnen, und die leidgeprüfte Familie Bauer, die bis jetzt dem leichtsinnigen Sohn immer aus der Patsche geholfen hat, weiß nun anscheinend auch nicht mehr weiter.

Kafka will Grete Blochs Bitte nachgeben, obwohl er sich nicht viel davon verspricht. Er fährt also am 8. November, einem Samstag, nach Berlin, und als er am darauf folgenden Sonntag um Mitternacht wieder in Prag ankommt, sieht er sich in seiner Skepsis bestätigt. Die meiste Zeit hat er wieder im »Askanischen Hof« herumgesessen. Felice hatte nur Zeit für einen kurzen Spaziergang im Tiergarten, weil sie unbedingt zu einer Beerdigung musste und später ihren Bruder Ferri zum Bahnhof bringen wollte. Obwohl sie versprochen hat, sich nachmittags zu melden, hat Kafka vergeblich gewartet. Er hat seinen Freund Ernst Weiß, einen Arzt und Schriftsteller, besucht und ist dann um halb fünf wieder nach Prag zurückgefahren. Auch auf dem Bahnsteig ist Felice nicht gewesen.[20]

In den nächsten Wochen antwortet Felice auf keinen Brief und kein Telegramm mehr. Kafka schickt sogar seinen Berliner Freund Ernst Weiß in Felices Büro und ruft dort selber an. Felice verspricht jedes Mal, ihm bald zu schreiben, doch Kafka bleibt ohne eine Nachricht. Am Telefon hat sie ihn sogar gebeten, Weihnachten nicht nach Berlin zu kommen. Endlich, am 29. Dezember, nach fast zwei Monaten Schweigen, erhält Kafka einen Brief von ihr. Darin spricht sie zum ersten Mal von »Verlusten«, die sie für sich durch eine Heirat befürchtet.

Kafka ist ihr dankbar für ihre Ehrlichkeit. Es liegt ihm fern, ihr Vorhaltungen zu machen, er möchte nur die größtmögliche Klarheit. Und darum erzählt er ihr auch von seinem Erlebnis mit der Schweizerin. Felice soll alles über ihn wissen, so weit jedenfalls, wie er sich zeigen kann. Und er erwartet auch von ihr, dass sie über sich Klarheit gewinnt und sich ihm so zeigt, wie sie ist. Erst wenn sich beide dem anderen öffnen, werden auch die Hindernisse deutlich. Und diese Hindernisse können dann einzig und allein durch Liebe überwunden werden. Für Kafka ist das die einzige Möglichkeit, einander zu begegnen. Und er hält überhaupt nichts davon, den anderen ändern zu wollen.

Am Schluss seiner langen Antwort an Felice wiederholt er seinen Heiratsantrag und schreibt: *Ich liebe dich, Felice, mit allem, was an mir menschlich gut ist, mit allem, was an mir wert ist, dass ich mich unter den Lebendigen herumtreibe. Ist es wenig, so bin ich wenig. Ich liebe dich ganz genau so, wie du bist, das, was mir an dir gut scheint, wie das, was mir nicht gut scheint, alles, alles. So ist es bei dir nicht, selbst wenn alles andere vorausgesetzt wird. Du bist mit mir nicht zufrieden, du hast an mir Verschiedenes auszusetzen, willst mich anders haben, als ich bin. Ich soll »mehr in der Wirklichkeit« leben, soll mich »nach dem, was gegeben ist, richten« u. s. f. Merkst du denn nicht, dass du, wenn du solches aus wirklichem Bedürfnis willst, nicht mehr mich willst, sondern an mir vorüber willst? Warum Menschen ändern wollen, Felice? Das ist nicht recht. Menschen muss man nehmen, wie sie sind, oder lassen, wie sie sind. Ändern kann man sie nicht, höchstens in ihrem Wesen stören. Der Mensch besteht doch nicht aus Einzelheiten, so dass man jede für sich herausnehmen und durch etwas anderes ersetzen könnte. Vielmehr ist alles ein Ganzes, und ziehst du an einem Ende, zuckt auch gegen deinen Willen das andere. Trotzdem, Felice – sogar das, dass du an mir Verschiedenes auszusetzen hast und ändern möchtest, sogar das liebe ich, nur will ich, dass du es auch weißt.*

Und jetzt entscheide, Felice![21]

XII. Heiraten und / oder Berlin

Felice Bauer und Franz Kafka gehen Arm in Arm durch die Straßen Berlins.[1] Und jeder, der sie sieht, muss sie für ein glückliches junges Paar halten. Leider ist es nicht so. Die beiden tun sich sehr schwer miteinander, und es ist mehr als unsicher, ob sie jemals ein Paar werden.

Kafka ist überraschend nach Berlin gekommen. Er hat sich extra einen Tag Urlaub genommen, um am Freitag, den 27. Februar 1914, in die deutsche Hauptstadt zu reisen. Er wusste nicht einmal, ob Felice überhaupt in der Stadt ist. Im »Askanischen Hof« war er wieder abgestiegen und am nächsten Morgen ging er in ihre Firma.

Er ließ sich melden als ein Herr Gotthart, um von den Leuten nicht erkannt und angestarrt zu werden. Felice war gerade in einer Besprechung mit Kunden. Sie war nicht einmal sehr überrascht, als sie aus ihrem Büro kam. In der Mittagspause gingen sie in eine Konditorei und nach Arbeitsschluss holte Kafka sie wieder ab und sie schlenderten durch die Straßen. Felice musste sich dann zurechtmachen für den Abend. Sie war eingeladen zu einem Ball, den sie aus geschäftlichen Gründen nicht versäumen durfte.

Erst am nächsten Morgen sieht Kafka sie wieder und sie machen einen Spaziergang im Tiergarten. Die Stimmung ist ziemlich gespannt. Alles ist wieder ganz anders. Nun ist es Kafka, der zur Heirat drängt. Und Felice wird von Zweifeln geplagt. Sie spricht davon, was sie alles mit einer Heirat aufgeben müsste: ihre Arbeit, ihre Freunde, ihre Familie. Und sie weiß nicht, ob sie in Prag ohne das alles leben kann. Ja, sie hat sogar Angst vor einer gemeinsamen Zukunft.

Kafka will nicht von *Verlusten* reden, sondern lieber von *Hindernissen*. Er glaubt nun, dass seine Liebe stark genug ist, alle Hindernisse zu überwinden. Und wie steht es mit Felicens Liebe zu Kafka?

»Ich kann dich ganz gut leiden«, sagt sie, »aber das langt nicht zur Ehe. Halbes aber tue ich nicht.«

»Das andere ist aber doch auch nur ein Halbes«, sagt Kafka spitzfindig.

»Ja«, meint Felice ungeduldig, »aber es ist die größere Hälfte.«

Kafka will wissen, warum sie nun plötzlich ganz anders redet als früher. Felice aber möchte nichts mehr dazu sagen. Sie schweigt. Oder verschweigt sie etwas? Kafka möchte aber Klarheit, und wenn sie weiter schweigt, dann will er zu ihrem Vater gehen und ihn fragen, was geschehen ist.

Das hätte er besser nicht sagen sollen, denn Felice ist ihm nun böse, so wie sie ihm böse war, als er seiner Mutter die Erlaubnis gab, über die Familie Bauer Erkundigungen einzuziehen. Er hat diese Erlaubnis auch wieder zurückgenommen. Felice vermeidet es, Kafka anzusehen, und man merkt ihr an, dass sie diesen Spaziergang am liebsten abbrechen möchte.

Kafka bleibt hartnäckig. Felice hat doch noch immerhin sein Foto im Medaillon um den Hals hängen. Und es ist doch noch gar nicht so lange her, dass sie ihm geschrieben hat, wie sehr sie ihn liebe und dass sie in Berlin nichts zurücklassen würde, was für sie von Bedeutung wäre.

»Halt dich doch nicht an jedes Wort«, meint Felice gereizt. »Es ist so. Du musst es glauben.«

Kafka hat Angst, dass Felice geht und ihn stehen lässt. Das darf er nicht zulassen. Er bittet sie, ja zu sagen. Seine Liebe sei so groß und stark, dass sie auch ihre fehlenden Gefühle ersetzen könne.

»Hör doch bitte um Himmels willen auf«, unterbricht ihn Felice, »immerfort um das Unmögliche zu bitten.«

Nein, das Unmögliche will Kafka nicht, nur das Normale. Und dafür ist er jetzt auch bereit, zu kämpfen und sich wie ein Hund zu demütigen.

»Ich habe dich lieb genug, um alles abzulegen, was dich stört«, sagt er. »Ich werde ein anderer Mensch werden.« Er werde auf seinen Vegetarismus verzichten, wenn sie wolle. Und sich auch mehr um die Fabrik kümmern, damit sie eines Tages doch noch Geld abwirft und sie davon profitieren.

Dass er das mit der Fabrik gesagt hat, ist für Kafka das Schlimmste. Mehr hat er sich noch nie verleugnet.

Er bringt Felice nach Hause. Im Flur will er sich von ihr mit einem Handkuss verabschieden. Aber nicht auf ihren Handschuh, den er aufreißt, um seine Lippen auf ihre Haut zu drücken. Als er hochschaut, sieht er Felicens *feindseligen* Blick.

Am Nachmittag fährt Kafka wieder zurück nach Prag. Felice hat versprochen, am Bahnsteig zu sein. Sie ist nicht da. Sie entschuldigt sich später. Von einer Tante Marta oder so ähnlich ist sie aufgehalten worden.

Dass Kafka nun um jeden Preis heiraten will, hängt mit einer Entscheidung zusammen, die er schon in Riva gefällt hat. Damals war er an einem *absoluten Nullpunkt* angelangt, und für ihn stand fest, dass er sein Leben ändern muss, ändern wird. So oder so. Er wird alles daransetzen, Felice zu heiraten, und wenn das wirklich scheitern sollte, will er seine Stelle bei der Versicherungsanstalt kündigen und nach Berlin gehen. Irgendwie wird er dort im *untersten Journalismus*[2] schon ein Auskommen finden.

Es gäbe noch eine dritte Möglichkeit, nämlich mit Felice nach Berlin zu gehen und dort im *selbst gewählten Elend* zu leben. Allerdings kann er von Felice nicht verlangen, dass sie ihre gut bezahlte Arbeit aufgibt, um dann mit ihrem Mann am Hungertuch zu nagen, vor den Augen ihrer Familie und ihrer Freunde. Kafka ist sich auch keineswegs sicher, ob er in freiwilliger Armut leben könnte. Er bewundert aber Leute, die diesen Sprung wagen und alles auf eine Karte setzen. Wie Jizchak Löwy oder wie sein neuer Freund Ernst Weiß. Der verzichtet auf seine Karriere als Chirurg und lässt sich auf das Wagnis ein, in Berlin als freier Schriftsteller zu leben.

Kafka könnte das nicht. Es ist nicht seine Art, die Dinge mit einem Schlag radikal zu ändern. Aber er hat einen zähen Willen und traut es sich zu, auf Um- oder Rückwegen sein Ziel zu erreichen. Hauptsache, er kommt raus aus seiner Familie. Abgesehen davon will er nicht als Einziger in seinem Freundeskreis als Junggeselle übrig bleiben. Auch Felix Weltsch hat sich verlobt und geht ihm nun verloren. Denn ein verheirateter Freund, so meint Kafka, *ist kein Freund.*[3]

Doch gerade jetzt, da er sich zur Heirat entschlossen hat, wankt Felice und zieht sich zurück. Kafka hat mehr Kontakt mit Grete Bloch als mit ihr. Grete Bloch, die es beruflich nach Wien verschlagen hat, »zeigt« sich ihm. Sie lässt ihn Anteil nehmen an ihrem Leben, erzählt von einer schwierigen Affäre mit einem Mann in München und schickt ihm literarische Versuche ihres Bruders. Felice dagegen hat viele Geheimnisse vor Kafka, vor allem, wenn es um ihre Familie geht. Auch das »Unglück« ihres Bruders Ferri verheimlicht sie vor ihm. Alles, was Kafka von dieser Sache weiß, hat er von Grete Bloch, die ihm erzählt hat, dass Ferri nicht mehr in Deutschland bleiben konnte und nach Amerika ausgewandert ist. Kafka kann nur mutmaßen, wie sehr Felice, die ihren Bruder abgöttisch liebt, von dieser Familientragödie betroffen ist und dass auch ihr Schweigen damit zusammenhängt.

Nach dem Gespräch im Tiergarten ist ihm dieses Schweigen besonders unerträglich. Felice antwortet nicht auf seine Fragen und schickt nicht die Briefe, die sie verspricht. Und schließlich meldet sie sich gar nicht mehr. Kafka schreibt an ihre Eltern und bittet um eine kurze Nachricht, ob Felice vielleicht krank oder ihr etwas Schlimmes zugestoßen sei.

Zwei Tage später wird er im Büro ans Telefon gerufen. Kafka muss von seinem Büro im vierten Stock in den zweiten Stock hinunterrennen, wo das Telefon im Zimmer für die Direktoren steht. Kafka hasst telefonieren. Als er den Hörer in die Hand nimmt, steht hinter ihm ein gut gelaunter Direktor, der meint, er solle lieber den Mund statt die Augen ans Telefon legen. Kafka würde ihm am liebsten einen Fußtritt verpassen.

Es ist Felice. Als er ihre Stimme hört, überkommt ihn sofort die Sehnsucht, sie zu sehen. Felice will aber nicht, dass er nach Berlin kommt, er spürt zumindest ihr Zögern und ihre Unsicherheit. Kafka versteht nicht, wieso sie ihn angerufen hat und was sie eigentlich will. Nach dem Anruf rennt er aus dem Büro und im Regen kreuz und quer durch die Straßen und überlegt, was er machen soll.[4]

Kafka will nun eine Entscheidung herbeiführen, ob nun eine gute oder eine schlechte. Was Felice im Berliner Tiergarten gesagt hat, kann er nicht einfach vergessen. Wenn Felice tatsächlich so große Bedenken hat, dann wäre es nichts anderes als ein Opfer, wenn sie ihn trotzdem heiraten würde, und dieses Opfer will er nicht. Er will von Felice noch etwas anderes hören und dazu setzt er ihr eine Frist. Wenn er bis zum Montag, den 24. März, keinen ernst zu nehmenden Brief von ihr erhält, dann erwartet er nichts mehr, dann ist für ihn alles zu Ende. Dann will er seine Stelle kündigen und nach Berlin ziehen. Er hat schon konkrete Pläne. Der Schriftsteller Robert Musil, der für den Fischer-Verlag arbeitet und Texte von Kafka veröffentlichen will, hat ihm eine Stelle im Verlag in Aussicht gestellt. Kafka will diese Chance nutzen und hat schon einen Brief an Musil verfasst.

Montag, spätnachmittags, telegrafiert Felice, dass sie ihm einen Brief schickt. Am Dienstag wartet Kafka vergeblich. Erst am Mittwoch hält er den Brief in Händen. Er enthält Sätze, die so klar sind, wie es sich Kafka schon lange gewünscht hat. Klar in dem Sinne, dass sie zu ihren Zweifeln steht, dass sie aber auch in Kafka eine »Stütze« zu finden hofft, die sie unbedingt braucht.

An Ostern fährt Kafka nach Berlin, mit dem festen Vorsatz, Tatsachen zu schaffen. Den Samstagabend verbringt er mit Felice im »Askanischen Hof«. Und am nächsten Morgen geht er zu ihrem Vater und teilt ihm mit, dass Felice und er sich verlobt haben. Kafka hat das Gefühl, noch nie *etwas so Gutes und unbedingt Notwendiges getan zu haben*[5]. Ein wenig betrübt ist er nur darüber, dass er während dieser zwei Tage keinen Moment mit Felice alleine war, um sie in den Arm zu nehmen und ihr einen Kuss zu geben. Felice hätte ihn wohl schon einmal beiseite ziehen können, aber sie wollte es anscheinend nicht. Und Kafka ist es zuwider, darauf zu bestehen, nur weil sie nun verlobt sind. *Verlobtsein*, so meint er, *ist ja jetzt nichts, als ohne Ehe eine Komödie der Ehe zum Spaß der anderen aufzuführen.*[6]

In dieser Komödie muss Kafka nun aber auch mitspielen, sie hat feste Spielregeln und Verpflichtungen, denen er sich fügen muss. Es geht ihm wie Karl Roßmann, dem Helden seines abgebrochenen Romans. Nach dem freudigen Wiedersehen auf dem Schiff und dem Abschied vom unglücklichen Heizer nimmt der reiche Onkel ihn auf wie einen Sohn. Und es geht ihm gut, solange er vernünftig ist und dem Programm seines Onkels folgt. Er bekommt ein Zimmer mit Blick auf die Straßen New Yorks, der Onkel schenkt ihm ein Klavier, und Lehrer werden angestellt, um ihn Englisch und Reiten zu lehren. Wie schnell aber der Onkel sein Wohlwollen wieder zurückziehen kann, das erfährt Karl, als er gegen dessen Willen eine Einladung in ein Landhaus annimmt. Wegen dieser Eigenmächtigkeit lässt ihn der Onkel fallen und Karl ist nun wieder auf sich alleine gestellt. Eine Strafe, die Karl nicht versteht und die er nicht in Verbindung bringen kann mit dem, was er getan hat.

In Berlin wird zunächst der weitere Zeitplan festgelegt. Pfingsten wird die offizielle Verlobung in Berlin gefeiert. Heirat dann im September, nicht früher, weil Felice im August noch ihr fünfjähriges Dienstjubiläum bei der Firma Carl Lindström feiern möchte. Das wird dann auch gleichzeitig ihr Abschied aus dem Berufsleben sein. Sie wird nach Prag ziehen und dort Felice Kafka werden. Vorher müssen natürlich noch Anzeigen verschickt werden und es muss eine Wohnung gefunden und eingerichtet werden.

Kafkas Pläne mit der Baugenossenschaft haben sich zerschlagen. Nun muss er wohl oder übel Annoncen durchschauen und Wohnungen besichtigen. Wenn es nach ihm ginge, würden er und Felice außerhalb von Prag wohnen, im Grünen und weit weg von den Eltern. Aber die Bevölkerung dort ist tschechisch, und Felice würde sich fremd fühlen wie im fernen Ausland und vielleicht auch unglücklich werden wie ihre Schwester Else, die im ungarischen Hinterland versauert. Die Wohnungen im Zentrum, das überwiegend deutsch ist, gefallen Kafka alle nicht. Sie sind entweder zu laut oder zu dunkel, zu klein oder zu teuer. Er möchte warten, bis Felice nach Prag kommt, um dann mit ihr gemeinsam zu entscheiden.

Felice ist Anfang Mai mit ihrer Mutter in Prag. Die Verlobten werden in der Verwandtschaft herumgereicht, und Kafka sieht es mit gemischten Gefühlen, wie beliebt Felice bei allen ist. Die Wohnungen, die er ihr zeigt, sind alle nicht das, was Felice sich wünscht. Also muss Kafka nach ihrer Abreise wieder weitersuchen.

Er steigt viele Treppen hinauf und hinunter, und immer ist es so, dass ihm gerade die vorletzte Wohnung am besten gefällt, und er muss gemachte Zusagen widerrufen. Es sind schließlich seine Eltern, die seiner Unentschlossenheit ein Ende machen und für das junge Paar eine geeignete Dreizimmerwohnung finden, in der Langegasse, nahe Kafkas Büro und nahe dem Oppelthaus. *Ob sie mich auch noch ins Grab legen werden*, schreibt Kafka über die unausweichliche Hilfsbereitschaft seiner Eltern, *nach einem durch ihre Sorgfalt glücklichen Leben.*[7]

Schneller waren die Eltern auch mit der Verlobungsanzeige. Gemeinsam mit Felicens Eltern haben Hermann und Julie Kafka im *Berliner Tageblatt* die Verlobung ihrer Kinder bekannt gegeben. Sogar den »Empfangstag« haben sie angekündigt, was Kafka so vorkommt, als würde er an diesem Pfingstmontag eine Nummer im Varieté aufführen. Die Anzeige, die er in das *Prager Tagblatt* setzen lässt, ist dagegen kurz und bündig: »Dr. Franz Kafka, Vicesekretär der Arbeiter-Unfall-Versicherungsanstalt in Prag, hat sich mit Fräulein Felice Bauer aus Berlin verlobt.«

Täglich bekommt er nun Gratulationsschreiben. Die ersten liest Kafka noch, die nächsten lässt er ungeöffnet liegen. Vor allem, wenn er unter der Post auch einen Brief von Grete Bloch findet. Den Kontakt zu ihr will er keinesfalls abbrechen lassen. Und er hat ihr auch versichert, dass seine Verlobung nichts an ihrer Freundschaft ändern soll. Ihr vertraut er sich nun an, ihr erzählt er von seinen Ängsten, von ihr will er ein Foto und sie will er unbedingt wiedersehen. Er macht ihr sogar den Vorschlag, übergangsweise bei Felice und ihm in Prag zu wohnen, wenn sie im Frühsommer von Wien wegziehen muss. Es scheint, als brauche er Grete Bloch umso dringender, je näher seine Hochzeit mit Felice rückt. Er gesteht ihr, dass er im Halbschlaf Schimpfwörter gegen Felice ausstößt. Und in letzter Zeit taucht in seinen Träumen immer wieder ein weißes Pferd auf. Es läuft durch die Straßen einer Stadt. Keiner kennt es, keinem scheint es zu gehören. Es verhält sich vorbildlich im Straßenverkehr, aber am Stadtrand fällt es dann doch einem Polizisten auf, der es festhält und auf den Besitzer wartet.[8]

Kafka will Felice ganz gehören. Doch hat sie beim Spaziergang im Tiergarten nicht auch gesagt, dass sie sich vielleicht nicht an seine »Eigenheiten« gewöhnen kann? Kafka versucht schon vor der Hochzeit, sie für seine Lebensweise zu begeistern. Doch Felice findet es ziemlich anstrengend und langweilig, jeden Morgen zu »müllern«, also in frischer Luft zu turnen. Und ob sie sich daran gewöhnen kann, immer bei offenem Fenster zu schlafen und auf Tee, Kaffee und Fleisch zu verzichten, das kann sie sich auch nicht vorstellen.

Immerhin geht Felice nicht mehr zu ihrer Ärztin und lernt schwimmen, weil Kafka es sich gewünscht hat. Er verflucht die ganze moderne Medizin. Krankheit und Schmerzen lassen sich für ihn nur naturgemäß heilen. Er zum Beispiel hat sich tief in den Daumen geschnitten und kein Pflaster darauf geklebt oder Verband darum gewickelt, sondern die Wunde in einen kleinen Kübel ausbluten lassen. Die Heilung dauerte auf diese Weise zwar viel länger, dafür schwoll der Finger nicht an und es gab keine Entzündung. Eine *wahre Augenweide*[9] für Kafka. Es macht ihm auch nichts aus, wenn er wegen seiner Methoden belächelt wird. Denn wenn er in dieser Sache nicht Recht hat, so glaubt er, dann hat er in keiner Recht.

Ottla und ihre Mutter fahren schon sechs Tage vor der Verlobungsfeier nach Berlin. Kafka kommt mit seinem Vater am Samstag, den 30. Mai, nach.

Der große Empfang findet in der Wohnung der Bauers statt. An der langen Festtafel sitzen neben Onkeln und Tanten auch Grete Bloch mit ihrem Bruder Hans, Felicens Freundinnen aus der Firma, ihre Schwester Erna, die Eltern Kafka und Ottla. Felice sieht wunderbar aus in ihrem blauen Kleid. Und als sie durch den großen Raum auf Kafka zugeht und er ihr den Verlobungskuss gibt, schaudert es ihn, und er wird das Gefühl nicht mehr los, dass er eine kleine Unehrlichkeit begeht.[10]

Es war Pfingsten letztes Jahr, als bei den Bauers die Verlobung ihres Sohnes gefeiert wurde. Alle waren so stolz auf Ferri. Anna und Carl Bauer mögen gar nicht daran denken, was aus dieser Verlobung geworden ist und was seither alles passiert ist. Und sie werden sich wohl darauf geeinigt haben, was sie sagen, wenn die Gäste sich nach ihrem Sohn erkundigen. Von Ferri hat man wenig Nachricht, aber er scheint sich zurechtzufinden in Amerika.

Nach diesem Unglück soll nun wenigstens mit Felice alles gut gehen. Obwohl das Verhalten des neuen Schwiegersohns wirklich keinen Grund gibt, ruhig in die Zukunft zu blicken. Was soll man auch von einem jungen Mann halten, der den Vater seiner Braut eindringlich davor warnt, ihm seine Tochter zur Frau zu geben?

Kafka hat alle seine Bedenken in den Wind geschlagen. Es waren und sind immer zwei, die in ihm miteinander kämpfen.[11] Der eine ist *fast so,* wie ihn Felice will. Der andere denkt nur an die Kellerwohnung, wo er alleine sich dem Schreiben widmet. Das zweite Ich, so glaubt er, kann nie besiegt werden, aber jetzt hat das erste das Sagen. Nichts soll ihn mehr abbringen vom großen Ziel Heirat, auch nicht die ungeklärten Probleme zwischen ihm und Felice.

Auch unter den Gästen der Verlobungsfeier in der Berliner Wilmersdorferstraße gibt es so manches Geheimnis, das unausgesprochen bleiben soll. Die Kafkas wissen nichts von Carls Bauers mehrjähriger Trennung von seiner Familie. Die Bauers selbst wissen wohl nicht, dass ihre Tochter Erna ungewollt Mutter geworden ist. Und wie es zugegangen ist, dass Ferri Bauer nicht einmal ein Jahr nach seiner Verlobung mit Schimpf und Schande nach Amerika flüchten musste, das soll nach Möglichkeit außerhalb der Familie niemand erfahren. Aber es gibt eben undichte Stellen wie Grete Bloch.

Das *Eheprogramm*[12] läuft weiter. In Berlin wird über die Aussteuer geredet, über die Möbel für die Prager Wohnung, und es werden Einkäufe gemacht. Am Dienstagnachmittag fahren Kafka, seine Eltern und Ottla nach Prag zurück.

Vier Tage später schreibt Kafka in sein Tagebuch, wie er seine *Verlobungsexpedition* nach Berlin erlebt hat:

Aus Berlin zurück. War gebunden wie ein Verbrecher. Hätte man mich mit wirklichen Ketten in einen Winkel gesetzt und Gendarmen vor mich gestellt und mich nur auf diese Weise zuschauen lassen, es wäre nicht ärger gewesen. Und das war meine Verlobung, und alle bemühten sich mich zum Leben zu bringen, und da es nicht gelang, mich zu dulden, wie ich war. F. allerdings am wenigsten von allen, vollständig berechtigter Weise, denn sie litt am meisten. Was den anderen bloße Erscheinung war, war ihr Drohung.[13]

XIII. Im »Askanischen Hof«

In Berlin hatte Kafka sich zwingen müssen, nach dem Empfangstag bei den Bauers auch noch mit Felice in ein Berliner Geschäft zu gehen, um sich Möbel für eine Prager Beamtenwohnung anzuschauen. Felice fand die schweren und teuren Sessel und Sofas *so herrlich gemütlich*[1]. Kafka kamen sie vor wie Grabplatten. Und vor allem die verschnörkelten Anrichteschränke drückten ihm förmlich auf die Brust. *Wenn bei der Besichtigung irgendwo in der Ferne ein Sterbeglöckchen geläutet hätte*, so wird er Felice später bekennen, *es wäre nicht unpassend gewesen.*[2]

Kafka ist ein Verächter jeder Gemütlichkeit. Schon bei seinem Besuch in Weimar hatten ihm die karg eingerichteten Schlaf- und Arbeitszimmer im Goethehaus gefallen. Der Geheimrat setzte sich tatsächlich lieber auf seinen hölzernen Stuhl als in seinen grünen Sessel. »Eine Umgebung von bequemen Möbeln«, so bekannte Goethe einmal, »hebt mein Denken auf und versetzt mich in einen behaglichen passiven Zustand. Ausgenommen, dass man von Jugend auf daran gewöhnt ist, sind prächtige Zimmer und elegante Hausgeräte etwas für Leute, die keine Gedanken haben und haben mögen.«[3]

Nicht nur gedankenlos, sondern wie lebendig begraben fühlt sich Kafka in Wohnungen, in denen überall Teppiche liegen, der Schreibtisch mit Fotografien voll gestellt ist, die Betten vor Kissen überquellen und in den

Winkeln Kaffeehauspalmen stehen. Die Chancen, dass er selbst bald in einer solchen Wohnung leben wird, sind ziemlich groß. Denn auch seine und Felicens Mutter haben sich zusammengetan und wollen schon dafür sorgen, dass ihre Kinder ein schönes, gemütliches Zuhause bekommen, mit einem »Patentschlafsofa«, mit Polstern, Decken, Federbetten und einem Schlafdivan fürs Herrenzimmer.

Es klingt nicht sehr zuversichtlich, wenn Kafka versucht, mit seinen eigenen Vorstellungen Gehör zu finden. Er kann nämlich sehr wohl auf Möbel verweisen, die ihm gefallen. Am besten die von den »Deutschen Werkstätten«, einem Betrieb, der sehr zweckmäßige und bewusst einfache Wohnungseinrichtungen herstellt. Kafka besucht im Juni 1914 die Produktionsstätten, die bezeichnenderweise nicht in einem Industriegebiet, sondern in der Gartenstadt Hellerau bei Dresden liegen, in unmittelbarer Nachbarschaft einer Künstlerkolonie. Während Otto Pick, der Kafka wieder begleitet, mit Schriftstellern und Malern redet, interessiert sich Kafka mehr für Tische, Stühle und Schränke.

Für seine Eltern sind das freilich Möbel für arme Leute, die sich nichts anderes leisten können. Und auch Felice hält sich mit ihrem Geschmack an die Wohnungseinrichtung, wie Familien ihres Standes sie bevorzugen. Möbel sind für sie umso schöner, je wuchtiger, stabiler und größer sie sind. Das ist übrigens auch eine Vorliebe, die Kafka an ihrer Sprache auffällt. In ihren Briefen verwendet sie oft riesenhafte Worte wie »furchtbar«, »ungeheuer«, »famos«, die Kafka gleichzeitig leer vorkommen und von denen er glaubt, dass sie die richtige Darstellung sozusagen in forciertem Tempo umlaufen.[4] Kafka schätzt eine Sprache, die schnörkellos ist, die Übertreibungen vermeidet, präzise und klar ist und dennoch in die Tiefe geht. Wie schlichte Möbel eben. Das ist nicht nur eine Frage des Stils. Stil ist hier Ausdruck einer Lebensform. Und wenn Felice bei der Auswahl der Einrichtung mit anderen Leuten übereinstimmt, aber nicht mit Kafka, dann gibt sie damit auch einer bestimmten Vorstellung vom Leben Recht, die nicht die Vorstellung Kafkas ist. *Diese anderen*, schreibt er ihr in einem Brief, *sind, wenn sie heiraten, fast gesättigt und die Ehe ist für sie nur der letzte große, schöne Bissen. Für mich nicht, ich bin nicht gesättigt, ich habe kein Geschäft gegründet, das sich von Ehejahr zu Ehejahr weiterentwickeln soll, ich brauche keine endgültige Wohnung, aus deren geordnetem Frieden heraus ich dieses Geschäft führen will – aber nicht nur, dass ich eine solche Wohnung nicht brauche, sie macht mir Angst.*[5]

Ob es um Möbel geht oder um Sprache, Kafka spürt eine grundsätzliche Fremdheit, die Felice offenbar nicht wahrhaben will. Sie glaubt immer noch, dass sich alles zum Guten wenden wird, wenn sie nur erst zusammen sind und über alles reden können.

Anders ist es mit ihrer Freundin Grete Bloch. Sie vermittelt nicht mehr, sondern warnt Felice vor einer Ehe mit Kafka. Erst jetzt, so glaubt sie, sind ihr die Augen aufgegangen darüber, was für ein Mensch Kafka ist, welche Gefahr für Felice. Offenbar hat sie sich lange getäuscht und gedacht, Kafkas Offenheit wäre das Mitteilungsbedürfnis eines schwachen, unsicheren, aber durchaus charmanten Menschen, der gern die Sorgen anderer anhört und seine Sorgen mit ihnen teilt. Und seinen Wunsch nach Nähe hat sie wohl auch missverstanden als den Versuch, hinter dem Rücken Felicens mit ihr zu flirten. Dass sie sich darauf eingelassen und sich auch gewisse Hoffnungen gemacht hat, betrachtet sie jetzt als eine »unverantwortliche Weichlichkeit«. Nun ist sie entsetzt über Kafkas offene Zweifel an der Ehe mit Felice, und sie macht sich Vorwürfe, dass sie auch noch mitgeholfen hat, beide wieder zusammenzubringen. »Dass ich mit Gewalt in einer Verlobung ein Glück für Sie beide sehen wollte und Sie so bestimmt habe, schafft – das ist sicher – eine grenzenlose Verantwortung, der ich mich kaum gewachsen fühle.«[6]

Unter dem Druck ihres schlechten Gewissens entschließt sich Grete Bloch, die Briefe, die Kafka ihr geschrieben hat, Felice zu übergeben – nicht ohne vorher mit einer Schere jene Passagen herauszuschneiden, die den Verdacht nahe legen könnten, dass sie ein doppeltes Spiel getrieben und vertrauliche Einzelheiten über Felice ausgeplaudert hat.

Der Sommer 1914 ist ungewöhnlich heiß. Berlin gleicht im Juli einem Backofen. Kafka ist auf der Fahrt in den

Urlaub, den er in diesem Jahr an der Ostsee verbringen will. In Berlin macht er nur kurz Station, um Felice zu sehen und um mit ihr über ihren bevorstehenden Umzug nach Prag zu reden. Doch Felice will von Umzug nichts wissen. Sie ist wütend und will eine Aussprache, und zwar sofort. Als sie am Sonntag, den 12. Juli nachmittags in den »Askanischen Hof« kommt, ist sie nicht allein. Ihre Schwester Erna begleitet sie und Grete Bloch. Offenbar soll Kafka nicht auf sich allein gestellt sein und so nimmt auch sein Freund Ernst Weiß an der Verhandlung teil. Die Gesellschaft sitzt schließlich in einem Hinterzimmer des Hotels. Das einzige Fenster geht hinaus auf einen Hof, aus dem Lärm und schlechte Gerüche in das Zimmer dringen. Die gegenüberliegende Wand flimmert in der Hitze.

Felice wirkt müde und fahrig. Sie gähnt und fährt sich mit den Händen in die Haare. Doch dann reißt sie sich zusammen und beginnt mit ihrer Anklage gegen Kafka, wobei sie immer wieder Stellen aus Briefen vorliest, die er ihr oder Grete Bloch geschrieben hat.

Kafka findet die Situation *abscheulich*. Dass Grete Bloch mit dabei ist, kann er ja noch verstehen. Aber warum Erna? Weil sie schlechte Erfahrungen mit Männern gemacht hat? Ist Kafka auch ein Schuft, der Felice getäuscht, hintergangen hat? Wenn man Felice zuhört, könnte man das meinen. Feindselig und *kindlich bösartig*[7] klingen ihre Worte. Aber alles, was sie sagt, ist für Kafka nicht neu. Er hat es in Hunderten von Briefen immer

Franz Kafka im Alter von etwa fünf Jahren

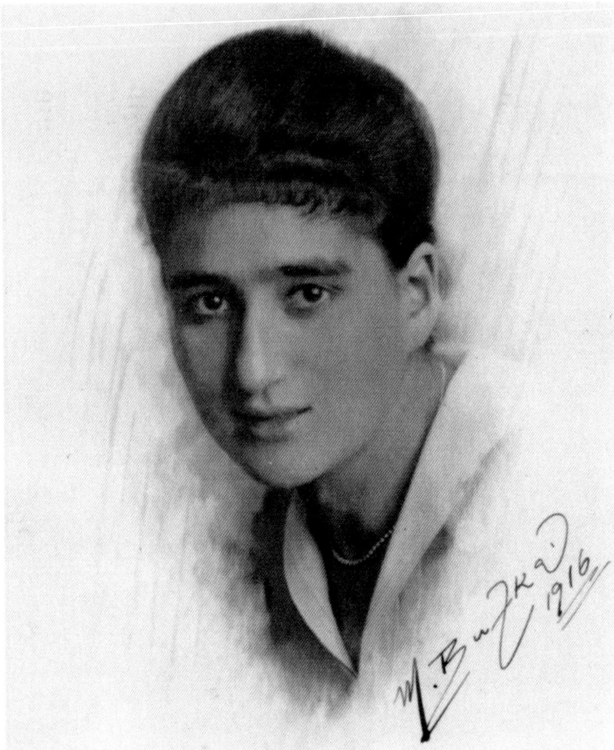

Franz Kafkas Schwester Ottla, 1916

Max Brod, lebenslanger Freund Franz Kafkas

Franz Kafkas Mutter, Julie Kafka, 1910
im Alter von 54 Jahren

Franz Kafkas Vater, Hermann Kafka, 1910
im Alter von 58 Jahren

Franz Kafka und Felice Bauer, 1917

Milena Jesenská

Dora Diamant

wieder angesprochen. Anders ist nur, dass sie ihre Angst nicht mehr unterdrückt, diese Angst, die Kafka oft in ihren Augen gesehen, in ihrem Schweigen gespürt hat und die nun aus ihr herausbricht.

Kafka schweigt zu den Vorwürfen. Es gehört auch zu seinen Eigenschaften, dass er *nicht streiten kann*[8]. Niemals glaubt er, jemanden überzeugen zu können, sondern er erwartet, dass beim anderen die Überzeugung sozusagen von innen her aufblüht. Kafka schweigt, und je länger er schweigt, desto heftiger und persönlicher werden Felicens Vorwürfe. Kafka wehrt sich nicht, er denkt vielleicht an das Ungeziefer, an die Wanze, die er in seinem Hotelzimmer gefunden und nach schwerem Entschluss zerquetscht hat. Für Felice ist dieses Schweigen reiner Trotz oder eben das Eingeständnis seiner Schuld. Und so ist also die Konsequenz unvermeidlich: Die Verlobung wird aufgelöst. Alle erheben sich von ihren Stühlen. Nur Felice bleibt regungslos sitzen, obwohl doch jetzt alles geklärt ist.

Nach dem *Gerichtshof* im Hotel steht Kafka noch ein schwerer Gang zu Felicens Eltern bevor. Er muss es ihnen sagen. Die Bauers sind schon auf das Schlimmste vorbereitet. Sie haben geahnt, dass wieder eine neue Katastrophe auf sie zukommt. Carl Bauer ist eigens von einer Dienstreise nach Berlin geeilt. Was Kafka berichtet, trägt er mit Fassung. Anna Bauer weint. Kafka machen sie keine Vorwürfe. Aber auf Grete Bloch sind sie nicht gut zu sprechen. Diese Freundin mit ihrem schlechten

Einfluss auf Felice. Die Bauers winken Kafka vom Fenster aus nach, als er die Straße entlanggeht.

Die restliche Zeit in Berlin erlebt Kafka wie in Trance. Er geht in eine Schwimmschule am Stralauer Ufer und beobachtet kräftige junge Männer, die wild herumlaufen. Abends sitzt er im Garten des »Askanischen Hofes« und versucht mit einem Messer, einen Pfirsich zu zerschneiden. Ein Wein trinkender Herr am anderen Tisch schaut ihm dabei zu, und Kafka wird unter seinen Blicken immer hektischer, bis er schließlich den malträtierten Pfirsich beschämt weglegt und sinnlos in einer Zeitung blättert. Weit weg von ihm sind die Meldungen von einem drohenden Krieg, nachdem am 28. Juni der österreichische Thronfolger Franz Ferdinand und seine Frau in Sarajewo ermordet worden sind.

Ein anderer Gast, offenbar ein großer Herr, verspeist genüsslich ein Fleischgericht, trinkt Wein und zündet sich eine dicke Zigarre an. Kafka nimmt den saftlosen Pfirsich wieder in die Hand und beißt hinein.[9]

Warum muss er so sein? Warum muss er so trotzig festhalten an seinen Eigenarten, auf Kosten der Nähe zu anderen Menschen? Oder ist es ein- und dieselbe Kraft, die ihn zu anderen hindrängt und wieder wegzieht? Muss er, je mehr er jemanden liebt, desto verbissener sich selbst in Schutz nehmen? Bedeutet Liebe immer auch Selbstverlust? Gehören Liebe und Distanz zusammen? Bei Felice ist es offenbar so. Sie ist seine größte Liebe und sein größter Feind. Mit anderen wie Erna, ihrer Schwester, ist es leichter. Er mag sie und sie scheint ihn auch zu mögen – auch nach dem *Gerichtshof*. Mit Erna geht Kafka an seinem letzten Abend in Berlin in ein Restaurant an der Stralauer Brücke und bestellt Wein und Fleisch. Wenn Felice dabei wäre, da ist sich Kafka ziemlich sicher, hätte er *Knackmandeln* bestellt.[10]

Erna begleitet Kafka am nächsten Tag auch zum Lehrter Bahnhof. Sie versucht ihn zu trösten. Kafka ist aber gar nicht traurig, jedenfalls nicht über die Trennung von Felice, traurig höchstens über sich selbst, darüber, dass sein *Eigensinn* ihm die Verlobung gekostet hat. Anstatt mit Felice in den Urlaub zu fahren und über die Hochzeit zu sprechen, wird er nun also wieder alleine die Tage in einer vegetarischen Ferienkolonie verbringen. Wollte er es nicht so? Und hat er es nicht so bekommen?

Manchmal könnte Kafka seinen *Eigensinn*, der ihn in die Einsamkeit treibt, verfluchen. Warum geht es nicht anders? Ernst Weiß, sein Freund, den er so bewundert und der, wie er einmal sagt, Berlin mit sich herumträgt, fährt mit seiner hübschen Freundin Johanna in den Urlaub. Kafka trifft die beiden in Lübeck, und sie wollen, dass er nicht alleine an der Ostsee herumsitzt, sondern mit ihnen nach Dänemark kommt. Weiß hat im »Askanischen Hof« zu Kafka gehalten. Er hat Felice noch nie leiden können und immer gesagt, dass Kafka froh sein soll, wenn er sie los ist. Es gibt doch genügend Frauen, die besser zu Kafka passen würden. Er darf sich nur nicht immer so verkriechen.

Kafka lässt sich wieder von Weiß' Vitalität anstecken und fährt mit zum Badeort Marielyst auf der Insel Falster.[11] Den Beschluss bereut er bald wieder. Es geht ihm auf die Nerven, dass Weiß und »Hansi«, wie seine Freundin von allen genannt wird, dauernd streiten. Schlimmer noch ist, dass im strohgedeckten Badehotel das Essen schlecht ist und man kein frisches Obst und Gemüse bekommt. Kafka isst fast nur Fleisch und hat das Gefühl, als missbrauche er seinen Körper, der ihm *wie eine fremde Schweinerei* vorkommt.

Nach Prag hat er bereits gemeldet, was sich in Berlin ereignet hat. Seine Mutter war starr vor Schreck, als sie im Lager des Geschäfts den Brief aus Berlin las, und sie hat sich erst nach zwei Tagen getraut, ihn auch ihrem Mann vorzulesen. »Dass Franz Felice in seiner Art sehr gerne hatte, weiß ich«, hat sie tröstend an Anna Bauer geschrieben. »Er hatte aber nie die Gabe besessen, seine Liebe wie andere Menschenkinder zu zeigen.«[12] Auch Ottla erhält eine Karte, die sie wohl beruhigen soll: *Es geht mir verhältnismäßig gut. Jeden Tag das gleiche schöne Wetter, und das gleiche Bad am gleichen schönen Strand.*[13]

Ottla kennt ihren Bruder gut genug, um aus der Postkarte zu lesen, wie öde er diesen Urlaub findet und wie sehr er sich langweilt. Die eintönig schönen Tage verbringt er damit, die anderen Gäste zu beobachten: das jüdische Ehepaar, das hintereinander spazieren geht, der riesige Deutsche mit den Schmissen im viereckigen Gesicht, der freche schöne Junge, der von »Hansi« Zigaretten haben will. Es ist immer ein fremder Blick, den Kafka auf diese Menschen wirft. Er ist äußerlich. Gefühle und Gedanken bleiben verborgen. Kafka glaubt, dass er niemandem wirklich nahe kommen kann, weil er unfähig ist, mitzuerleben und mitzufühlen. Er will ihnen aber auch nicht näher kommen, weil er überzeugt ist, dass alle Menschen eine grundsätzliche Fremdheit trennt. Niemals kann man erfassen, was in einem anderen vorgeht, man kann es höchstens erahnen. Wie *verirrte Kinder im Walde* kommen deshalb Kafka die Menschen vor, und schon als Zwanzigjähriger schrieb er an einen Freund: *Wenn du vor mir stehst und mich ansiehst, was weißt du von den Schmerzen, die in mir sind, und was weiß ich von deinen. Und wenn ich mich vor dir niederwerfen würde und weinen und erzählen, was wüsstest du von mir mehr als von der Hölle, wenn dir jemand erzählt, sie ist heiß und fürchterlich. Schon darum sollten wir Menschen voreinander so ehrfürchtig, so nachdenklich, so liebend stehn wie vor dem Eingang zur Hölle.*[14]

Auch Ernst Weiß ist für Kafka ein Rätsel. Mit seinem Temperament ist Weiß oft so unberechenbar wie der Schauspieler Jizchak Löwy, dabei genauso treu und liebenswert. Kafka bewundert seinen Mut und seine Entschlusskraft, weiß aber gleichzeitig, dass er nie so sein kann. Weiß hat das Manuskript seines zweiten Romans, *Der Kampf*, mit nach Marielyst genommen und Kafka hilft ihm beim Korrekturlesen. Ob er dabei daran denkt, dass nun ein Leben vor ihm liegt, in dem nichts mehr sein Schreiben gefährden wird? Mit der Heirat ist es nichts geworden. Nun tritt Plan B in Kraft – Berlin, für Kafka der Inbegriff von Unabhängigkeit, Selbstständigkeit, einem geglückten Leben. In einem langen Brief teilt er den Eltern mit, was er vorhat: Seine Stelle in der Versicherungsgesellschaft wird er kündigen. Wozu sollte er weiter einen Beruf ausüben, der für ihn nur Mühe und Verdruss bedeutet? Was für einen Zweck soll es haben, die nächsten Jahre immer weiter befördert zu werden und mehr Geld zu verdienen, als er braucht? Wozu? Für wen? Kafka hat 5000 Kronen angespart. Mit diesem Geld kann er zwei Jahre lang leben, ohne Geld verdienen zu müssen. In dieser Zeit wird er sich durch seine literarische und journalistische Arbeit ein Einkommen sichern. Und sei es noch so gering, so wird er doch ein Leben führen, das ihm Selbstachtung und Selbstständigkeit bringt. Er wird sich endlich lebendig fühlen. Und mit einem Sohn, der tut, was er kann, und der glücklich ist, können doch auch die Eltern zufrieden sein.[15]

Am Sonntag, den 26. Juli 1914, reist er zurück nach Prag, um dieses *Mütterchen mit Krallen* nun endgültig zu verlassen. Auf dem Franz-Joseph-Bahnhof ist alles in großer Aufregung. Der Bahnsteig ist voll gestellt mit Soldatenkoffern. Männer in grauen Felduniformen nehmen Abschied von ihren Familien. Es wird geschrien und geweint und man hört patriotische Gesänge. Österreich hat Serbien ein Ultimatum gestellt, von dem jeder weiß, dass es unannehmbar ist. Jeden Tag wird mit der Kriegserklärung gerechnet. Die Hoffnung, dass dies ein lokaler Konflikt bleiben wird, ist unrealistisch. Durch die Bündnisse zwischen den Ländern wird ganz Europa in diesen Krieg mit hineingerissen. Russland wird zu Serbien stehen. Und das mit Österreich verbündete Deutschland wird Frankreich gegen sich haben.

Zu Hause bei den Kafkas ist von der aufgelösten Verlobung und von Franz' Plänen nicht mehr groß die Rede. Der drohende Krieg hat alles verdrängt. Die Schwiegersöhne Karl Hermann und Josef Pollak werden bei der allgemeinen Mobilmachung sofort eingezogen. Kafka begleitet seinen Schwager Karl Hermann zum Bahnhof. Er muss ihn nun wohl wieder in der Fabrik vertreten. Kafka selbst ist für untauglich erklärt, auch Felix Weltsch, Oskar Baum und Max Brod werden nicht eingezogen. Dafür sieht man nun andere Prager Literaten und Künstler wie Franz Werfel, Otto Pick und Willy Haas in Uniform. Sie sind von den Ereignissen total überrollt worden. Nach fast einem halben Jahrhundert ohne Krieg hatten sie dieses Wort schon fast vergessen. »Krieg war für uns ein Wort, das geradezu mittelalterlich klang«, erinnert sich Max Brod später, »mit einem Beigeschmack von Lächerlichkeit und Ritterrüstung«.[16] Und an diesem Vergessen liegt es wohl auch, dass viele nun in den Krieg ziehen wie in ein großes Volksfest. Wenn man den Zeitungen glauben darf, werden die Soldaten ohnehin nur kurz weg sein und den Feinden eine vernichtende Niederlage bereiten.

Kafka nimmt die weltgeschichtlichen Ereignisse dieser Tage nur am Rande wahr. Er ist gerade dabei, sein Leben zu verändern, endlich das zu tun, was allein seinem Dasein einen Sinn, eine Berechtigung verleiht. Dass die Länder Europas im nationalen Größenwahn übereinander herfallen und die Menschen begeistert auf die Schlachtfelder ziehen, das kann ihn nur wenig berühren. *Deutschland hat Russland den Krieg erklärt. – Nachmittags Schwimmschule*, schreibt er am 2. August lapidar in sein Tagebuch.[17] In der Stadt finden Umzüge von Prager Juden statt, die den deutschen Kaiser hochleben lassen, auch weil der seine Soldaten nun gegen das antisemitische Zarenreich marschieren lässt. Kafka steht dabei mit seinem *bösen Blick*. Er findet diese Umzüge widerlich, auch wenn ihm imponiert, wie gut sie organisiert sind.[18]

Kafka kann den Krieg ignorieren. Aber er kann nicht verhindern, dass der Krieg sein Leben beeinflusst. Seine Pläne jedenfalls muss er vorerst auf Eis legen. Es ist nun nicht mehr möglich, einfach nach Deutschland zu reisen, geschweige denn, dorthin umzuziehen. Und in der Versicherungsanstalt wird er dringender gebraucht denn je. In seiner Abteilung, in der er stellvertretender Direktor ist, fehlen jetzt schon viele Mitarbeiter und der Krieg bringt zusätzliche Aufgaben mit sich.

Eine kleine Flucht gelingt Kafka doch noch, wenn auch nur innerhalb von Prag und nicht ganz gewollt. Er muss sein Zimmer im Oppelthaus räumen, weil seine Schwester Elli mit ihren zwei Kindern dort wohnen soll.

Kafka packt seine paar Sachen und zieht in die leer stehende Wohnung seiner schwangeren Schwester Valli, die nun vorübergehend, solange ihr Mann im Krieg ist, bei den Schwiegereltern auf dem Land wohnt. Es ist das erste Mal in seinem Leben, dass Kafka nicht bei den Eltern lebt. Die Wohnung in der Bilekgasse ist ruhig und Kafka ist ganz alleine dort. Er muss daran denken, dass er in einem Monat eigentlich hätte heiraten sollen. Nun wird ihm keine Ehefrau die Tür öffnen, wenn er nach Hause kommt.

Auch seine Mutter denkt noch an die greifbar nahe Hochzeit. Sie hat doch so auf die Klugheit Felicens gebaut und gehofft, dass sie Franz »ummodln«[19] wird. Nun ist außer Spesen nichts gewesen. Und für die Wohnung, die das Brautpaar beziehen sollte, muss man noch ein halbes Jahr Miete bezahlen.

Die Eltern, die Dankbarkeit von ihren Kindern erwarten, wird Kafka in sein Tagebuch schreiben, [...] *sind wie Wucherer, sie riskieren gern das Kapital, wenn sie nur die Zinsen bekommen.*[20]

XIV. Weltenkrieg

Nach jeder Siegesmeldung hängen an den Häusern in Prag die schwarz-gelben österreichischen Fahnen. Das ist Vorschrift. Die Prager Deutschen ziehen mit Begeisterung ihre Flaggen auf. Viele Prager Tschechen folgen nur ungern dieser Anordnung. Sie sind nicht einverstanden mit diesem Krieg, in dem es gegen die slawischen Brudervölker geht, gegen Serben und Russen. Aber während die Deutschen ihre Fahnen bei jedem Regenschauer vorsorglich einrollen, lassen die Tschechen sie bei Wind und Wetter einfach hängen, tagelang, wochenlang. Und so baumeln von vielen Hausdächern dreckige, klatschnasse, verdrehte Lappen. Kein schöner Anblick und eine ziemlich hinterlistige Art, seinen Protest zu zeigen.[1]

Im Oppelthaus am Altstädter Ring, wo Hermann Kafka mit den Seinen wohnt, wird vermutlich darauf geachtet, dass die Fahne immer sauber und trocken ist. Hermann Kafka wäre sicher der Letzte, der sich verbunden fühlt mit den halbwilden Slawen im Balkan. Er sieht bewundernd hinüber nach Deutschland, wo kein Nationalitätenzwist die Kriegesbegeisterung bremst und wo der Kaiser gesagt hat, er kenne keine Partei mehr, nur noch Deutsche. Schließlich war Hermann Kafka auch einmal Soldat, und wenn er jung und gesund wäre, würde er sich wahrscheinlich auch freiwillig melden wie tausende junge Leute in Deutschland, die, wie es heißt, »reinen Herzens« gegen »eine Welt von Feinden« ins Feld ziehen.

Sein einziger Sohn gehört jedenfalls nicht zu diesen jungen Leuten. Er ist für untauglich erklärt. Dafür sind die zwei Schwiegersöhne Soldaten. Josef Pollak alias Peppo, Vallis Mann, ist unterwegs an die Front, und Ellis Mann, Karl Hermann, ist als Leutnant der Reserve Versorgungseinheiten hinter der Frontlinie zugeteilt. Karl Hermann würde dringend gebraucht in der Prager Asbestfabrik. Die Kunden warten auf ihre Ware und durch den Krieg geht die Produktion immer mehr zurück. Karls Bruder Paul kümmert sich vorübergehend um die Geschäfte. Aber wenn auch der, wie zu befürchten, eingezogen wird, muss wieder Franz jeden Tag gedrängt werden, in die Fabrik zu gehen.

Aber Franz hat sich in Ellis Wohnung förmlich verschanzt. Man sieht und hört nichts mehr von ihm. Nur zum Abendessen kommt er noch in das Oppelthaus, isst schweigend seine Nüsse und sein Obst und verschwindet wieder. Seine Hochzeit im Herbst ist abgesagt und wahrscheinlich sitzt er über seinen Heften und schreibt irgendwelche Geschichten.

Franz Kafka hat auf seiner Heimreise von der Ostsee einen Eindruck davon bekommen, wie der drohende Krieg die Menschen zusammenschweißt, wie entschlossen sie sind, sich für ihr Land zu opfern. Und wie so oft hat er bewundert, was ihm selbst nicht möglich ist. Kafka fühlt sich keiner Gemeinschaft zugehörig, nicht den Tschechen, nicht den Deutschen, nicht den Juden und schon gar nicht der österreichisch-deutschen Kriegsallianz. Den Einzelnen liebe er, hat er in einem Brief geschrieben, *die Gemeinsamkeit nicht so.*[2] Und in einer Zeit, in der alle Welt die Gemeinschaft beschwört und der Einzelne nicht viel zählt, zieht sich Kafka fast völlig zurück. Nicht in die Einsamkeit, sondern in eine Begegnung mit sich selbst. *Ich kann wieder ein Zwiegespräch mit mir führen*, schreibt er beglückt in sein Tagebuch, *und starre nicht so in vollständige Leere.*[3]

Dass er wieder ein *Zwiegespräch* führen kann, heißt, dass er wieder schreiben kann. Wenn er mit Max Brod manchmal nach dem Büro ein Stück gemeinsam geht, erwähnt er einen Roman, dem er den Titel *Der Prozess* gegeben hat. Es ist eine Geschichte, die, ähnlich wie *Die Verwandlung*, damit beginnt, dass der Held erwacht und alles verändert findet. Nur hat er sich nicht in einen Käfer verwandelt, sondern fremde Männer sind in seinem Zimmer und im Zimmer der Nebenmieterin, und sie teilen ihm mit, dass er verhaftet ist. *Jemand musste Josef K. verleumdet haben*, so lautet der erste Satz, *denn ohne dass er etwas Böses getan hätte, wurde er eines Morgens verhaftet.*[4] Aber wer lässt ihn verhaften? Und vor allem warum?

Kafka hat das Treffen im »Askanischen Hof«, an dessen Ende die Aufhebung der Verlobung stand, als einen *Gerichtshof* erlebt. Und Felice und Grete Bloch traten auf als seine Richterinnen. Aber das sah nur so aus. In Wirklichkeit war Kafka sein eigener Richter. Denn niemand sieht ihn unverhohlener, keiner ist strenger und unerbittlicher mit ihm als er selbst. Und in dem Hinterzimmer des Berliner Hotels ist er vielleicht schmerzlicher als je zuvor auf ein Dilemma gestoßen worden, das sein Leben ausmacht. Hält er an seinem »Eigensinn« fest, macht er andere unglücklich, enttäuscht sie, und er selbst erscheint undankbar, fremd, unvernünftig, böse, dickköpfig. Wenn er hingegen die Erwartungen anderer erfüllen will, geliebt werden will, verliert er sich selbst, er wird zu einem Gespenst, dem ein Tod droht, der weitaus schrecklicher ist als der natürliche.

Auch für Joseph K., die Hauptfigur in *Der Prozess*, wird nach seiner Verhaftung das Leben zum Kampfplatz. Er wird nicht eingesperrt, kann weiter seiner Arbeit in der Bank nachgehen, weiter seine Freundin besuchen, sich überhaupt frei bewegen. Doch in seinen Alltag drängt sich nun eine andere Wirklichkeit. Als unbescholtener Bürger und Prokurist einer Bank geht Josef K. natürlich davon aus, dass es sich um ein übliches Strafverfahren handelt, da er doch, wie er feststellt, in einem *Rechtsstaat* lebt. Und es stellt sich auch heraus, dass es wirklich ein Gericht gibt, mit allem, was dazugehört: mit Richtern und Anwälten, Amtsstuben und Beamten, Verhandlungen und Strafen. Was aber ist das für ein merkwürdiger riesiger Apparat, dessen Abgesandte, die Josef K. verhaften, sein Frühstück aufessen und sich seine guten Hemden unter den Nagel reißen wollen. Die

Räume des Gerichts befinden sich auf einem stickigen Dachboden, und der Richter bei der ersten Verhandlung hat keine Prozessakten vor sich, sondern ein schmieriges Heft mit Porno-Bildern. Das Seltsame ist, dass Josef K. das alles ganz natürlich findet, und auch dem Leser wird der Eindruck vermittelt, dass noch die bizarrste Szene ein alltägliches Ereignis ist – oder umgekehrt.

Es ist diese Spannung von Vertrautheit und Fremdheit, von Normalität und traumartiger Verrücktheit, die den ganzen Roman durchzieht. Und diese Spannung geht bis in die Sprache hinein. Wenn der Maler Tintorello, den Joseph K. um Hilfe bittet, ihm den Unterschied zwischen wirklichem Freispruch, scheinbarem Freispruch und Verschleppung erklärt, klingt das wie ein logischer juristischer Vortrag. Alle Argumente und Gegenargumente werden abgewogen, die Wörter sind präzise, die Sätze sind wie eine gut geölte Maschine. Im Grunde ist jedoch alles, was der Maler sagt, völlig sinnlos. Unter dem Strich kommt heraus, dass Josef K. machen kann, was er will – der Prozess nimmt seinen Lauf und er wird verurteilt werden.

Alles in diesem Text kommt einem bekannt vor, alles wirkt vertraut, alles ist irgendwie realistisch, und trotzdem rutscht alles ab in eine Fremdheit und eine Rätselhaftigkeit, die Angst macht. Und man ahnt, dass das Gericht allgegenwärtig ist, ein Auge, das ständig über Josef K. schwebt. Und dass er nichts Besonderes verbrochen hat, sondern dass seine Schuld seinem Leben grundsätzlich anhaftet. Weil er ist, wie er ist, ist er schuldig. Und das Gericht verfolgt nicht das Verbrechen, sondern wird, wie es heißt, *von der Schuld angezogen*, kann sich also gar nicht irren.

Der Maßstab des Schreibens ist für Kafka immer noch jene Nacht, in der er in einem Schwung, wie bei einer Geburt, die Erzählung *Das Urteil* niedergeschrieben hat. Aber nun sitzt er über einem Text, der auf Romanlänge angelegt ist, also eine lange kontinuierliche Arbeit erfordert. Kafka kann jedoch nicht den Satz von gestern einfach heute weiterführen. Er ist unfähig, auf lange Sicht eine Geschichte zu entwickeln, sie auszuschmücken oder auf einen Effekt hin zu gestalten. Entscheidend ist, ob er in direkter Verbindung zu seinem *traumhaften innern*[5] Leben steht. Dann ist er im Zustand höchster Konzentration, die gleichzeitig höchste Offenheit und Selbstvergessenheit ist. Wo ihn diese konzentrierte Abwesenheit hinführt, weiß er selber nicht, das entscheidet sich im Moment des Schreibens, nicht vorher, nicht nachher.

Kafkas Schreiben wird somit notwendig sprunghaft. Es entstehen neue Bilder, die zu eigenen Kapiteln werden. Und je nachdem, welche Stelle ihn packt, schreibt er an diesem oder jenem Kapitel weiter. Es kann sogar sein, dass sich ganz andere Bilder ins Schreiben drängen. Dann unterbricht er die Arbeit am *Prozess* und beginnt eine neue Erzählung, etwa die von dem Angestellten bei der *Kaldabahn*, der in den endlosen Weiten Russlands in einer Holzhütte haust, einen sinnlosen Dienst verrichtet und gegen Kälte und Ratten kämpft. Und im Oktober, als Kafka vierzehn Tage Urlaub nimmt, legt er seinen Roman wieder beiseite und schreibt in wenigen Tagen die Geschichte einer Hinrichtung, einer Folterung nieder. In dieser Erzählung *In der Strafkolonie* wird ein Verurteilter von einem Offizier in eine Maschine eingespannt, die ihm den Wortlaut des Gesetzes, gegen das er verstoßen hat, mit scharfen Nadeln in die Haut reißt. Ein Alptraum aus Blut, Gewalt und eiskalter Macht.

Kafka wird schier hinweggerissen vom Strom seiner Inspiration. Sogar den Roman über den jungen Karl Roßmann in Amerika hat er weitergeführt mit einem phantastischen Kapitel über ein Naturtheater in Oklahoma. Wochenlang konnte ihn nichts stören, nicht der Krieg, nicht der Ärger mit der Fabrik und auch nicht, dass er wieder umziehen musste und jetzt in der Wohnung von Ellis Familie bleiben kann, außerhalb des Stadtzentrums, in der Nerudagasse.

Mitten in der intensivsten Arbeit bekommt er einen Brief von Grete Bloch. Er hat seit dem Treffen im »Askanischen Hof« nichts mehr von ihr gehört. Sie hat ein schlechtes Gewissen wegen ihrer dubiosen Rolle bei der Entlobung und hat nun eine Meinung über Felice Bauer, die Kafka gar nicht teilen kann. Für Kafka ist diese Sache eigentlich endgültig erledigt. Trotzdem löst bei ihm diese Erinnerung an Felice wieder eine gewisse *Verlockung* aus.

Er hat oft von Felice geträumt, und Erna Bauer hat ihm geschrieben, wie es ihrer Schwester und der Familie geht. Umgekehrt, aber das weiß Kafka nicht, hatte Felice in Max Brods Frau Elsa eine Verbündete in Prag, die sie über ihren Ex-Verlobten auf dem Laufenden hielt.

Felice meldet sich wieder bei Kafka, und er schreibt ihr einen viele Seiten langen Brief, in dem er ihr klar und bestimmt erklärt, warum sie nicht füreinander geschaffen sind. Statt der erhofften ausführlichen Antwort erhält Kafka von Felice die kurze Nachricht, dass ihr Vater völlig überraschend verstorben ist, mit achtundfünfzig Jahren, an einem Herzinfarkt.

Kafka fühlt sich schuldig an diesem Tod. Hat er nicht durch seinen verfluchten Eigensinn die Familie noch tiefer ins Unglück gestürzt und dem ohnehin schon geplagten Familienvater sozusagen den Rest gegeben? Wie immer, wenn Kafka sich verantwortlich fühlt für die Folgen seines sonderbaren Wesens, hat er das Bedürfnis, sich zu bestrafen. Und am liebsten wäre es ihm, wenn man ihn für tauglich erklären und als Soldat an die vorderste Front schicken würde.

Dort, an den Fronten des Ersten Weltkrieges, sterben täglich an die 6000 Soldaten und mehr als doppelt so viele werden verletzt. Auch die Prager können nun hautnah erleben, was Krieg bedeutet. Ein Strom von Flüchtlingen überschwemmt die Stadt. Zerlumpte Gestalten, die vor den heranhahenden russischen Armeen aus ihren Häusern und Höfen in Galizien und der Bukowina geflohen sind. Sie sind der lebende Beweis dafür, dass der österreichische Plan einer schnellen Strafaktion gegen die Serben gründlich misslungen ist. Die Serben schlugen die Angriffe der k.u.k. Armeen nicht nur zurück, sondern gingen selbst in die Offensive über. Und an der zweiten Front gegen Russland wurden die österreichischen Einheiten schlicht überrannt und Städte wie Lemberg mussten aufgegeben werden.

Hatten die Prager Juden die Lemberger Schauspieltruppe um Jichzak Löwy noch ignoriert oder über sie die Nase gerümpft, so können sie nun vor der Not der ostjüdischen Flüchtlinge nicht die Augen verschließen. Schließlich sind es Glaubensbrüder und Opfer eines Krieges, den man selbst bejubelt, auch wenn deren religiöse Gebräuche, ihr Aussehen und ihr Benehmen noch so fremd sind. Es werden Sammlungen, Begegnungsabende und Fortbildungsveranstaltungen durchgeführt, und jeder hilft, wie er eben kann. Das Galanteriewarengeschäft Hermann Kafka spendet hundert Paar Mädchenstrümpfe.[6] Und Max Brod will dafür sorgen, dass die Mädchen in die Werke der Weltliteratur eingeführt werden. Kafka schaut öfter bei den Unterrichtsstunden seines Freundes vorbei, interessiert sich aber weniger für Homer und Shakespeare als für die olivbraune Haut, die dunklen Augen und das naive Selbstbewusstsein der galizischen Schönheiten.

Was in der Heimat dieser Flüchtlinge vor sich geht, das erfahren die Prager weniger aus den Zeitungen als von den Soldaten, die von der Front zurückkommen. Peppo, Vallis Mann, hat sich die Hand verletzt und ist nun für einige Wochen zu Hause. Er hat geweint vor Empörung, als er seinen früheren Chef sah, der elegant angezogen und mit Gucker um den Hals ins Theater ging. Peppo schreit und ist völlig außer sich, wenn er vom Krieg erzählt. Er hat die Soldaten gesehen, die bei klirrender Kälte zur Strafe an einen Baum gebunden wurden, bis sie blau waren. Er hat seinen Hauptmann gesehen, wie er in die Hände der Feinde fiel und wie er am nächsten Tag nackt und von Bajonetten durchbohrt im Wald gefunden wurde. Peppo selbst lag einmal im Schützengraben, als ein Maulwurf unter ihm wühlte. Er nahm es als ein Zeichen und rückte von der Stelle weg, als gleich darauf ein Schuss den Soldaten traf, der ihm nachgekrochen war.[7]

Kafka hat früher seinem Schwager nie zugehört, wenn der wieder eine seiner Anekdoten zum Besten gab. Doch was Peppo vom Krieg erzählt, notiert sich Kafka in sein Tagebuch. Wenn er allerdings sagen soll, was er vom Krieg hält, bleibt er stumm. Die Schlagzeilen in den Zeitungen und das Gerede im Büro lösen nichts in ihm aus. Ganz im Gegensatz zu den Gedanken und Bildern, die ihn in den langen Nächten aufwühlen. Kafka kommt sich selber vor wie ein Maulwurf, der sich in seinem Bau verkriecht und alle Zugänge gegen Feinde versperrt. Doch auf die Dauer kann er nicht alle Störungen von sich fern halten, schon gar nicht in Kriegszeiten.

Wie befürchtet wird auch Karl Hermanns Bruder Paul Anfang Januar 1915 eingezogen. Und nun gibt es in der Familie wirklich niemanden mehr, der Kafka den Ärger mit der Asbestfabrik abnehmen könnte. Es bleibt ihm nichts anderes übrig, als nachmittags wieder in das Betriebsgebäude zu gehen, das ganz in der Nähe von Ellis Wohnung liegt und wo die Maschinen jetzt stillstehen. Wegen des Krieges bekommt man keine Rohstoffe mehr. An die Kunden kann nur noch geliefert werden, was man auf Lager hat. Abends, wenn Kafka im Oppelthaus bei seinen Eltern ist, geht es wieder los mit den Klagen der Mutter und den Vorwürfen des Vaters, dass Franz ihn in diese Sache *hineingetanzt*[8] hat.

Es ist nicht nur die Fabrik, die Kafka aus dem Schreiben reißt. Es ist auch Felice. Monatelang hat er an sie nur noch gedacht wie an eine Tote. Jetzt dreht sich in seinem Kopf wieder alles um sie. Er kann sich auch vorstellen, sie wiederzusehen. Er will sie sogar treffen. Aber inzwischen kann er nicht mehr einfach in den Zug steigen und nach Berlin fahren. Die Prager Behörden können oder wollen ihm die nötige Erlaubnis nicht ausstellen, jedenfalls nicht so bald.

Es gibt aber noch eine Möglichkeit. Viele Paare, die durch den Krieg getrennt sind, treffen sich in Bodenbach, einem Ort an der böhmisch-deutschen Grenze. Kafka und Felice verabreden sich dort für das vorletzte Wochenende im Januar. Kafka reist schon am Samstag an und mietet ein Hotelzimmer. Felice kommt erst am

Sonntag. Nach einem gemeinsamen Essen verbringen sie dann zwei Stunden im Hotelzimmer.

Kafka hat immer schon Angst gehabt, mit Felice allein zu sein. »Wie brav wir hier beisammen sind«, sagt Felice.[9] Kafka tut so, als hätte er diesen Ausruf, der auch ein Aufruf war, nicht gehört. Vielleicht denkt er daran, dass er schon einmal mit einer Frau in einem Hotelzimmer war. Das wird er nie vergessen.[10] Damals war er etwas über zwanzig Jahre alt und die Familie wohnte in der Zeltnergasse im ersten Stock. Kafka stand kurz vor dem juristischen Staatsexamen, es war ein heißer, schöner Sommer, und er ging in seinem Zimmer auf und ab und büffelte römische Rechtsgeschichte, ein Stoff, den er zwischen den Zähnen kaute wie trockenes Holzmehl. Wenn er am Fenster vorbeikam, sah er hinunter auf das gegenüberliegende Konfektionsgeschäft, wo das Ladenmädchen vor der Tür stand. Per Handzeichen verständigten sie sich. Und am Abend wartete Kafka vor ihrer Wohnung beim Fleischermarkt und sie gingen in ein Hotel auf der Kleinseite. Als sie am nächsten Morgen, es war schon früh wieder heiß und schön, über die Karlsbrücke nach Hause gingen, war Kafka glücklich und entsetzt. Glücklich, dass er endlich Ruhe hatte vor dem *ewig jammernden Körper*, und entsetzt, weil das Ganze für ihn so *schmutzig* und *abscheulich* gewesen war.

Er war mit dem Mädchen noch ein zweites Mal im Hotel, aber nach den Ferien ging er ihr aus dem Weg und das Mädchen verfolgte ihn mit fragenden Blicken.

Wie sollte sie auch verstehen, dass sie nun seine *Feindin* war. Sie konnte nichts dafür. Was sie im Hotel gesagt und getan hatte, war ganz unschuldig. Nur für Kafka blieb die Erinnerung, und die war verbunden mit dem Wissen, dass dieses *Abscheuliche und Schmutzige* immer dazugehört. Und es ist etwas, dem er mit letzter Kraft ausweicht, und gleichzeitig hat es ihn mit *wahnsinniger Gewalt* in das Hotel gezogen. So war es damals und so blieb es immer.

Kafka schläft nicht mit Felice. Er sieht ein, dass die Nähe ihn zu falschen Hoffnungen verführt hat. Im Grunde sind sie beide gleich geblieben, sie gehen behutsam miteinander um und sind doch *erbarmungslos* zueinander. Nur dass Kafka sich schuldig fühlt und Felice nicht. Darum kann sie verletzend sein, auch wenn sie das nicht will und nicht merkt. Sie hat Recht, wenn sie Kafka vor dem Kellner korrigierte, weil er wieder in sein Prager Deutsch verfallen ist und statt »wenn« »bis« gesagt hat. Er kann es ihr auch nicht verübeln, wenn sie wieder über eine zukünftige Wohnungseinrichtung redet, die behaglich sein und eine »persönliche Note« haben soll. Und kann man es nicht auch verstehen, wenn sie Kafka auffordert, doch aus der Asbestfabrik etwas zu machen?[11] Felice meint es nur gut, auch als sie Kafkas Uhr, die seit einem Vierteljahr eineinhalb Stunden vorausgeht, auf die richtige Zeit einstellt.

Im Hotelzimmer liegt Felice auf dem Sofa. Sie ist müde von der langen Anreise und hört mit geschlossenen

Augen Kafka zu, der ihr einige Sachen vorliest, die er in letzter Zeit geschrieben hat. Es geht um einen Mann vom Lande, der zum *Gesetz* will und von einem Türhüter abgehalten wird. Vergeblich wartet der Mann jahrelang auf die Erlaubnis, durch das offene Tor gehen zu dürfen. Erst kurz vor seinem Tod erfährt er, warum nie jemand außer ihm hier Einlass verlangt hat, wo doch alle zum Gesetz wollen: Dieser Eingang war nämlich nur für ihn allein bestimmt.

Im Hotelzimmer mit Felice glaubt Kafka selbst erst die Bedeutung dieser Erzählung *Vor dem Gesetz* zu verstehen. Er hat sie widerwillig vorgelesen und keine Verbindung mit Felice gespürt. Die wenigen Stunden in Bodenbach waren keine gute Zeit. Kafka hat keine Minute frei atmen können. Dabei war es das erste Mal, dass sie ohne die Aufsicht der Familien zusammen waren. Alles schien möglich. Aber dann waren die alten Hindernisse doch wieder stärker. *Jeder liebt den anderen, so wie dieser andere ist*, schreibt Kafka nach der Rückkehr in sein Tagebuch. *Aber so, wie er ist, glaubt er mit ihm nicht leben zu können.*[12]

Paul Hermann wird schon nach vier Wochen als Soldat in Prag stationiert und kann sich wieder nebenbei um die Asbestfabrik kümmern. Für Kafka das Signal, sich wieder von seinen Verpflichtungen zurückzuziehen. Aber die Ruhe, die er so sehnlich sucht, findet er nicht. Elli und ihre Kinder wollen wieder in ihre Wohnung und Kafka muss sich eine neue Bleibe suchen. Eigentlich könnte er jetzt wieder sein altes Zimmer bei den Eltern beziehen. Doch dorthin will er nicht mehr zurück. Die eigenen ungestörten, ruhigen vier Wände sind ihm jetzt unverzichtbar. Ruhig vor allem muss die Wohnung sein. Zu laut ist ihm jedenfalls das Zimmer in dem Haus, in welchem auch Vallis Wohnung liegt, in der Bilekstraße, obwohl er von seinem Nachbarn kaum etwas mitbekommt und die Wirtin darauf achtet, dass ihr überempfindlicher Untermieter nicht gestört wird. Schon nach fünf Wochen kündigt er und mietet sich Mitte März im Haus »Zum goldenen Hecht« in der Langen Gasse ein. Die Räume im vierten Stock sind groß und hell und man hat über die Dächer der umliegenden Häuser einen wunderbaren Blick. Zudem steht die Wohnung darüber, ein Atelier, leer.

Peppo, also Vallis Mann Josef Pollak, hat seine verletzte Hand ausgeheilt und ist wieder an die Front abkommandiert worden. Dort, in den Karpaten, tobt eine der blutigsten Schlachten des Weltkrieges. Kaum ein Soldat kommt heil aus diesem Gemetzel heraus. Peppo hat Glück. Er klemmt sich den Ischiasnerv ein und wird hinter die Linien in ein Lazarett gebracht.

Wahrscheinlich landet Peppo in der Nähe jener Versorgungseinheit, zu der auch Karl Hermann gehört. Sein Dienst ist so wenig gefährlich, dass er sogar von Angehörigen besucht werden darf, sofern sie eine so beschwerliche und unkalkulierbare Zugreise wagen. Elli Hermann hat ihren Mann seit Kriegsbeginn nicht mehr gesehen und ist entschlossen, alle Strapazen auf sich zu nehmen. Die Familie erlaubt es ihr nur, wenn jemand sie begleitet, und dafür kommt nur ihr Bruder Franz in Frage.

Ausgerüstet mit Legitimationspapieren fahren Kafka und seine Schwester also am Donnerstag, den 22. April 1915, los Richtung Krieg, über Wien nach Budapest und dann in nordöstlicher Richtung. Hier verkehren die Züge nicht mehr nach Fahrplan und halten oft aus unerklärlichen Gründen. Kafka hat sich lustlos in die Ecke seines Coupés gezwängt. An den Unterhaltungen über den Krieg nimmt er nicht teil, weil er glaubt, einfach keine *mitteilungswürdige Meinung* zu haben. Dafür beobachtet er sehr genau seine Mitreisenden und ihre Eigenheiten.[13]

In Sátoralja-Ujhely geht es nicht mehr weiter. Nach langen Verhandlungen erhält Kafka die Erlaubnis, am nächsten Tag den Postzug zu benutzen, der ihn und Elli schließlich zu Karl Hermann bringt. Seine Schwester will noch länger bei ihrem Mann bleiben. Kafka will so schnell wie möglich zurück.

Ende April sitzt Kafka wieder in seinem Eckzimmer im vierten Stock des Hauses »Zum goldenen Hecht«. In seine Ohren hat er sich »Ohropax« gestopft. Er fühlt sich vom Lärm verfolgt. Aus dem Zimmer über ihm, das eigentlich leer steht, kommen Geräusche, als hätte da jemand eine Kegelbahn aufgestellt. Hinter der rechten Wand hört es sich so an, als ob da Baumstämme abgeladen werden. Und unter ihm wohnt eine Familie mit Kindern, die von früh bis spät lärmen.

Wenn Kafka auf seinem Balkon steht, kann er in die Fenster der gegenüberliegenden Wohnung sehen. Es sind die Zimmer, die er und Felice eigentlich beziehen wollten und in denen sie jetzt leben würden, wenn alles anders gekommen wäre. Abends ist hinter den drei Fenstern lange Licht. Nicht so lange freilich wie bei Kafka.

Wenn der Krieg vorbei ist, will er wieder einen Anlauf machen, von Prag wegzukommen. Was soll er hier, noch dazu alleine? Vor kurzem ist sein Gehalt um 1000 Kronen erhöht worden. Was soll er damit? Dadurch, so kommt es ihm vor, ist die Grube, in der er sitzt, nur noch tiefer gegraben worden. Aber allein möchte er nicht leben. Er braucht jemanden, der einen so seltsamen Menschen wie ihn versteht. Das wäre für ihn der größte Halt, das wäre wie *Gott haben*[14]. Felice versteht ihn eigentlich gar nicht, obwohl er eine starke innere Beziehung zu ihr verspürt. Und er malt sich immer wieder aus, wie es wäre, sich von allem, was mit Prag zusammenhängt, frei zu machen, in der Fremde zu leben, mit Felice.

Aber noch ist Krieg. Anfang Juni muss Kafka wieder zur Musterung. *Du sollst wünschen, dass ich genommen werde*, schreibt er an Felice, *so wie ich es will.*[15]

XV. Unter dem schwachen Licht eines Engels

Engel sind Zwischenwesen. Sie sehen aus wie Menschen, haben aber Flügel und manchmal ein Flammenschwert in der Hand. Sie sind Abgesandte einer jenseitigen Welt, überbringen göttliche Botschaften oder wachen mit himmlischer Sorge über uns Menschenkinder. Woher kommen sie? Von dort, wohin unsere Sehnsüchte gehen und woher wir Hilfe erhoffen. So gesehen sind Engel Botschafter von Befreiung, von Erlösung. Und gerade der hofft auf einen Engel, der aus eigener Kraft die Wände seines selbst gemauerten Kerkers nicht durchbrechen kann.

Kafka tagträumte von einem Engel. Von frühmorgens bis abends war er, der Verzweifelte, in seinem Zimmer auf und ab gegangen. Dann fiel sein Blick zufällig zur Decke, wo sich an den Rändern Risse bildeten. Kleine Mörtelstücke fielen herab, stoßweise drängte sich etwas Weißes, dann Violettes durch die Decke. Umrisse zeigten sich, ein Arm wurde sichtbar, dann ein silbernes Schwert:

Es galt mir, das war kein Zweifel, eine Erscheinung, die mich befreien sollte, bereitete sich vor. [. . .] *Noch aus großer Höhe, ich hatte sie schlecht eingeschätzt, senkte sich im Halbdunkel langsam ein Engel in bläulich violetten Tüchern, umwickelt mit goldenen Schnüren, auf großen weißen seidig glänzenden Flügeln herab, das Schwert im erhobenen Arm waagrecht ausgestreckt. »Also ein Engel!«, dachte ich, »den ganzen Tag fliegt er auf mich zu, und ich in meinem Unglauben wusste es nicht. Jetzt wird er zu mir sprechen.«*

Der Zeuge dieser Erscheinung senkte seinen Blick und erwartete die Worte des Engels. Als er wieder hochschaute, war die Decke weiß und unbeschädigt wie zuvor. Es hing da nur ein bemalter Holzengel, ein Kerzenhalter. Er, der so auf seine Befreiung gehofft hatte, steckte nun eine neue Kerze in den hölzernen Schwertknauf und saß dann bis tief in die Nacht *unter dem schwachen Licht des Engels.*[1]

Kafkas Wunsch geht in Erfüllung. Er wird bei der Musterung am 3. Juni 1915 wirklich für tauglich erklärt. Doch sein Arbeitgeber erreicht beim Militärkommando, dass er nicht eingezogen wird, weil er in seiner Abteilung unentbehrlich ist. Für Kafka hat sich wieder eine Tür geschlossen, durch die er Prag und seinem Leben hier hätte entkommen können. Dass er vielleicht als Soldat mit der Waffe in der Hand in einen Krieg geschickt worden wäre, in dem täglich tausende sterben oder mit einem *Schock* zurückkehren, das ist ihm egal. Hauptsache, weg von Prag. Hier ist er vom *heimatlichen Rudel* umgeben und muss sein bisschen Freiheit mit Krallen und Zähnen verteidigen. Immerhin hat er eine eigene Wohnung, das ist aber nur ein Schritt hin zu der großen Befreiung. Denn er, der sein Leben lang unselbstständig war, hat, so schreibt er einmal an Felice, *ein unendliches Verlangen nach Selbstständigkeit, Unabhängigkeit, Freiheit nach allen Seiten.*[2]

Eigentlich hätte er schon 1912 Prag verlassen sollen, damals, als er Felice kennen lernte. Er hat es nicht getan und musste also weiterleben mit dieser unstillbaren Sehnsucht, die, trotz schlechter Erfahrungen, mit Felice verbunden bleibt. Kafka hat sie nach dem Treffen in Bodenbach wieder gesehen. Sie haben zwei Tage in der Böhmischen Schweiz verbracht, und dieses Mal war auch Grete Bloch dabei, damit sie sich sozusagen nicht zu nahe kommen. Dazu hätte es Grete Bloch nicht gebraucht, denn Felice hatte andauernd Zahnschmerzen. Wenigstens, und das hat Kafka genossen, durfte er sie bemitleiden und trösten und ihr Aspirin besorgen.

Felice ist nicht mehr so unerbittlich und kindlich böse gegen ihn wie noch bei der großen Abrechnung im »Askanischen Hof«. Sie ist sanfter, bemühter, und sie kann sich sogar vorstellen, nach Prag zu ziehen. Das kommt aber für Kafka nicht mehr in Frage. *Wir müssen neu anfangen*, hat er ihr geschrieben.[3] Und das verlangt er in erster Linie von sich. Er muss endlich andere Lebensumstände schaffen. Wenn nur der Krieg nicht wäre, der ihn in Prag buchstäblich gefangen hält. Wie lange er noch dauert, das vermag niemand zu sagen.

Auch Max Brod geht es nicht gut. In seiner Ehe ist er nicht glücklich. Sein Traum, endlich als freier Schriftsteller von seinen Büchern zu leben, hat sich immer noch nicht erfüllt. In einem Streit mit dem Wiener Literaturpapst Karl Kraus hat er viele Schläge abbekommen. Und der Krieg hat viele seiner literarischen Verbindungen, vor allem ins Ausland, zerschnitten.

In diesem Unglück hat er nun seine religiösen Wurzeln entdeckt und daraus auch ein neues Buch gemacht. In *Tycho Brahes Weg zu Gott* stellt er zwei historische Personen gegenüber: die Astronomen Johannes Kepler und Tycho Brahe. Während Kepler die Welt rein naturwissenschaftlich erklärt, will Tycho Brahe auf Gott nicht verzichten und sucht einen Sinn »hinter dem Wust von irdischem Unglück«. Der berühmte Rabbi Löw öffnet ihm schließlich die Augen, und Tycho Brahe stirbt in dem Wissen, dass die ganze Schöpfung von einer göttlichen Ordnung zusammengehalten wird.

Max Brod sucht selber die Nähe zu erleuchteten Führern. Man sieht ihn nun häufig in Begleitung von Mordechai Langer, einem orthodoxen Juden, der überall, wo er in Prag auftaucht, für Aufsehen sorgt. Georg Langer, wie er früher hieß, stammt aus einer assimilierten großbürgerlichen Prager Familie. Er war fast noch ein Jugendlicher, als er sein Elternhaus und die Stadt verließ und einem Wunderrabbi in Galizien folgte. Zum Schrecken seiner Eltern ist er wieder nach Prag zurückgekehrt und geht nun durch die Gassen mit seidenem Kaftan, breitkrempigem Pelzhut und langen Schläfenlocken.

Langer und Brod nehmen Kafka mit zu einem Wunderrabbi, den der Krieg aus Galizien nach Prag verschlagen hat. Dieser Rabbi von Grodeck ist in einem schäbigen Gasthof untergekommen. Sein Zimmer ist voller Männer und junger Leute, und Kafka, Brod und Langer drücken sich in eine Ecke. Nach dem Gebet werden sie aufgefordert, bei einer Zeremonie zum Sabbatausgang, der so genannten »Dritten Mahlzeit«, teilzunehmen. Der Wunderrabbi sieht ziemlich wild aus. Unter seinem seidenen Kaftan sieht man die Unterhose und auf seinem Nasenrücken wachsen Haare. Er schnäuzt durch die Hand auf den Fußboden und greift beim Essen mit den Fingern in die Speisen. Während der rituellen Mahlzeit wird geflüstert und gesungen. Für Max Brod sind das »Urlaute eines alten Volkstums«, die ihm unter die Haut gehen. Kafka macht auf ihn den Eindruck, als ob er das alles nur kühl beobachtet. Und es enttäuscht ihn wohl doch ein wenig, als Kafka auf dem Nachhauseweg meint: *Genau genommen war es etwa so wie bei einem wilden afrikanischen Volksstamm. Krasser Aberglauben.*[4]

Woran aber glaubt Kafka? Worauf hofft er? Jedenfalls nicht auf ein Wunder. Ausgerechnet am 24. Dezember 1915, an Heiligabend, nimmt er seinen ganzen Mut zusammen, um mit seinem Abteilungsleiter Eugen Pfohl über seine Lage zu reden. Er hat sich vorgenommen, dieses Mal hart zu bleiben und sich nicht abspeisen zu lassen. Kafka erklärt Pfohl, dass er krank oder irrsinnig wird, wenn er so weitermacht. Ein Urlaub würde auch nicht helfen. Und kündigen kann er momentan nicht, der Eltern und der Asbestfabrik wegen. Also bleibt als

Lösung nur, dass ihn die Arbeiter-Unfallversicherung für den Militärdienst freigibt.

Pfohl hört geduldig zu, aber Kafkas Schlussfolgerung kann er nicht zustimmen. Er braucht ihn notwendig in seiner Abteilung. Für ihn ist Kafka einfach nur überarbeitet. Und er bietet ihm an, mit ihm gemeinsam eine *Hämatogenkur* zu machen.[5]

Kafka hat also wieder nachgegeben. Immerhin ist er erleichtert, dass er so offen mit seinem Chef gesprochen und sogar das Wort »Kündigung« in den Mund genommen hat. Aber wie erbärmlich wenig hat er erreicht im Vergleich zu dem, was er durchsetzen wollte. Warum kann Kafka nicht radikal sein wie ein Georg Langer und rücksichtslos seinen Weg gehen? Ist es wirklich nur, wie er meint, seine *beamtenmäßige Zukunftsfurcht* und ein *vom Vater gebrochener Wille*?[6] Obwohl es bei ihm um alles oder nichts geht, nimmt er Rücksicht auf seine Eltern und die Asbestfabrik. Er fühlt sich seinem Chef verpflichtet und will die überarbeiteten Kollegen nicht im Stich lassen. Warum kann er nicht ein Mal nur an sich denken? Kafka kann es nicht. Genauso wenig wie er sich betrinken oder jemanden anlügen kann. Genauso wenig wie er im Büro irgendwelche Ausreden erfinden konnte, um zu Felice nach Berlin zu fahren.

Kafka kann es nicht. Er ist so hoffnungslos naiv und wehrlos wie Karl Roßmann in seinem *Amerika*-Roman. Nach seinem Rauswurf beim Onkel schließt sich Karl zwei Landstreichern an, Delamarche und Robinson.

Karl will ihr Freund sein, doch die beiden nutzen ihn nur nach Strich und Faden aus. Und das Schlimme ist, dass er nicht daraus lernt. Immer wieder vertraut er ihnen und immer wieder wird er hintergangen. Er verliert wegen des betrunkenen Robinson schließlich seinen Job als Liftboy im »Hotel Occidental«. Verdächtigungen und Vorwürfe prasseln von allen Seiten auf ihn nieder, und obwohl Karl schuldlos ist und nur vorbildlich und fleißig seine Arbeit tun wollte, kann er sich nicht wehren. Wie ein Verbrecher muss er fliehen, um dann wieder auf seine falschen Freunde hereinzufallen, die ihn wie einen Sklaven in der Wohnung von Delamarches Freundin Brunelda gefangen halten.

Im letzten Kapitel, das Kafka geschrieben hat, kommt Karl Roßmann zum Naturtheater von Oklahoma. Angelockt wurde er von großen Plakaten, die verkündeten, dass dieses Theater jeden aufnimmt: *Jeder ist willkommen! Wer Künstler werden will, melde sich! Wir sind das Theater, das jeden brauchen kann, jeden an seinem Ort!*[7] Am Eingang zu der großen Anlage des Naturtheaters stehen Engel, die alle Ankommenden mit ihren Trompeten begrüßen. Es sind keine richtigen Engel, sondern Frauen mit Flügeln, die auf unterschiedlich hohen Podesten stehen, die von den langen weißen Kleidern verdeckt werden.

Karl Roßmann wird tatsächlich beim Theater aufgenommen, als *technischer Arbeiter.* Und es wundert ihn, dass auch besitzlose und verdächtige Leute hier *so gut empfangen und behütet* werden. Es ist das erste Mal, dass ihm geholfen wird, ohne dass er sich verstellen muss oder man ihn ausnützen will. Im Naturtheater von Oklahoma leuchtet eine Utopie auf, die Utopie, dass jeder so angenommen wird, wie er ist, mit seinen Begabungen und Schwächen, ohne Vorleistungen und Erwartungen.

Am Schluss des Kapitels fährt Karl mit dem Zug durch Amerika, so sorgenlos wie noch nie. Seine Reise ist noch nicht zu Ende. Kafka schwebt ein Happy End für seinen Helden vor. Er wird aber diesen Roman nie vollenden und außer dem ersten Kapitel vom Heizer wird auch nichts davon veröffentlicht werden.

Anfang 1916 scheint es so, dass Kafka nicht einmal die zugesagte Woche Urlaub vergönnt ist. Laut einem Regierungsbeschluss dürfen alle, die aus beruflichen Gründen vom Militärdienst befreit sind, keinen Urlaub mehr nehmen. Außerdem muss Kafka nun nachmittags zwei Stunden mehr arbeiten. Er schläft kaum noch und hat rasende Kopfschmerzen.

In seiner Not nimmt Kafka Anfang Mai einen zweiten Anlauf und schreibt einen Brief an den Direktor der Arbeiter-Unfall-Versicherung, Robert Marschner, in dem er um unbezahlten Urlaub oder Freigabe zum Militärdienst bittet. Marschner bestellt ihn zu einem Gespräch, das wie erwartet endet. Der Direktor, der *freundlich und teilnehmend* ist, bietet ihm einen dreiwöchigen Urlaub an, von einer Freistellung zum Militär will er nichts wissen.[8]

Kafka gibt sich zufrieden mit den versprochenen drei Wochen Urlaub, obwohl er weiß, dass das keine Lösung ist.

Und Felice? Soll er mit ihr den Urlaub verbringen? Eigentlich will Kafka nicht. Diese kurzen Treffen haben für ihn immer *etwas Provisorisches*[9] und so ein probeweises Zusammensein endet doch nur in Missverständnissen und enttäuschten Hoffnungen. Andererseits schreibt nun Felice plötzlich, dass sie mit ihm auch in ein Sanatorium gehen würde. Kafka weiß nicht recht, ob sie das nur ihm zuliebe sagt. Aber schon die kleinste Möglichkeit, dass Felice von sich aus die gleichen Interessen entwickelt wie er, macht ihn ganz hoffnungsfroh. In ein Sanatorium will er allerdings nicht. Er will nach Marienbad, einem exklusiven Kurort, wo er im Mai geschäftlich war und das er *unbegreiflich schön* fand.

Felice holt Kafka vom Bahnhof ab, als er am Sonntag, den 2. Juli 1916 in Marienbad ankommt. Felice ist lieb und nett. Kafka ist ein Häuflein Elend. Als er am Samstag seinen Schreibtisch aufräumte und alles in *musterhafter Ordnung* hinterließ, schwebte er fast vor Glück die Treppen der Versicherungsanstalt hinunter. In der Nacht hatte er dann einen grauenhaften Traum, der die Vorfreude auf den Urlaub trübte. Und gründlich verdorben wurde sie ihm dann auf der Hochzeit seines Vetters Robert Kafka, zu der er am Sonntagvormittag musste. Als er dann nachmittags nach Marienbad abreiste, war sein Bedürfnis nach Gesellschaft offenbar für lange Zeit gestillt.

Die erste Nacht im »Hotel Neptun« kann Kafka nicht schlafen. Vielleicht auch, weil Felices und sein Zimmer nur durch eine Verbindungstür getrennt sind und auf beiden Seiten Schlüssel stecken. Felice hat die Tür sicher nicht abgesperrt. Kafka würde es wohl gerne. Gleich am nächsten Tag, seinem dreiunddreißigsten Geburtstag, wechselt er mit Felice in das »Hotel Balmoral«, einen vielstöckigen Prachtbau mit Erkern und Türmchen, und sie bekommen zwei schöne Zimmer, offenbar ohne Verbindungstür.

Kafka ist absolut nicht in der Stimmung, mit Leuten zusammen zu sein, auch und gerade nicht mit Felice. Er hat starke Kopfschmerzen und wälzt sich nachts schlaflos in seinem Bett. Hinzu kommt, dass das Wetter miserabel ist. Spaziergänge in den Wäldern und Parks müssen sie in strömendem Regen machen. Felice gibt sich alle Mühe, auf Kafka zuzugehen, ihn aufzumuntern. Doch Kafka ist wie gefangen in seiner Verzweiflung. Er fühlt sich wie eine *Ratte in ihrem allerletzten Loch*[10], und er leidet, weil er sich und Felice das Leben so schwer macht.

Als er denkt, dass es nicht mehr schlimmer werden kann, wird es besser, und Kafka weiß gar nicht, warum. Nach einem Ausflug mit Felice nach Tepl ist alles plötzlich ganz einfach, unverkrampft und schön, als ob sich festgezurrte Stricke lockern würden. Kafka verliert seine Angst und gewinnt Vertrauen zu Felice. Ja, er ist so vertraut mit ihr, wie er es nie für möglich gehalten hätte. Vielleicht liegt es auch daran, dass Felice sich so auf ihn einlässt, sich geradezu anschmiegsam zeigt und zu erraten scheint, womit sie ihm eine Freude machen kann. Sie lässt sich von Kafka ein Programm zusammenstellen, nach dem sie nun abends immer turnen will. Und als er von dem jüdischen Volksheim erzählt, das in Berlin zur Pflege und Erziehung ostjüdischer Kinder gegründet worden ist, kommt Felice gleich auf die Idee, ob sie nicht dort mitarbeiten könnte. Kafka ist von dieser Idee begeistert.

Max Brod wird sich verwundert die Augen reiben über die Nachrichten, die ihn in der Prager Postdirektion aus Marienbad erreichen. Zuerst bekam er eine Postkarte, die klang wie ein Verzweiflungsschrei. *Was für ein Mensch bin ich!*, stand darauf. *Quäle mich und sie zu Tode.*[11] Und ein paar Tage später erhält er einen langen Brief, in dem Kafka von seinem Glück mit Felice schwärmt und von Hochzeit redet. Kafka und Felice haben schon recht genaue Pläne geschmiedet. Sie wollen nach Kriegsende heiraten und dann in einem Berliner Vorort eine Zwei- oder Dreizimmerwohnung mieten. Wirtschaftlich wollen sie voneinander unabhängig sein. Felice soll weiter arbeiten, und was Kafka macht, das weiß er selber noch nicht. *Will man sich allerdings das Verhältnis anschaulich darstellen*, so schreibt er nicht ohne Humor, *so ergibt sich der Anblick zweier Zimmer, etwa in Karlshorst, in einem steht F. früh auf, läuft weg und fällt abends müde ins Bett; in dem andern steht ein Kanapee, auf dem ich liege und mich von Milch und Honig nähre.*[12]

Felice kann nur zehn Tage in Marienbad bleiben. Am Tag ihrer Abreise fährt Kafka mit ihr in das nahe gelegene Franzensbad, wo seine Mutter und seine Schwester Valli Urlaub machen. Für Kafka ist das sozusagen ein letzter Test, wie viel die neue Harmonie zwischen Felice und ihm aushält. Und er ist richtiggehend erschrocken, dass er sich sogar in der Gegenwart seiner Mutter wohl fühlt an der Seite Felicens.

Als er ohne Felice nach Marienbad zurückkommt, ist im Hotel sein Zimmer an einen anderen Gast vergeben und ihn hat man in Felicens früheres Zimmer umquartiert. Das ist zunächst ärgerlich, doch dann genießt er es, in Felicens Bett zu schlafen, auf dem Balkon auf ihrem Platz zu sitzen, mit ihrer Tinte an sie zu schreiben.

Von Max Brod weiß Kafka, dass sich auch Georg Langer in Marienbad aufhält. Er stöbert ihn auf in abgelegenen Häusern, in denen ein berühmter Rabbi mitsamt seiner Anhängerschaft untergebracht ist. Langer gehört auch zu dieser Gemeinde und nimmt Kafka mit zu einem Spaziergang, den der Rabbi jeden Tag gegen acht Uhr abends mit seinem Gefolge unternimmt.[13]

Als der Rabbi aus seinem Hotel tritt, springt Langer gleich zur Seite, denn niemand darf sich vor dem Rabbi aufhalten, nur hinter ihm und seitlich. Das ist nicht einfach, denn der Rabbi macht oft überraschende Wendungen und alle müssen sich dann schnell danach richten. Besonders in Zimmern gibt es oft ein großes Gedränge und die Leute steigen sich auf die Füße.

Der Rabbi mit seinem langen weißen Bart, seinen Schläfenlocken, seinem seidenen Kaftan, der Pelzmütze und den weißen Socken erinnert Kafka an den Sultan in seinen Kinderbüchern. Er stützt sich auf einen silbernen Stock, den er jetzt aber gegen einen Regenschirm vertauschen muss. Langer behauptet, dass es immer zu regnen aufhört, wenn der Rabbi zu seinem Spaziergang aufbricht. Dieses Mal regnet es aber weiter.

Der Rabbi geht voran, es folgt ihm eine Gruppe von etwa zehn Juden, darunter seine engsten Mitarbeiter und Sekretäre. Einer trägt den Silberstock und einen Stuhl, ein anderer das Tuch, mit dem der Stuhl abgetrocknet wird. Ein Dritter trägt ein Trinkglas und ein Vierter die Flasche mit Quellwasser.

Der Rabbi bleibt oft stehen, um sich etwas anzusehen und Bemerkungen dazu zu machen. Georg Langer hängt an seinen Lippen und beobachtet jede seiner Bewegungen. Für ihn hat alles, was der Rabbi sagt und tut, einen tieferen Sinn. Kafka ist da skeptischer. Er glaubt, der tiefere Sinn sei der, dass ein solcher fehle.

Kafka geht neugierig und ehrfürchtig hinter dem Rabbi her, wird er doch schon immer von Menschen angezogen, die ein besonderes Wissen von den jenseitigen Dingen zu haben glauben. Vielleicht erhofft er sich Hilfe. Er selbst hält sich nämlich für jemanden, dem jeder religiöse Glaube fehlt. Allerdings glaubt er zu wissen, wovon der Rabbi redet oder die Bibel erzählt. Himmel und Hölle, Engel und Teufel, Verzweiflung und Sehnsucht, Erlösung und Sünde – das alles kennt Kafka aus seinen schlaflosen Nächten. Nur sind es dann keine jenseitigen Mächte, sondern Kräfte, die in seinem Innern toben. In seinen Geschichten nehmen diese Kräfte wieder Gestalt an und werden etwa zu Engeln, die als Kerzenhalter erscheinen oder als Frauen mit Perücke und Trompete, die auf einem Holzgerüst stehen. Das Außergewöhnliche erscheint normal – aber das Normale wird auch außergewöhnlich und abgründig. Es öffnet sich eine Tür, von der keiner weiß, wohin sie führt.

Kafkas Engel bringen nicht die erhoffte Befreiung. Der eine entpuppt sich als Kerzenhalter. Und von den Engeln im Naturtheater bleiben nur ein paar Federn auf dem Boden liegen, um die sich die Kinder streiten. Das heißt nicht, dass es keine Engel gibt. Sie hinterlassen Spuren in der Wirklichkeit, die darauf hinweisen, dass ein Leben ohne Hoffnungen arm ist, aber Hoffnungen auch Leben zerstören können.

So ist es auch für Kafka selbst. Wird die Sehnsucht zu stark, meldet sich eine andere Stimme, die Kafka warnt, sich nicht zu weit von sich zu entfernen. Ungeduld erscheint ihm als der menschliche Grundfehler[14], weil sie nur zu leicht die Wirklichkeit überspringt. Übersieht seine Sehnsucht nach einem selbstständigen Leben nicht, wie er wirklich ist? Hat es denn Sinn, dass er sich immer vergleicht mit Leuten wie Flaubert, Grillparzer oder Fontane? [...] *fange doch an zu sehn, wer du bist, statt zu rechnen, was du werden sollst,* fordert er sich einmal im Tagebuch auf.[15]

Allerdings hat Kafka nicht die Wahl. Zu ihm gehört beides: Er denkt dauernd daran, wer es sein könnte, und gleichzeitig weiß er sehr genau, wie und wer er ist. Die unendliche Sehnsucht und der schonungslose Blick auf die Welt und auf sich sind aneinander gebunden und regulieren sich gegenseitig. In diesem dauernden Streit der Lebenskräfte gibt es keine festen Gebote und Richtlinien. Möglich ist nur eine »Ethik des Alltags«[16], die in jeder Situation aufs Neue eine Lösung finden muss.

Das hat Kafka schon als kleines Kind erlebt, als er einmal ein Geldstück geschenkt bekam.[17] Er hatte noch nie so viel Geld gehabt und wollte sich etwas dafür kaufen. Doch dann traf er in der Straße auf eine alte Bettlerin, die so elend aussah, dass er sofort das Bedürfnis hatte, ihr das Geld zu schenken. Der Wert des Geldstücks war aber viel zu groß, um es einer Bettlerin zu schenken. Kafka hätte sich geschämt, so gönnerhaft und großherzig zu erscheinen. Also ließ er sich das Geldstück in kleine Münzen umwechseln und gab der Bettlerin eine davon. Dann lief er um den Häuserblock und gab ihr wieder eine kleine Münze, und das so oft, bis er alle Münzen los war. Zum Schluss war er so erschöpft von dieser moralischen Anstrengung, dass er weinend nach Hause lief, wo man glaubte, er weine wegen des verlorenen Geldstücks, und ihm wieder eines schenkte.

XVI. Körpersprachen

Am Samstag, den 4. November 1916 erhält die Königliche Polizeidirektion München eine Anfrage des Kunsthändlers Hans Goltz. Er bittet in einem Brief um die Genehmigung zu einer Autorenlesung, die am 10. November in seinem Kunstsalon in der Briennerstraße stattfinden soll. Dem Brief beigelegt sind Manuskripte der eingeladenen Prager Schriftsteller: Gedichte von Max Brod und eine Erzählung von Franz Kafka. Max Brod kann nicht selbst nach München kommen, weil er keine Reiseerlaubnis erhalten hat. So wird nun Franz Kafka alleine den Abend bestreiten und die Gedichte seines Freundes vortragen. Es ist das erste Mal, dass er außerhalb von Prag einen eigenen Text vorliest.

Die Polizeidirektion muss ihrerseits eine Genehmigung beim Bayerischen Kriegsministerium einholen, wenn in den Texten politische oder militärische Themen vorkommen. Doch in dieser Hinsicht scheint kein Grund zur Sorge zu sein. In den Gedichten geht es um die Leiden des Künstlers, und in der Erzählung kommt zwar ein Offizier vor, sie handelt aber von einer phantastischen Foltermaschine und spielt auf einer abgelegenen Insel, in einer Strafkolonie. In einer Zeitungsmeldung wird die Geschichte als »tropische Münchhausiade« angekündigt, also als eine abenteuerliche Lügengeschichte.[1]

Der Raum im ersten Stock der Galerie Goltz ist nur

schwach beleuchtet und nicht geheizt. Auch in München sind die Auswirkungen des Krieges zu spüren. Die Leute frieren und hungern, und nur wenige Künstler und interessierte Laien gehen zu Lesungen, zumal wenn ein ziemlich unbekannter Dichter aus Prag vorliest. Immerhin soll er den Fontane-Preis erhalten haben. So stand es in der Zeitung. Das ist aber eine Fehlmeldung oder eine kleine Notlüge, um den Autor interessanter zu machen. Denn der Fontane-Preis wurde an Carl Sternheim verliehen. Sternheim, der Millionär ist, hat allerdings das Preisgeld an Kafka weitergegeben. Das war eine anerkennende Geste, die vom Leiter der Jury, Franz Blei, angeregt wurde. Blei kennt Kafka und ist eng befreundet mit Max Brod.

Kafka war die Sache eher peinlich. Der »Kurt-Wolff-Verlag« erhoffte sich von dieser indirekten Ehrung mehr Aufmerksamkeit für seinen Autor und hat die bereits veröffentlichten Texte in neuen Ausgaben drucken lassen. Der Absatz war bisher mehr als kläglich. Von der *Betrachtung* sind nicht einmal 400 Exemplare verkauft. Die 96,75 Mark, die Kafka dafür bekommt, wird er an Felice Bauer überweisen lassen.

Felice sitzt auch im Vortragsraum, an dessen Wänden die ungewohnten Bilder einer modernen Künstlergruppe, der Expressionisten, hängen. Ob Felice auch so schockiert ist von dem, was Kafka da vorliest? Einige Frauen verlassen den Raum, einige werden sogar ohnmächtig und müssen hinausgetragen werden.[2] Die Bilder, die

Kafka heraufbeschwört, sind wirklich schwer zu ertragen. Man wird versetzt in ein abgelegenes Tal, wo unter einer stechenden Sonne eine Folter- und Tötungsmaschine steht. Der Verurteilte, an Ketten und von einem Soldaten bewacht, wartet auf seine Hinrichtung. Der Offizier erklärt einem Reisenden begeistert, wie die Maschine funktioniert, wie über ein ausgeklügeltes System dem Delinquenten das Gebot, das er übertreten hat, buchstäblich in das Fleisch gestochen wird, sechs Stunden lang, bis er zum Schluss die Schrift auf seiner Haut *mit seinen Wunden* entziffern kann und also sein Urteil erkennt und dann als blutiger Kadaver von der Maschine in eine Grube geworfen wird.

Auch Kafkas Verleger Kurt Wolff hat die Erzählung *In der Strafkolonie* gelesen und musste zugeben, dass die Lektüre ihn »peinlich« berührt hat. Kafka versteht das, aber für ihn ist nicht nur seine Geschichte peinlich, sondern peinlich sei vielmehr, so schrieb er an Wolff, *unsere allgemeine und meine besondere Zeit*[3]. Über seinen Schreibtisch gehen täglich die Fälle, in denen Menschen von den Maschinen in den Fabriken oder im Krieg von Granaten und Gewehrkugeln verstümmelt und zerfetzt werden. Und das Unheimliche an seiner Geschichte kommt auch daher, dass der Offizier völlig fasziniert ist von der komplizierten Technik seines Folterapparates und nicht das geringste Mitgefühl mit dem Opfer aufbringt. Auch der Reisende, offenbar ein zivilisierter Europäer, empört sich nicht über das barbarische Verfahren – er reist ja auch bald wieder weg. Er weigert sich nur, diese Praxis der Bestrafung offen zu unterstützen. Daraufhin legt sich der enttäuschte Offizier selbst in die Maschine, und dass sie ihr blutiges Programm an ihm nicht vollständig ausführen kann, liegt nur daran, dass sie kaputtgeht, Zahnräder ausspuckt und schließlich ihren Geist aufgibt.

Kafka kennt aber auch die seelischen Folgen des Krieges. Er hat einen Aufruf verfasst und mit unterschrieben, in dem er für die Errichtung einer Nervenheilanstalt für Kriegsopfer wirbt. Darin schrieb er: *So wie im Frieden der letzten Jahrzehnte der intensive Maschinenbetrieb die Nerven der in ihm Beschäftigten unvergleichlich mehr als jemals früher gefährdete, störte und erkranken ließ, hat auch der ungeheuerlich gesteigerte maschinelle Teil der heutigen Kriegshandlungen schwerste Gefahren und Leiden für die Nerven der Kämpfenden verursacht.*[4]

Für Kafka braucht man kein Soldat gewesen zu sein, um zu wissen, dass körperliche Verletzungen zu seelischen Schäden führen und seelische Verletzungen in Fleisch und Blut übergehen können. Jahrelang hat er sich krank gefühlt und seinen Urlaub in Sanatorien verbracht, obwohl ihm jeder Arzt attestiert hat, dass er im Großen und Ganzen körperlich gesund war. Trotzdem leidet er unter seelischen Qualen, die sich ihm wie körperliche Schäden eingebrannt haben. Die dauernden Vorwürfe seines Vaters haben, wie er einmal sagt, in seinem Gehirn *förmlich Furchen gezogen.*[5] Und in diesen Furchen nistet das Schuldgefühl, das er nicht loswird und das wie eine

Tätowierung in seine Haut geritzt ist, eine Tätowierung, die er selbst nicht »sieht«, die er nur über seine Wunden entziffern kann. Diese Schuld ganz zu erfassen wäre unerträglich und tödlich wie bei Josef K. im *Prozess*-Roman, der sich am Ende willig von den Häschern des Gerichts abführen und erstechen lässt.

Kafka spürt seine Wunden, und sie schmerzen, wenn er mit Felice in einer Konditorei in München sitzt und sie sich über seine Eigensucht beklagt. Wo hört Eigensucht auf und wo fängt Eigensinn an? Kafka glaubt, die Grenze richtig zu ziehen, und er wünscht sich, dass Felice ihm darin vertraut. Ist es egoistisch, dass er Felice immer wieder angetrieben hat, im jüdischen Volksheim mitzuarbeiten? Eigentlich wollte er sie nur von ihrem Wunsch nach Familie und Kindern ablenken und ihr zeigen, wie befriedigend es sein kann, uneigennützig bei einer guten Sache mitzumachen. Gewaltsam lenken wollte Kafka sie nicht. Darum hat es ihn auch so gefreut, dass Felice von sich aus auf die Idee kam. Sie opferte sogar ihre spärliche Freizeit, gab mehrmals in der Woche abends Unterricht für die Mädchen im Heim und machte bei den Sonntagsausflügen mit. Kafka begleitete ihr Engagement mit Feuereifer. Felice musste über alles genau berichten, er schickte ihr Bücher und half ihr, ein Referat über Kindererziehung vorzubereiten. Nie zuvor fühlte er sich so mit Felice verbunden. Es war für ihn, als seien die Mädchen im Heim seine Kinder und Felice ihre Mutter.[6]

Die Lesung in München war ein Misserfolg. Die Zeitungen, die darüber berichten, lassen kaum ein gutes Haar an Kafkas Vortrag. Als Vorleser sei er »ungenügend« gewesen, der Stoff der Geschichte sei »abstoßend« und die Erzählung insgesamt »zu lang und zu wenig fesselnd«, so lauten die Urteile. Die *Münchener Zeitung* nennt Kafka gar einen »Lüstling des Entsetzens«.[7]

Kafka bereut es mittlerweile, dass er nach München gefahren ist. Er habe sein Schreiben missbraucht zu einem *Vehikel nach München*, so meint er jetzt. Und nach den vielen Leuten, die er in München getroffen hat, und den vielen Gesprächen, die er führen musste, ist sein Verlangen nach Alleinsein und Ruhe nun grenzenlos. Er laufe in das Alleinsein *wie das Wasser ins Meer*, hat er Felice geschrieben.[8]

Die erhoffte Ruhe findet er aber nicht mehr in seiner Wohnung in der Langen Gasse. Die schöne Aussicht kann ihn nicht mehr entschädigen für den ständigen Lärm. Das Rollen und Poltern über seinem Kopf, das sich anhört wie von einer Kegelbahn, kommt, so hat es sich herausgestellt, vom Aufzug. Und wie ein überempfindlicher Seismograph wird Kafka erschüttert von Stimmen, Musikinstrumenten, Autos und herumtrampelnden Dienstmädchen.

Er will nun umziehen. Doch bevor wieder seine Mutter aktiv wird, will er die Sache selbst in die Hand nehmen und die Dienste eines Maklerbüros in Anspruch nehmen. Was man ihm dort anbietet, kommt ihm vor wie die Erfüllung eines Traumes: zwei Zimmer im Schönborn-Palais, einem Schloss auf der Kleinseite aus dem 18. Jahrhundert. Schöne, hohe Räume mit Blick in einen stillen Hof und in den wunderbaren Garten. Das Ganze hat nur einen Haken: Der Vormieter verlangt eine Ablöse, die Kafka nicht bezahlen kann. Doch es gibt noch eine andere Wohnung im zweiten Stock des Palais, kleiner und bescheidener, die vielleicht auch zu vermieten sein wird.

In der Zwischenzeit hat Kafka einen Unterschlupf, der das krasse Gegenteil zu den herrschaftlichen Räumen im Schönborn-Palais ist. Es ist eines der winzigen Häuser in der Alchimistengasse, einer engen Straße auf dem Hradschin, dem Berg, auf dem das Prager Schloss und der Dom liegen. Der Legende nach sollen hier einmal die Goldmacher eines früheren Herrschers gewohnt haben.

Das Häuschen hat eigentlich Kafkas Schwester Ottla für sich angemietet und hergerichtet. Außer Franz weiß niemand in der Familie davon. Ottla wollte einen Ort, wohin sie fliehen kann, wenn sie es zu Hause wieder einmal nicht aushält. Mit dem Vater gerät sie immer häufiger aneinander. Der kann es nicht verstehen, dass Ottla, die seit Jahren eine unentbehrliche Hilfe im Geschäft ist, nun plötzlich eine landwirtschaftliche Ausbildung machen und vielleicht nach Palästina auswandern will. Anders als Franz, der die Vorhaltungen des Vaters still hinnimmt, lässt sich Ottla nicht alles gefallen und kann sich recht kämpferisch ihrer Haut erwehren. »Man kann ja mit ihr gar nicht sprechen«, sagt ihr Vater dann, »sie springt einem gleich ins Gesicht.«[9] Für Kafka ist es eher so, dass nicht Ottla dem Vater ins Gesicht springt, sondern die Dinge, die ihr wichtig sind und die er grundsätzlich ablehnt: dass Ottla wieder aufs Land zurückwill, wo er herkommt; dass sie sich nicht verheiraten lassen will, sondern einen eigenen Freund hat, der noch dazu tschechisch und katholisch ist; dass sie ihre freie Zeit damit vergeudet, in einer Prager Blindenanstalt einem jungen Korbflechter Bücher vorzulesen oder einem Blumenmädchen Deutschunterricht zu geben. Das alles, so glaubt Hermann Kafka, macht seine jüngste Tochter nur, um ihm Verdruss und Ärger zu schaffen. »Mach, was du willst«, sagt er dann, und man spürt seinen Zorn und seinen Hass, die nur bewirken, dass Ottla und Kafka sich schuldig und hilflos fühlen.

Eigentlich hat Kafka seiner Schwester davon abgeraten, das Häuschen in der Alchimistengasse anzumieten. Nun, im Winter 1916/17, ist er fast jeden Tag dort. Ottla überlässt es ihm gern. Sie nutzt es nur manchmal nachmittags, wenn ihr Bruder noch im Büro ist. Gegen sieben Uhr kommt er dann meistens und bringt sein Abendessen mit. Er muss sich in der Tür tief bücken, und auch der einzige, nur sechs Quadratmeter große Wohnraum, ist sehr niedrig. »Nachher kam Franz«, schreibt Ottla an ihren Freund Josef David, »ich brachte Kohle aus dem Keller, er leuchtete mir mit der Lampe hinunter. Ich blieb ein Weilchen mit ihm und hatte ihn so gerne, dass mit dem Gefühl ein unbeschreibliches Glück über mich kam. Er musste dann beim Schließen der Tür den Kopf herausstrecken und den Himmel ansehen, der mit den Sternen über diesem Gässchen das Beste ist, das ein Mensch sehen kann.«[10]

Meistens sitzt Kafka bis Mitternacht über seinen Heften. Dann geht er in seine Wohnung in der Langen Gasse, die er nur noch zum Schlafen nutzt. Er genießt es, sein Häuschen abzusperren und in der Stille durch den Schnee die Schlossstiege in die Altstadt hinunterzusteigen. Die Straßen sind in diesem Kriegswinter wie ausgestorben. Die Restaurants und Kaffeehäuser sind leer. Es gibt nichts zu kaufen oder zu verkaufen. Vor allem Kohle ist knapp. *Ich muß Kohle haben*, klagt der Ich-Erzähler in einem der Texte, die Kafka zu dieser Zeit schreibt, *ich darf doch nicht erfrieren*. Dann reitet er auf seinem leeren Kübel durch die Straßen zum Kohlenhändler, dessen Frau ihn, den *Kübelreiter*, erbarmungslos wegjagt, weil er nicht zahlen kann – jedenfalls nicht gleich.

Im Februar des neuen Jahres 1917 erfährt Kafka, dass er die zweite, kleinere Wohnung im Schönborn-Palais haben kann. Die Frage, was er nun machen soll, ob er in der Alchimistengasse bleiben oder ins Schloss ziehen soll, lähmt ihn fast. Viel spricht für das kleine Häuschen, nicht weniger Vorteile bietet aber auch die Schlosswohnung. Kafka entscheidet sich schließlich für das Schönborn-Palais. Ab und zu will er aber noch in die Alchimistengasse gehen, solange jedenfalls, wie Ottla das Häuschen noch behält. Es zeichnet sich aber schon ab, dass das nicht mehr lange dauern wird.

Im April macht Ottla Ernst mit ihren Plänen und zieht tatsächlich aufs Land, nach Zürau in Nordböhmen, wo ihr Schwager Karl Hermann einen Bauernhof besitzt, den sie nun bewirtschaften will. Für Hermann und Julie Kafka ist das ein schwerer Schlag, zumal Ottla eine unentbehrliche Kraft im Geschäft geworden ist. Ottla, die es schmerzt, wenn sie ihren Eltern Verdruss bereitet, muss sich jetzt anhören, dass sie undankbar ist, ihre armen Eltern verlässt und überhaupt »verrückt« ist, sich auf dieses Abenteuer einzulassen.

Ottla hat sich erhofft, dass der Vater stolz ist auf ihre mutige Entscheidung. Hat er nicht immer und immer wieder seinen Kindern vorgeworfen, dass es ihnen viel zu gut geht und dass er als Kind auf dem Land wirklich erfahren hat, was Hunger und Not sind? Und nun, da Ottla aufs Land geht und sich dort behaupten muss, ist das »verrückt«. Es sei leicht, aufs Land zu gehen, wenn man dort alles »in Hülle und Fülle« bekommt, meint der Vater. Ottla sollte mal wirklichen Hunger und Sorgen haben.[11]

Kafka hat Ottlas Drang nach Eigenständigkeit immer unterstützt, auch wenn ihm ihr Wegzug nach Zürau etwas überstürzt erscheint. Er weiß jetzt schon, dass er seine kleine Schwester sehr vermissen wird. Er ist in den letzten Monaten immer vertrauter mit ihr geworden.

Wie in einer kleinen Ehe fühlte er sich mit ihr. In den ersten Frühlingstagen haben sie weite Spaziergänge vor die Stadt gemacht und waren lange im Gras gelegen. Kafka hatte ihr etwas vorgelesen und Ottla hat, wohl vergeblich, versucht, ihm das Singen beizubringen.

Im Schönberg-Palais ist Kafka wieder völlig alleine. Das Palais ist wie eine eigene, abgeschlossene Welt in der Stadt, umgeben von einer Mauer, deren Tor die Nacht über verschlossen bleibt. Die Wohnung hat zwei große Räume, mit elektrischem Licht, Sonne am Morgen und einem wunderbaren Blick in den weitläufigen Garten. Nun, da Ottla weg ist, wünscht sich Kafka oft Felice herbei. Er hat ihr in einem Brief schon von seiner neuen Wohnung vorgeschwärmt und ihr ausgemalt, wie es wäre, zusammen im Palais zu leben.

Offenbar ist Kafka nun fest entschlossen, Felice zu heiraten. Während der glücklichen Tage in Marienbad hat er voller Zuversicht Felicens Mutter geschrieben und ihr erklärt, dass sie es bei der ersten Verlobung nur *verkehrt angefasst* hätten. *Nun wird eben das Gute*, so schrieb er weiter, *nicht zum ersten und auch nicht zum zweiten Mal fertig, wohl aber zum zehntausendsten Mal und dabei halten wir jetzt.*[12]

Felice scheint genauso zu denken. Anfang Juli ist sie in Prag und Kafka präsentiert sie überall als seine »Braut«. Er macht mit ihr sogar offizielle Besuche bei Verwandten und Bekannten. Auch bei Max Brod taucht das Paar auf, und Brod weiß nicht, ob er lachen oder weinen soll, als sein Freund vor ihm steht, mit hohem, steifem Stehkragen, furchtbar verlegen und doch darauf bedacht, in seiner Rolle als Verlobter alles richtig zu machen.[13]

Von der Wohnung im Palais dürfte Felice nicht so begeistert sein wie Kafka, denn sie hat weder ein Bad noch eine Küche und heizen lässt sie sich auch nicht. Nach wenigen Tagen reist Felice wieder weiter zu ihrer Schwester, die in Arad, einer ungarischen Kleinstadt, lebt. Kafka begleitet sie.

Wie diese gemeinsame Reise verlaufen ist, darüber kann man nur sehr widersprüchliche Vermutungen anstellen. Der Prager Dichter Rudolf Fuchs berichtet, dass er Kafka auf seiner Rückreise nach Prag in Wien getroffen hat, zu sehr später Stunde im »Café Central«. Angeblich hat Kafka ihm anvertraut, dass er sich von seiner »Braut« getrennt habe. Kafka soll dabei einen sehr ruhigen und zufriedenen Eindruck gemacht haben.[14] Gegen diese Behauptung spricht aber, dass Kafka danach in Prag seinem Verleger Kurt Wolff einen Brief schreibt, in dem er ihn bittet, ihn zu unterstützen, wenn er nach dem Krieg seinen Posten aufgeben, heiraten und nach Berlin ziehen wird.[15]

Was stimmt nun? Oder stimmt vielleicht beides? Will Kafka Felice heiraten und will er sie gleichzeitig verlassen? Will er mit zusammengebissenen Zähnen etwas erreichen, was sich im Zusammensein mit Felice dann doch wieder als unmöglich erweist? Kämpft seine Angst davor, allein zu bleiben, wieder mit seiner Angst, sich zu verlieren, wenn er nicht alleine bleibt? Wenn es so ist, dann ist es wirklich, wie Kafka selbst einmal feststellt, eine *fein ausgerechnete Hölle.*[16]

Am Montag, den 13. August, in den frühen Morgenstunden, etwa gegen vier Uhr, erwacht Kafka aus unruhigem Schlaf. Er wundert sich über den vielen Speichel im Mund und spuckt aus. Als er die Lampe anzündet, sieht er, dass es ein *Patzen Blut*[17] ist, und nun beginnt ein Quellen in seiner Kehle. Er steht auf und geht im Zimmer umher. Zum offenen Fenster und dann zum Tisch mit der Wasserschüssel, um sich die blutigen Hände und das Gesicht zu waschen. Das Blut hört nicht auf zu fließen. Nach etwa zehn Minuten ist es dann doch vorbei und die Kopfschmerzen sind wie weggeblasen. Kafka legt sich wieder hin und schläft zum ersten Mal seit langer Zeit tief und fest. Am Morgen kommt das Mädchen, das sich um die Wohnung kümmert, und als sie überall das Blut sieht, meint sie: »Herr Doktor, mit Ihnen dauert's nicht mehr lange.«[18]

Kafka geht an diesem Tag ganz normal zur Arbeit und erst nachmittags sucht er seinen Arzt, Dr. Mühlstein, auf. Der sieht keinen Anlass zur Sorge und verschreibt Kafka Hustensaft. Erst als Kafka am nächsten Tag wiederkommt und von einem erneuten Blutsturz berichtet, nimmt der Doktor die Sache etwas ernster. Einen »Lungenspitzenkatarrh« hält er nun für möglich. Das kommt Kafka allerdings so vor, als würde man von Ferkelchen reden und eigentlich die Sau meinen.

Von seinem nächtlichen Blutsturz erzählt Kafka nur Ottla und Max Brod. Seine Eltern sollen nichts davon erfahren. Brod, der gerade aus dem Urlaub zurückkommt, kann es nicht fassen, dass sein Freund nichts gegen die Krankheit unternimmt. Kafka scheint ganz gleichgültig und spricht davon, dass dieser Blutsturz nur seine »endgültige Niederlage« bedeutet und gleichsam nichts anderes sei als die »Rettung vor der Heirat«.[19] Von der Medizin jedenfalls erwartet er sich keine Hilfe mehr.

Sehr wohl aber Max Brod. Er will unbedingt, dass Kafka sich von einem Spezialisten untersuchen lässt. Und es macht ihn schier wahnsinnig, dass Kafka sich so bocksbeinig anstellt und einfach nicht will. Doch auch Brod kann sehr dickschädelig sein, und er schafft es, dass Kafka mit ihm am 4. September zu Professor Friedl Pick geht, einem Facharzt für Lungenleiden. Der Professor bestätigt die Diagnose seines Kollegen und spricht nun endlich das Wort aus, das Kafka schon vermutet hat: Tuberkulose.

Brod ist erschüttert. Kafka fühlt sich besiegt und befreit. Endlich hat die Krankheit auch einen Namen, mit dem er Forderungen erheben kann. Bei seinem Arbeitgeber reicht er einen Antrag auf Pensionierung ein. Sein Chef Dr. Marschner will die Anfrage jedoch nicht weiterleiten, in Kafkas eigenem Interesse, wie er sagt. Aber er ist bereit, ihm einen dreimonatigen Urlaub zu gewähren.

Professor Pick hat Kafka geraten, sich in ein Lungenheilsanatorium zu begeben. Aber jetzt, da er wirklich krank ist, will Kafka nicht mehr in ein Sanatorium. Er hat eine andere Idee. Er will zu Ottla aufs Land, nach Zürau. Seinen Eltern sagt er nur, dass er unter Nervosität leide und einen größeren Urlaub bei Ottla verbringen wird. An Felice schreibt er einen Brief, in dem er ihr von seinem Blutsturz und den ärztlichen Untersuchungen berichtet. Was diese Krankheit für Konsequenzen für ihre Heiratspläne hat, darüber sagt er nichts.

Am 12. September reist Kafka ab. Max Brod kommt, um sich von ihm zu verabschieden. Kafka zeigt ihm einen Brief von Felice, der sehr verzweifelt und ratlos sein soll. »Ich kann sie nun nicht heiraten«, meint Kafka, »wegen der Krankheit.« Als zwei Angestellte aus dem väterlichen Geschäft mit einer Schubkarre kommen, um sein Gepäck zu holen, meint er: »Sie kommen um den Sarg.«

Am übernächsten Tag schreibt er aus Zürau einen Brief an Max Brod, in dem er sich Gedanken über seine Krankheit macht: *Immerfort suche ich eine Erklärung der Krankheit, denn selbst erjagt habe ich sie doch nicht. Manchmal scheint es mir, Gehirn und Lunge hätten sich ohne mein Wissen verständigt. »So geht es nicht weiter«, hat das Gehirn gesagt und nach 5 Jahren hat sich die Lunge bereit erklärt, zu helfen.*[20]

XVII. Katz und Maus

Die Tuberkulose gilt bis zur Anwendung von Antibiotika und Chemotherapeutika nach dem Zweiten Weltkrieg als die gefährlichste Infektionskrankheit. 1882 hat der Arzt Robert Koch die Tuberkelbakterien entdeckt. Seitdem kann man die Krankheit bestimmen und ihre verschiedenen Erscheinungsformen beschreiben. Ein wirksames Heilmittel gegen sie gibt es jedoch noch nicht. Besonders im Ersten Weltkrieg nimmt die Zahl der Tuberkulosekranken dramatisch zu.[1] Hunger und Kälte sind in erster Linie dafür verantwortlich.

Auch in Prag waren über dreißig Prozent der Verstorbenen an Tuberkulose erkrankt, die meisten davon an Lungentuberkulose. Alles, was man den Schwindsüchtigen, wie man sie nennt, ärztlicherseits raten kann, sind Liegekuren in frischer Luft. Für die betuchteren Patienten gibt es eigene Sanatorien in Luftkurorten wie Davos. Dorthin schickt auch Thomas Mann den Helden seines Romans *Der Zauberberg*, und dort verbringt jener Hans Castorp seine Tage damit, herumzuliegen, Temperatur zu messen und mit lungenkranken Damen zu flirten.

Kafkas Zauberberg heißt Zürau. Es ist kein nobler Kurort, sondern ein Bauernkaff im Nordwesten Böhmens. Um einen Dorfplatz mit einem Weiher und einer weithin sichtbaren Kirche gruppieren sich die wenigen Bauernhäuser. Dahinter dehnen sich in alle Richtungen

Felder, Wiesen und Wälder. Die nächste Bahnstation ist der Nachbarort Michelob. Eine halbe Stunde braucht man, um mit dem Pferdefuhrwerk dorthin zu kommen. In Zürau gibt es keine Automobile, keinen elektrischen Strom und auch keinen Liegestuhl.

Kafka stellt sich eine eigene Liege zusammen, mit einem alten Polsterstuhl und zwei Schemeln für die langen Beine. Mit dieser Konstruktion legt er sich an schönen Herbsttagen in eine Senke auf einer kleinen Anhöhe, wo er vor Blicken geschützt ist. Die Neugier treibt die Dorfbewohner trotzdem an dieser Stelle vorbei. Sie rufen dann dem seltsamen Doktor aus Prag etwas zu, was der wegen des Dialektes nicht verstehen kann. Kafka würde es gar nicht wundern, wenn er zum neuen Dorfnarr wird. Damit wäre er sogar einverstanden, nachdem er, wie er glaubt, in Prag in jeder Hinsicht versagt hat, in der Familie, in der Gesellschaft, im Beruf, in der Liebe.

Ottlas Haus liegt gleich neben der Kirche. Franz hat ein eigenes, heizbares Zimmer. Und statt Autolärm und dem Poltern eines Aufzugs hört er nun das Geschnatter von Enten, das Gegacker von Hühnern und das Gegrunze von Schweinen. Trotzdem fühlt sich Kafka wohl in Zürau. Es ist das erste Mal in seinem Leben, dass er außerhalb von Prag lebt, und er möchte vorerst auch keinen Besuch von Freunden oder Verwandten.

Für Ende September hat sich allerdings ein Besuch angekündigt, den er nicht abwehren kann. Es ist Felice, die aus Berlin nach Zürau kommen will. Kafka hat ihr einen

Brief geschrieben, der nach Abschied klang. Felice möchte nun aus seinem Mund hören, was das alles soll, was es mit seiner Krankheit auf sich hat und warum sie nun plötzlich nicht mehr heiraten können.

Dreißig Stunden ist Felice unterwegs, als sie endlich am Donnerstag, den 20. September 1917 nachmittags mit der Pferdekutsche in Zürau ankommt. Und sie bereut es auch bald wieder, eine so lange und anstrengende Reise auf sich genommen zu haben. Denn ihr Besuch ist für sie eine einzige Enttäuschung.

Die Gespräche zwischen den beiden sind quälend und enden in hilflosem Schweigen. Einmal geht Felice vor das Haus und steht lange in der Dunkelheit, bis Kafka nach ihr sieht. Sie kann nicht verstehen, warum die Krankheit alles zunichte macht. Sie würde auch einen kranken Kafka heiraten und ihn pflegen. Für Kafka ist es eher eine Komödie, dass er nun den kranken Mann spielen muss. Die Tuberkulose ist für ihn keine Krankheit, sondern die Entscheidung eines Konflikts, den er nicht mehr länger aushalten konnte. Darum klammert er sich an sie wie ein Kind an seine Mutter. *Im Übrigen sage ich dir ein Geheimnis*, schreibt er später an Felice, *an das ich augenblicklich selbst gar nicht glaube* [...], *das aber doch wahr sein muss: ich werde nicht mehr gesund werden. Eben weil es keine Tuberkulose ist, die man in den Liegestuhl legt und gesund pflegt, sondern eine Waffe, deren äußerste Notwendigkeit bleibt, solange ich am Leben bleibe. Und beide können nicht am Leben bleiben.*[2]

Felice reist schon am nächsten Tag wieder ab. Ottla bringt sie zum Zug. Kafka steht vor dem Haus, als die Kutsche mit Ottla und Felice um den Dorfweiher fährt. Er geht auf der anderen Seite um den Weiher und ist Felice noch einmal ganz nahe, sagt dann aber nichts und sieht ihr lange nach. Haben Felice und er sich das letzte Mal gesehen? Ist das das Ende dieser merkwürdigen Liebe?

Kafka wäre es lieber so. Er sieht keinen Sinn mehr darin, Felice weiter zu quälen. Für ihn ist sie eine Unschuldige, die er grausam foltert. Und er möchte, dass sie erkennt, dass er kein guter Mensch ist und auch gar nicht sein will. Eher hält er sich für jemanden, der die sittlichen Ideale und Wünsche der Menschen studiert und sie nachmacht, um sich beliebt zu machen und um im Schutz dieser Beliebtheit vor aller Augen den *Schmutz* zu zeigen, der in ihm steckt.[3]

Im November ist in der Zeitschrift *Der Jude* eine Erzählung von Kafka erschienen, in der ein Affe den Mitgliedern einer Akademie berichtet, wie er in die Menschenwelt kam. Er wurde ein berühmter Varieté-Künstler. Nicht weil er ein höheres und freieres Geschöpf sein wollte, sondern weil er keinen anderen Ausweg mehr sah, dem Käfig zu entkommen. Er machte einfach den Menschen alles nach. Und obwohl er auf diese Weise *die Durchschnittsbildung eines Europäers* erlangte, kämpft er noch gegen seine *Affennatur.*[4] Es ist umgekehrt wie bei Gregor Samsa, der sich vom Mensch zum Käfer verwandelte, aber doch eigentlich beides ist.

Kafkas Verlag wollte die Buchausgabe seiner Erzählung *Die Verwandlung* mit einem Titelbild versehen. Kafka warnte eindringlich davor, das Insekt abbilden zu wollen. *Das nicht, bitte das nicht!*, schrieb er an Kurt Wolff.[5] Dieser Schrecken konnte und durfte nicht gezeigt werden.

Zu Tieren hat Kafka ein zwiespältiges Verhältnis. Schweine findet er lustig. Aber die Vorstellung, dass ein Schwein klein wäre wie eine Ratte und aus einem Loch im Boden herauskäme, ist für ihn grauenhaft. In Zürau gibt es nur normal große Schweine, aber auch Ratten und Mäuse, und je kälter es wird, desto öfter kommen sie ins Haus. Kafka hat es schon beim Fenster und hinter dem Ofen rascheln hören.

Besonders schlimm ist es eines Nachts im November. Er liegt wach im Bett und starrt mit aufgerissenen Augen in die undurchdringliche Dunkelheit. Sehen kann er nichts, aber er hört, wie eine Mäuseschar Besitz von seinem Zimmer nimmt. Haufenweise springen sie von der Kohlekiste, trippeln über den Boden, pfeifen und nagen am Holz. Kafka ist starr vor Schrecken und traut sich nicht, aufzustehen und die Lampe anzumachen. Er stößt nur ein paar Schreie aus, um die Mäuse zu verscheuchen. Doch die lassen sich nicht so einfach verjagen und machen ihren stillen Lärm bis in den Morgen. Nach dieser Schreckensnacht holt Kafka die Katze in sein Zimmer und die sorgt von nun an für Ruhe.[6]

In Zürau ist es Winter geworden. Der Dorfweiher ist zugefroren. Obwohl es nun nachts Minusgrade hat, schläft Kafka weiter bei offenem Fenster. Morgens trinkt er frische, nicht abgekochte Milch und sitzt dann stundenlang in seinem selbst gebauten Lehnstuhl am Fenster.

Von seiner Krankheit merkt er nicht viel. Nur manchmal muss er husten, Fieber hat er keines, aber er gerät schnell außer Atem und ist kraftlos. Beim Kartoffelklauben und bei der Obsternte war er keine große Hilfe. Immerhin hat er seit seiner Ankunft schon zugenommen und wiegt jetzt über 63 Kilo. Sein Appetit vergeht ihm aber sofort, wenn ein Brief aus Berlin kommt. Felice gibt nicht auf. Sie klagt und pocht auf ihr Recht, da es doch auch um ihr Leben geht. Und obwohl Kafka und sie einig waren, dass ein weiteres Treffen sinnlos ist, will sie Weihnachten nach Prag kommen.

Kafka muss um die Jahreswende nach Prag, um zu regeln, wie es weitergeht mit seiner Arbeit und seiner Befreiung vom Kriegsdienst. Die Ärzte, die ihn deswegen untersuchen, können keine Verschlechterung seines Zustands feststellen. Der Internist Doktor Mühlstein ist sogar der Meinung, dass er auf längere Sicht wieder ganz gesund werden wird. Vielleicht auch deshalb will sein Chef in der Unfallversicherung nichts von einer Pensionierung wissen. Kafka bleibt Beamter der Prager Behörde, er wird weiter vom Kriegsdienst freigestellt und sein Urlaub wird verlängert bis ins Frühjahr.

Kafka freilich stellt sich eine ganz andere Diagnose. Denn schließlich, so meint er, befinde er sich *in Besitz der Originaldokumente*[7]. Und die besagen, dass seine Krankheit eine Krankheit zum Tode ist und ihn zum Alleinsein verurteilt. Daran kann auch Felice nicht mehr rütteln. Ist sie nach Prag gekommen mit der Hoffnung, doch noch alles zum Guten wenden zu können, so muss sie jetzt einsehen, dass alles verloren ist. Selbst für Max Brod ist es ein Bild des Jammers, die beiden zusammen zu sehen, wie sie schweigen und einer unglücklicher aussieht als der andere.

Am Donnerstag, den 27. Dezember 1917, bringt Kafka Felice zum Bahnhof. Von dort geht er direkt zur Postdirektion, wo Max Brod arbeitet. Er setzt sich neben Brods Schreibtisch, um sich einen Moment auszuruhen, wie er sagt, und beginnt plötzlich hemmungslos zu weinen. »Ist es nicht schrecklich, dass so etwas geschehen muss?«, sagt er schluchzend. Es ist das erste und einzige Mal, dass Max Brod seinen Freund weinen sieht. »Ich werde diese Szene nie vergessen«, erinnert er sich, »sie gehört zu dem Schrecklichsten, was ich erlebt habe.«[8]

Bei den Kafkas im Oppelthaus scheint man vom Unglück des einzigen Sohnes nicht viel zu bemerken. Abends sitzt man im Wohnzimmer beieinander und redet über die Töchter von Onkel Richard, Julie Kafkas Halbbruder. Über Martha, die im Winter rodelt, und über Trude, die Mandolinespielen lernt. Thema Nummer eins ist freilich die »verrückte« Ottla, die mit ihren

Landträumen doch zwangsläufig scheitern muss. In den Zorn des Vaters mischt sich aber auch ein wenig Bewunderung, wenn er seine jüngste Tochter ein »Mädel aus Eisen« nennt. Umso schlimmer ist für ihn die Schuld des Bruders, der sie bei dieser abnormalen Idee unterstützt hat. Kafka ist selbst von sich überrascht, als er dieses Mal nicht zu den Vorwürfen schweigt, sondern recht schlagfertig erwidert, dass das Abnormale vielleicht nicht das Schlechteste sei, wenn das Normale zum Beispiel der Weltkrieg ist.[9]

Am 6. Januar 1918 kehrt Kafka nach Zürau zurück. Diesmal begleitet ihn sein blinder Freund Oskar Baum, der ein paar Tage auf dem Land verbringen will. Kafka teilt mit ihm sein Zimmer, und wenn sie abends in der Dunkelheit in ihren Betten liegen, erzählt Baum lange von seinen Eheproblemen. Baum ist schon seit sieben Jahren verheiratet und hat einen kleinen Sohn. Mit der Zeit wurde ihm das Zusammensein mit seiner Frau immer unerträglicher, und dass er sie nicht schon längst verlassen hat, liegt nur an seinem Sohn, dem er diese Grausamkeit nicht antun will. Baum erklärt lang und breit, warum und wieso seine Ehe gescheitert ist, und alle Gründe laufen letztlich darauf hinaus, dass er die Ehe überhaupt für unmöglich hält.

Das glaubt Kafka nun auch, aber darüber hinaus glaubt er, dass *mit der Ehe die Lüge in die Welt gekommen ist.*[10] Baums Gründe dafür, warum sein Konflikt unlösbar ist, kommen ihm vor wie ein ziemlich wackliger Bau aus *Hilfskonstruktionen*[11], die er nicht nachvollziehen kann. Er hört seinem Freund geduldig zu und sagt nur »Ja« oder »Nein«, wenn jener eine Zustimmung oder Ablehnung zu erwarten scheint. Mitleid empfindet er nicht, nur Trauer darüber, dass die Sorgen seines Freundes ihn so wenig berühren und ihn nur müde machen.

Dabei ist Kafka ein gefragter Eheberater bei seinen Freunden, die offenbar alle mit ähnlichen Schwierigkeiten kämpfen. Auch Felix Weltsch hat sich seine Ehe anders vorgestellt. Das war allerdings bei ihm zu erwarten. Er ist ein Perfektionist, der es sich zum Motto gemacht hat, das Unmögliche zu wollen, beruflich und privat. Dass er mit seinen zwei Doktortiteln nun auf einer schlecht bezahlten Bibliothekarsstelle festsitzt, seine philosophischen Bücher und Seminare viel Mühe, aber wenig Anerkennung und Geld einbringen und auch seine Ehe seinem Ideal nicht entspricht, ist ein Unglück, mit dem er nicht zurechtkommt.

Max Brod hat andere Ideale, die seine Ehe aber nicht weniger belasten. Er ist auf der ständigen Suche nach seinem »erotischen Typ«[12], dem seine Frau Elsa leider nicht entspricht. Sie hat er geheiratet, weil er mit ihr seine Neigungen für Literatur und Kunst teilen konnte. Das ist, wie sich herausstellte, nicht genug. Nun hat Brod dauernd Affären mit anderen Frauen, die seinem »erotischen Typ« näher kommen. Und er weiß nicht, wie er sich entscheiden soll zwischen »Eros und Pflicht«.

Kafka war bei seinem letzten Aufenthalt in Prag bei Brods zu Besuch und sollte bei einem heftigen Ehestreit vermitteln. Brod ging im Zimmer hin und her und beschrieb wortreich seinen Konflikt. Kafka gab jedoch mehr seiner Frau Recht, die Max vorwarf, nicht zur Ehe zu taugen. Für Kafka gibt es keine unglücklichen Ehen, sondern *nur unfertige und unfertig sind sie, weil unfertige Menschen sie geschlossen haben*[13]. Auch der Konflikt, unter dem Max leidet, ist für ihn dessen Problem, das er in die Ehe hineingetragen hat. Zu erwarten, dass nun die Ehe oder seine Frau dieses Problem lösen, ist für Kafka ein Trug.

Brod allerdings glaubt nicht, dass Kafka in dieser Sache mitreden kann, da ihm, wie er sich ausdrückt, »das Tiefere des eigentlichen Sexuallebens« verschlossen sei.[14] Das gibt Kafka auch freimütig zu. *Was hast du mit dem Geschenk des Geschlechtes getan?*, fragt er sich in seinem Tagebuch.[15]

In Zürau lebt Kafka asketisch wie ein Mönch. Seine tägliche Milch, ein wenig Essen und ein ruhiges Zimmer genügen ihm schon. Die meiste Zeit liegt er in seinem Liegestuhl und schaut durch das Fenster auf den Dorfplatz, wo Kinder spielen oder der Trauerzug einer Beerdigung zur Kirche zieht. Drang zum Schreiben verspürt er keinen. Lesen tut er nur wenig, und wenn, dann greift er zu den Büchern des christlichen Philosophen Sören Kierkegaard, dem er sich verwandt fühlt.

Kierkegaard ist wie Kafka nicht an reiner Theorie interessiert, sondern daran, wie man mit seinen Vorstellungen lebt. Darum auch ist er ein Verfechter des Normalen. Nicht des banalen Alltags, sondern des in jedem Moment bewusst gelebten Lebens. Nur der aber, der den absoluten Anspruch des Göttlichen erfahren hat, kann für Kierkegaard die alltäglichen Situationen des Lebens richtig meistern, egal ob nun in der Familie, beim Arztbesuch oder beim Ausflug in den Tierpark. Das Höchste und das Tiefste, Gott und Welt gehören zusammen. Und wer beides in jedem Moment zusammenbringt, ist für Kierkegaard ein wahrer Held. Kein auffälliger, kein berühmter, kein gefeierter – das sind alles Formen der Eitelkeit –, sondern einer, der sich nach außen nicht von einem Spießbürger unterscheidet. Denn dieser unscheinbare Held weiß auch, dass das Besondere oder die »Wahrheit« sich nie ganz, nie spektakulär zeigen darf, sondern immer verborgen, immer indirekt.

Kierkegaard geht es um die Gegenwart oder, wie er es nennt, um den »Augenblick«. Das ist nicht der Moment, der gleich schon wieder vorbei ist. Es ist vielmehr der Zustand, in dem jemand aus allen Beziehungen und Zusammenhängen herausspringt und frei handelt. Wer so handelt, stützt sich nicht auf Erinnerungen, auf Traditionen, auf vorgegebene Theorien, nicht darauf, was andere schon einmal gemacht oder gedacht haben. Ebenso wenig orientiert er sich an Zielen und Idealen oder sieht sich in einer Entwicklung. Wer im Augenblick lebt, schwelgt nicht in Erinnerung und setzt nicht auf Hoffnungen. Er fällt aus der Zeit. Er sieht die Wirklichkeit mit neuen Augen, mit einem zweiten Blick, und in dieser »Wiederholung« blitzt in der alltäglichsten Erfahrung etwas von Ewigkeit auf. »Wer nur hoffen will, ist feig«, heißt es bei Kierkegaard, »wer nur erinnern will, ist wollüstig; aber wer die Wiederholung will, ist ein Mann, und je nachdrücklicher er sie sich klar zu machen verstanden hat, ein umso tieferer Mensch ist er.«[16]

Kafka ist nicht gläubig. Aber er weiß nur zu gut, was Kierkegaard mit »Augenblick« meint. Kafka ist selbst ein ewiger Anfänger.[17] Wo andere im Laufe ihres Lebens Routine entwickelt haben, muss er immer wieder von vorne beginnen. Es ist, als wäre er noch nicht richtig geboren. Ihm fehlt jede Sicherheit, die jemand besitzt, der Erfahrungen gesammelt hat und sich in Gewohnheiten zurücklehnen kann. Die Spielregeln des Zusammenlebens sind ihm ein Rätsel. Er kann nicht verstehen, warum er in der Arbeiter-Unfallversicherung Karriere machen soll. Und während alle um ihn herum heiraten, ist für ihn dieser Schritt ein ungeheuerlicher *gewaltsamer Stromschluss* zwischen zwei Menschen. Über seine schutzlose Hilflosigkeit schreibt er in einem Brief:

Es ist etwa so, wie wenn jemand vor jedem einzelnen Spaziergang nicht nur sich waschen, kämmen u.s.w. müsste – schon das ist ja mühselig genug –, sondern auch noch, da ihm vor jedem Spaziergang alles Notwendige immer wieder fehlt, auch noch das Kleid nähn, die Stiefel zusammenschustern, den Hut fabrizieren, den Stock zurechtschneiden u.s.w. Natürlich kann er das alles nicht gut machen, es hält vielleicht ein paar Gassen lang, aber auf dem Graben z. B. fällt plötzlich alles auseinander und er steht nackt da mit Fetzen und Bruchstücken. Diese Qual nun, auf dem Altstädter Ring zurückzulaufen![18]

Kafka bleibt ein Fremder, ein Fremder, dessen größter Wunsch es ist, auch dazuzugehören. Aber kann einer, für den immer wieder alles neu ist, ein normales, festgefügtes Leben führen in Beruf, Ehe und Familie?

Kierkegaard hat sich selbst nicht für fähig gehalten, das Wunderbare jederzeit mit seinem endlichen Leben zu verbinden. Er hat nicht aufgehört, in den höchsten Tönen über die Bedeutung der Ehe zu reden. Doch er selbst hat die Verbindung mit seiner langjährigen Verlobten Regine Olson schließlich aufgelöst und ist ein Junggeselle geblieben. Kafka hat fünf Jahre versucht, seinen *Eigensinn* zu bewahren und trotzdem eine normale Ehe zu beginnen. Hat er jetzt endgültig aufgegeben? Ist seine Krankheit Ausdruck dieser Kapitulation?

In Zürau bleibt Kafka ein Fremder, auch wenn er schon viele Dorfbewohner kennt. Den Bauern Feigl mit seinen fünf Töchtern. Den Bauern Kunz, der so lebhaft über seinen Hof erzählen kann. Den Bauern Lüftner, der vormals Knecht war und dann die Bäuerin geheiratet hat, sich wenig um die Landwirtschaft kümmert und dafür leidenschaftlich auf die Jagd geht, gerne trinkt und lustig ist.

Kafka bewundert sie alle. Sie sind für ihn *wirkliche Erdenbürger*[19], die *in der Wahrheit leben*, ihren Platz einnehmen und vor seelischen Schwankungen geschützt sind.

Am liebsten würde er nach dem Krieg in Zürau ein Häuschen mit einem Garten und einer kleinen Landwirtschaft kaufen. Das ist sein Traum. Die Zürauer haben sich auch schon an den kranken Doktor aus Prag gewöhnt und einen Vers auf ihn gemacht: »Der Doktor ist ein guter Mon / Gott wird sich seiner erborm.«[20]

Die Arbeiter-Unfall-Versicherungsanstalt erbarmt sich Franz Kafkas nicht. Am 2. Mai 1918 muss er wieder an seinem Schreibtisch sitzen. Und er wohnt wieder bei seinen Eltern im Oppelthaus, im früheren Zimmer von Ottla, die noch bis zum Herbst in Zürau bleiben will.

Kafkas Vater, bald sechsundsechzig Jahre alt und herzkrank, geht im Sommer in den Ruhestand und verkauft das Geschäft an einen Vetter seiner Frau. Kafka will seinem Vater die Sammlung von Erzählungen, die beim Wolff-Verlag unter dem Titel *Der Landarzt* erscheinen soll, widmen. Ob Hermann Kafka sich wieder beim Kartenspiel gestört fühlt und sagt: »Leg's auf den Nachttisch«?

Obwohl die Eltern mittlerweile von Kafkas Krankheit wissen, ist das Verhältnis von Vater und Sohn nicht besser geworden. Hermann Kafka glaubt, dass Franz und Ottla sich gegen ihn verschworen haben. Und dass Franz seine kleine Schwester finanziell unterstützen will, wenn sie im Herbst auf eine landwirtschaftliche Schule geht, bestärkt ihn nur in dieser Meinung. Zudem gibt er Franz auch die Schuld daran, dass die Asbestfabrik nun endgültig am Ende ist. Der Krieg hat die Produktion zum Stillstand gebracht und die Firma wird aufgelöst. Kafka ist also nun kein Unternehmer mehr.

Seine Pläne, vielleicht aufs Land oder doch nach Palästina zu gehen, hat er dagegen noch nicht aufgegeben. Er arbeitet im Sommer nach dem Bürodienst in Gärtnereien am Stadtrand und lernt daneben Hebräisch. Von Felice hat er nichts mehr gehört. Er hat ihr auch nicht mehr geschrieben.

Im Weltkrieg haben sich mittlerweile die USA auf die Seite der Gegner Deutschlands und Österreichs geschlagen. Mit den amerikanischen Soldaten kam auch eine hochansteckende Grippewelle nach Europa. In wenigen Monaten des Jahres 1918 starben mehr Menschen an dieser Epidemie, als die vier Kriegsjahre Opfer forderten. Diese so genannte Spanische Grippe erreicht im Herbst auch Prag und befällt fast jeden dritten Einwohner. Die Virusinfektion schwächt die Abwehrkräfte und sorgt dafür, dass die Zahl der Tuberkulosekranken weiter anwächst. Auch Kafka wird angesteckt. Drei Wochen muss er mit hohem Fieber, starkem Husten und einer Lungenentzündung im Bett verbringen.

Als er am Dienstag, den 19. November seinen Dienst in der Unfallversicherung wieder antritt, ist die Welt eine andere. Der Krieg ist vorbei. In Berlin und Wien war es zu revolutionären Aufständen gekommen. Ein allgemeiner Waffenstillstand ist verkündet worden. Der deutsche Kaiser ist ins Ausland geflüchtet. Kaiser Karl I. hat abgedankt. Die Donaumonarchie gibt es nicht mehr, sie hat sich aufgelöst. Und am 14. November 1918 hat der tschechische Nationalrat die Republik Tschechoslowakei ausgerufen und den ehemaligen Philosophieprofessor Tomáš Masaryk zum ersten Präsidenten gewählt.

XVIII. Der Teufel auf der Brücke

Der Zerfall des Habsburger Reiches und die Entstehung einer tschechoslowakischen Republik machen sich auch in der Prager Unfall-Versicherungsanstalt bemerkbar. Statt Deutsch ist jetzt Tschechisch Amtssprache und die Hinweistafeln in den Büros werden gemäß diesem Sprachwechsel ausgetauscht. Ausgetauscht werden auch viele deutsche Mitarbeiter in der Anstalt, unter anderem Kafkas direkter Vorgesetzter Eugen Pfohl und der leitende Direktor Robert Marschner.

Einer der wenigen, der diese Säuberungsaktion übersteht, ist Kafka. Vielleicht, weil er nie ganz deutsch und nie ganz tschechisch war. Oder weil er immer schon als Vorzeigejude galt und auch die neuen Herren so ihre Toleranz zeigen wollen. Jedenfalls muss er jetzt dankbar sein, dass er seinen Posten behalten darf. Und darin liegt eine gewisse Ironie, denn wahrscheinlich gab es keinen Mitarbeiter in der Anstalt, der sich sehnlicher gewünscht hat, seinen Arbeitsplatz zu verlieren. Zuletzt war er fest entschlossen zu kündigen, wenn sein Gesuch nach Pensionierung wieder abgelehnt wird.

Nun also sind ihm nicht einmal die weltgeschichtlichen Ereignisse zu Hilfe gekommen. Aber die politischen Umwälzungen haben ihn sowieso immer nur am Rande interessiert. Für ihn geht der Kampf um die Erlösung vom Arbeitsjoch weiter – auch unter neuen Bedingungen. Und es spricht für seine fachliche Anerkennung und für seine Beliebtheit, dass auch seine neuen Vorgesetzten auf seine angeschlagene Gesundheit Rücksicht nehmen.

Kafka hat nach seiner schweren Grippe einen Rückschlag erlitten und es wird ihm ein dreiwöchiger Urlaub gewährt. Seine Mutter begleitet ihn am 30. November 1918 nach Schelesen bei Liboch, wo Kafka sich in der »Pension Stüdl« erholen soll.

Julie Kafka hat ihren Sohn während seiner Krankheit aufopfernd gepflegt und tagelang geweint, als das hohe Fieber nicht mehr heruntergehen wollte. Nun, da Franz wieder halbwegs gesund ist, macht Ottla ihr Sorgen. Ihr Freund Josef David war vor kurzem zu Besuch im Oppelthaus und hat sich den Kafkas vorgestellt. Der junge Mann hat einen guten Eindruck gemacht. Er ist sprachgewandt, humorvoll und ein überzeugter tschechischer Nationalist, was in diesen Tagen nicht verkehrt sein kann. Aber ob jemand sympathisch ist oder ein geeigneter Ehemann, das ist für Hermann Kafka immer noch ein gewaltiger Unterschied. Er jedenfalls ist nicht einverstanden damit, dass seine jüngste Tochter einen christlichen Tschechen heiratet. Und vor allem käme schon wieder ein Habenichts in die Familie, der ihm nur auf dem Geldbeutel sitzt. David hat sein Jurastudium wegen Geldmangels abbrechen müssen und arbeitet jetzt in einer Prager Sparkasse.

Bei alledem ist überhaupt noch nicht sicher, ob Ottla wirklich heiratet. Ihre Pläne, nach Palästina auszuwandern, hat sie noch nicht aufgegeben. Und Kafka hat sie gedrängt, eine Ausbildung zu machen, um auf eigenen Füßen stehen zu können. Er hat sich die Prospekte verschiedener landwirtschaftlicher Schulen schicken lassen und endlich auch eine geeignete gefunden, in Friedland.

Seit Anfang November ist Ottla jetzt dort und fühlt sich gar nicht wohl. Sie und eine Mitschülerin sind die einzigen Mädchen. Als Vegetarierin bekommt sie nicht genügend Essen und das Lernen fällt ihr schwer. Wie bei Mädchen üblich hat Ottla nur eine Privatschule besucht, in der neben ein wenig Sprachunterricht hauptsächlich Nähen und Kochen auf dem Stundenplan standen. In Friedland soll sie nun Unmengen Stoff aus dicken Fachbüchern lernen und Referate halten.

Kafka wäre sehr stolz auf seine kleine Schwester, wenn sie die Schule schaffen würde. Aber er will sie auch nicht allzu sehr unter Druck setzen. *Sollte das Lernen oder die Gesundheit leiden, kommst du natürlich zurück*, hat er ihr geschrieben.[1] Weihnachten will er wieder in Prag sein. Dann soll Ottla ihre Bücher mit nach Hause nehmen, damit er ihr beim Lernen helfen kann.

Er würde es gerne sehen, wenn Ottla die Schule schafft und eigenständig bleibt, also nicht heiratet. Andererseits zeigt es ja gerade Ottlas Eigenständigkeit, dass sie mit Josef David eine so schwierige Partnerwahl getroffen hat und sich davon nicht abbringen lässt. Und wenn sie diese Sache zu Ende führt, so witzelt Kafka, dann hat sie mehr getan, als wenn sie zehn Juden geheiratet hätte.[2]

Kafka tröstet sich auch mit dem Gedanken, dass Ottla dann eben für sie beide heiratet. Für ihn ist das Thema Ehe endgültig erledigt. So glaubt er jedenfalls. Doch er glaubt auch, dass man solche Dinge nie ein für allemal wissen kann, sondern sie immer wieder von neuem und auf schmerzliche Weise erleben muss. Wie sehr er damit Recht hat, wird er sich bald selber beweisen.

Ende Januar 1919 ist Kafka wieder in der »Pension Stüdl« in Schelesen. Er hat sich vom Arzt der Versicherungsanstalt ein Attest ausstellen lassen und eine Verlängerung seines Genesungsurlaubs erreicht. Frau Olga Stüdl, die Besitzerin der Pension, die am Ortsrand von Schelesen liegt, hat um diese Zeit nur zwei Gäste: Kafka und eine junge, zwanzigjährige Frau, ebenfalls aus Prag, namens Hermine Pomeranz.[3] Hermine leidet ebenso wie Kafka an einer Entzündung der Lungenspitzen. Und beide verbringen, dick eingepackt in Decken, die meiste Zeit in ihren Liegestühlen auf dem Balkon, mit Blick auf die verschneiten Waldhänge, die Schelesen umgeben. Kafka nimmt oft sein Hebräisch-Lehrbuch zur Hand und lässt sich dann gern von der Pragerin Vokabeln abfragen.

Die junge Frau hat wohl ein Auge auf Kafka geworfen, mit dem sie lange Waldspaziergänge gemacht hat und der so verständnisvoll zuhören konnte. Darum ist sie enttäuscht, als nach zwei Wochen ein weiterer Gast, eine Frau, in die Pension kommt und ihre »schöne Zweisamkeit« stört. Kafka verbringt seine Zeit bald nur noch mit dieser Frau, obwohl die sich mit Hermine Pomeranz eigentlich nicht messen kann. Sie ist nicht besonders hübsch und nicht mehr die Jüngste, um die dreißig Jahre alt. Und sie kommt aus einfachsten Verhältnissen. Julie Wohryzek, so heißt sie, ist die Tochter eines Schusters und Gemeindedieners an der Synagoge im Prager Viertel Weinberge.[4]

Zwischen Kafka und ihr hat sich ein seltsames Verhältnis entwickelt. Immer wenn sie sich begegneten, beim Essen, beim Spazierengehen, mussten sie lachen, ununterbrochen und ohne besonderen Grund. Das wurde ihnen langsam selber peinlich, und sie versuchten, sich aus dem Weg zu gehen. Aber es hat sich gezeigt, dass das unmöglich ist. Sie werden zueinander hingezogen und können nichts dagegen tun.

Kafka kann anderen schwer begreiflich machen, was er an dieser Julie Wohryzek findet. Sie sei, so berichtet er Max Brod, eine *gewöhnliche und eine erstaunliche Erscheinung*. Erstaunlich, weil sie ein tapferes Herz hat und sehr ehrlich und selbstvergessen sein kann. Und das Gewöhnliche an ihr ist, dass sie Kino, Operetten und Lustspiele liebt, sich gern mit Puder und Schleier schön macht und eine unerschöpfliche Menge von *frechsten Jargonausdrücken* beherrscht. Im Ganzen, schreibt er an Brod, sei sie *sehr unwissend, mehr lustig als traurig – so etwa ist sie.*[5]

Die Situation erinnert an Kafkas Kuraufenthalt in Riva, als er die Schweizerin kennen lernte. Wie damals ist er rettungslos verliebt und wehrt sich trotzdem mit allen

Kräften dagegen, Julie zu nahe zu kommen. Alles, was er sich erlaubt, sind Hausbriefe an sie, und ab und zu hält er ihre kleine Hand länger als nötig. Dafür lacht er so viel wie die letzten fünf Jahre zusammen nicht. Und von Erholung kann natürlich auch keine Rede sein. Wegen seines Herzens müsste er eigentlich jeden Tag zum Arzt.

Kafka hält durch, sechs Wochen lang. Als Julie Wohryzek Anfang März drei Wochen vor Kafka aus Schelesen abreist, ist es ein herzzerbrechender Abschied. Aber die beiden sind sich einig, dass sie sich nicht mehr sehen werden. Kafka ist in diesen Dingen von einer erstaunlichen Radikalität. Für ihn gibt es nur alles oder nichts, Ehe oder endgültige Trennung. Heirat kommt aber für beide nicht in Frage, darüber hat man sich schon unterhalten. Julie war bereits verheiratet, ihr Mann ist im Krieg gefallen. Noch einmal will sie nicht heiraten, und sie hat sich auch damit abgefunden, dass sie keine Kinder haben wird. Kafka will vielleicht heiraten, aber er kann nicht, das hat der Kampf um Felice nun drastisch genug gezeigt. Also bleibt für ihn nur die Trennung.

Als er Ende März wieder nach Prag kommt, trifft er sich sofort mit Julie. *Wie gejagt* fliegen sie zueinander. Und auch in den folgenden Wochen und Monaten sieht man sie immer zusammen, abends in den Prager Gassen, beim Spazierengehen im Riegerpark oder beim Baden.[6]

Max Brod verfolgt die neue Liebe seines Freundes mit gemischten Gefühlen. Er ist froh, dass Kafka die Trennung von Felice überwunden hat und sich wieder verlieben kann. So ist es ihm auch leichter gefallen, Kafka schonend beizubringen, dass Felice Bauer Ende März geheiratet hat, einen Berliner Geschäftsmann namens Moritz Marasse. Kafka hat die Nachricht erleichtert aufgenommen. Er ist froh, dass er Felices Leben nicht zerstört hat und es ihr so gut geht.

Kafka will Julie Wohryzek tatsächlich heiraten. Ein Verhältnis wie bisher will und kann er nicht weiterführen. Und da sie voneinander nicht lassen können, kommt eben nur noch die Ehe in Frage. Das ist für Kafka nur vernünftig.

Anders als noch bei Felice sind jetzt auch die äußeren Voraussetzungen viel günstiger. Julie wird nicht aus Familie und Beruf gerissen. Es stellt sich nicht das Problem, wo sie leben sollen, in Prag oder Berlin. Alles, was er und Julie Wohryzek brauchen, ist eine Wohnung. So jedenfalls kommt es Kafka vor. Und er wird richtig ungeduldig bei dem Gedanken, dass nur noch so wenige Hindernisse überwunden werden müssen, damit sein Traum, ein Ehemann zu werden, doch noch in Erfüllung geht.

Aber schnell muss es gehen. Denn seine Ängste und Bedenken liegen schon auf der Lauer und können jederzeit wieder alles zerstören. Kafka geht oft über die Karlsbrücke und jedes Mal fällt sein Blick auf das Relief unter der Heiligenstatue. Es zeigt den Heiligen, wie er ein Feld pflügt und in den Pflug den Teufel eingespannt hat. Der ist zwar wütend, fletscht die Zähne und schaut mit schiefem, bösem Blick zu seinem Herrn, aber gehorchen muss er doch.[7]

Kafka kann seine Teufel noch unter Kontrolle halten. Aber wie lange noch? Wie lange dauert es, bis seine Zweifel wieder die Oberhand gewinnen und dann in seinem Kopf erst zu flüstern anfangen und dann zu schreien?

Im Hause Kafka herrscht große Aufregung, als man von Franz' Heiratsplänen erfährt. Sein Vater ist außer sich. Julie Wohryzeks Familie repräsentiert für ihn die unterste Gesellschaftsschicht. Eine Heirat seines Sohnes mit dieser Tochter eines Gemeindedieners wäre eine Schande für die Kafkas. *»Sie hat wahrscheinlich irgendeine ausgesuchte Bluse angezogen, wie die Prager Jüdinnen verstehen«*, hält er Kafka vor, *»und daraufhin hast du dich natürlich entschlossen, sie zu heiraten. Und zwar möglichst rasch, in einer Woche, morgen, heute. Ich begreife dich nicht, du bist doch ein erwachsener Mensch, bist in der Stadt, und weißt dir keinen anderen Rat, als gleich eine Beliebige zu heiraten. Gibt es da keine anderen Möglichkeiten? Wenn du dich davor fürchtest, werde ich selbst mit dir hingehn.«*[8] Dieses Angebot, mit seinem Sohn in ein Bordell zu gehen, hat Hermann Kafka schon einmal vor zwanzig Jahren gemacht. Aber damals war Franz ein Jugendlicher, heute ist er ein sechsunddreißigjähriger Mann. Und es ist für ihn die größte Demütigung, die sein Vater ihm jemals zugefügt hat. *Die Schande, die du damit mir antatest*, schreibt er später, *war dir nichts im Ver-*

gleich zu der Schande, die ich deiner Meinung nach deinem Namen durch die Heirat machen würde.[9]

Gegen den Widerstand des Vaters verlobt sich Kafka mit Julie Wohryzek im September und will so bald wie möglich heiraten. Die Teufel sind aber schon geweckt, und Kafka weiß, dass es ein *Wettrennen zwischen den äußeren Tatsachen und meiner inneren Schwäche*[10] werden wird. Und es scheint, als ob die äußeren Tatsachen dieses Mal gewinnen, als er und Julie in kurzer Zeit eine annehmbare Einzimmerwohnung in einer Vorstadtgegend finden, die sie am 1. November beziehen könnten. Sie bestellen das Aufgebot, der Termin für die Hochzeit wird auf einen Sonntag Ende Oktober festgelegt, eine kleine Woche noch und sie sind verheiratet – da erfahren sie zwei Tage vorher, am Freitag, dass die Wohnung schon anderweitig vergeben ist, und sie sagen die Hochzeit ab.

Die innere Schwäche hat doch wieder gesiegt. Für Kafka ist die Frist vorbei, innerhalb derer eine Heirat möglich gewesen wäre. Jetzt schreit ihm der Teufel Tag und Nacht ins Ohr, und er muss Julie sagen, dass sie Freunde bleiben, aber kein Ehepaar werden können.

Anstatt also mit seiner Ehefrau in die gemeinsame Wohnung zu ziehen, reist Kafka wieder nach Schelesen, in die »Pension Stüdl«. Dieses Mal begleitet von Max Brod, der aber nur einen Tag in Schelesen bleiben kann, weil er viel zu tun hat. Neben seinem Job in der Prager Postdirektion ist Brod ein ungemein produktiver und inzwischen auch namhafter Schriftsteller. Er hat gleich zwei neue Bücher geschrieben und im vergangenen Jahr sind Theaterstücke von ihm erfolgreich in Wien, Berlin und Dresden aufgeführt worden. Die Bühnenmusik zu seinem Stück *Eine Königin Esther* hat er gleich selbst komponiert.

Und als ob das alles noch nicht genug wäre, ist Brod neuerdings auch in die Politik eingestiegen. Für die ersten Parlamentswahlen in der Tschechoslowakei ist er als Spitzenkandidat der Jüdischen Partei aufgestellt. Tag und Nacht ist er jetzt eingespannt in den aufreibenden Wahlkampf, muss Reden halten, reisen und innerparteiliche Machtkämpfe schlichten. Daneben kümmert er sich auch noch um die schriftstellerische Karriere seines Freundes Franz Kafka, der eigentlich viel Zeit hat, dem es aber lieber ist, wenn sein Freund die Verlagsangelegenheiten regelt.

Seine Sammlung kleiner Erzählungen, die er seinem Vater widmen will, sollte schon längst erschienen sein. Aber beim Kurt-Wolff-Verlag findet man nach dem Krieg anscheinend nur langsam wieder zur Normalität zurück. Das Manuskript ist erst verschlampt worden und nun wird der Druck ein ums andere Mal verschoben.

In Schelesen hat Kafka Korrekturbögen dabei und lässt andere Kurgäste seine Erzählung *Ein Landarzt* lesen. Eine Leserin hält die Geschichte für »Variationen über die Fruchtbarkeit dieses Berufs«.[11] Kafkas Held ist aber doch ein sehr seltsamer Arzt. Er bricht mitten in der

Nacht, im Schneesturm, zu einem Notfall auf, mit gespensterhaften Pferden, die ihm ein unheimlicher Knecht angespannt hat, der sich über die Haushälterin Rosa hermacht. Wie im Flug gelangt er vor ein Krankenbett, in dem ein Junge liegt mit einer handtellergroßen, rosa Wunde an der Hüfte, in der sich Würmer winden. Dem Jungen ist nicht zu helfen und der Arzt wird von der Familie und den Dorfältesten entkleidet und zum Jungen ins Bett gelegt. Es gelingt ihm, zu entfliehen, aber er muss ruhelos umherirren. Nach Hause kann er nicht mehr, da wütet der Pferdeknecht. *Einmal dem Fehlläuten der Nachtglocke gefolgt*, so endet die Erzählung, – *es ist niemals gutzumachen.*[12]

Kafka weiß zwar, wenn die Wahrheit seiner Geschichte *zweifellos* ist, aber er kann nicht sagen, was sie bedeutet. Vor allem hütet er sich davor, sie psychologisch auszulegen. Psychologie ist für ihn die *Beschreibung einer Spiegelung* oder eine Form von *Ungeduld*. Sie führt schnell zu erstaunlichen Ergebnissen, die im ersten Moment zwar sättigen, kurz darauf ist man aber wieder ebenso hungrig wie zuvor. Vor allem hält er es für einen *hilflosen Irrtum*, dass man durch Psychologie oder Psychoanalyse heilen kann. Was dort Krankheit genannt wird, sind für ihn *Glaubenstatsachen, Verankerungen des in Not befindlichen Menschen in irgendwelchem mütterlichen Boden.*[13]

Auch die Wunde des Jungen in der Erzählung *Ein Landarzt* ist unheilbar. Kafka glaubt nicht, dass die Medizin eine derartige Krankheit kennt, er hat sie sich, wie er einmal sagt, *zusammenphantasiert.* Was nicht heißt, dass es sie nicht gibt. Als bei ihm die Lungentuberkulose festgestellt wurde, schrieb er an Max Brod: *Aber ich klage ja nicht, heute weniger als sonst. Auch habe ich es selbst vorausgesagt. Erinnerst du dich an die Blutwunde im »Landarzt«?*[14]

In Schelesen liegt Kafka den ganzen Tag in der frischen Winterluft. Abends und nachts schreibt er an einem Brief an seinen Vater, der, als er fertig ist, mehr als hundert Seiten umfasst. *Liebster Vater,* so beginnt der Brief, *du hast mich letzthin einmal gefragt, warum ich behaupte, ich hätte Furcht vor dir.*[15] Auf den folgenden Seiten versucht Kafka zu erklären, warum er Angst vor seinem Vater hat. Es soll aber keine Anklage sein. Und auf keinen Fall will er sagen, dass der Vater schuld ist am Unglück seines Sohnes. Niemand hat Schuld. Beide, Vater und Sohn, sind einfach nur völlig verschieden und der Vater hat *kraft seiner Natur* eine so ungeheure Wirkung auf Kafka gehabt. Sein starker Wille, sein Temperament, seine Geschäftstüchtigkeit, sein Jähzorn – das alles gehört zum Vater und hat aus dem bettelarmen Sohn eines Fleischhauers einen erfolgreichen Geschäftsmann und Familienvater gemacht. Seine Eigenschaften haben aber auch bewirkt, dass Kafka schon als Kind jedes Selbstvertrauen verloren und es gegen ein *grenzenloses Schuldbewusstsein* eingetauscht hat.

In seinem weiteren Leben war dann jede Entscheidung untergründig von den Vorstellungen des Vaters bestimmt, ob es nun um die Schule, die Berufswahl oder um die richtige Ehefrau ging. Dabei hatte Kafka immer schon von vornherein verloren. Er konnte den Erwartungen seines Vaters nie gerecht werden. Und wenn er sich dann so verhalten hat, dass der Vater ihn für undankbar, für feindselig hielt, so war das kein böser Wille, sondern der verzweifelte Versuch, sich vor der Übermacht des Vater zu schützen und einen Rest Eigenständigkeit zu bewahren. Diese Eigenständigkeit fand er nur im Schreiben und das ist dem Vater immer das Fremdeste an seinem Sohn geblieben. Dabei ging es ihm in seinen Texten um den Vater. *Mein Schreiben handelte von dir,* schreibt Kafka, *ich klagte ja dort nur, was ich an deiner Brust nicht klagen konnte.*

Am 20. November 1919 kehrt Kafka wieder zurück nach Prag, in das Oppelthaus, in die Wohnung seiner Eltern. Er kommt von ihnen nicht los, genauso wenig wie von Prag, dem Mütterchen mit Krallen. Je weniger er selber dazu fähig ist, desto mehr ermutigt er andere, Heimat und Familie zu verlassen. Viel würde er darum geben, wenn Ottla nicht heiraten würde und aus Prag wegginge. Sie hat die Prüfungen in Friedland bestanden und spielt nun mit dem Gedanken, in eine landwirtschaftliche Schule nach Köln zu gehen, wo man auf die Auswanderung nach Palästina vorbereitet wird.

In Schelesen hat Kafka ein Mädchen kennen gelernt, das ihn sehr an Ottla erinnerte und mit dem er jetzt häufig Briefe wechselt. Wie Ottla schwankt diese Minze Eisner hin und her, ob sie eine landwirtschaftliche Ausbildung machen oder doch lieber zu ihrer wohlhabenden Familie nach Teplitz zurückkehren soll. Kafka sucht für Minze nach geeigneten Schulen, und er möchte unbedingt verhindern, dass sie wieder in die Heimat geht. Ein Heimatort ist für ihn nichts Schönes, sondern, so schreibt er an Minze, *etwas sehr Unheimatliches, ein Ort der Erinnerungen, der Wehmut, der Kleinlichkeit, der Scham, der Verführung, des Missbrauches der Kräfte.*[16]

Geradezu entsetzt ist Kafka, als Minze Eisner ihm schreibt, dass sie nun vielleicht doch heiraten wird, um in Teplitz »Ruhe und Heim« zu finden wie ihre Mutter. *Was ist das für ein »Heim«*, schreibt er zurück, *wenn in allen warmen Zimmerecken Ihre Teufel sitzen, keiner fehlt und alle werden immerfort mächtiger gerade um das, um das Sie schwächer werden.*[17]

Es ist noch nicht lange her, dass auch Kafka sich ein Heim in Prag schaffen wollte. Seine *beißenden, nächtezerstörenden Teufel* haben es verhindert. Solche Teufel hat für Kafka jeder. Sie gehören zum Leben, sind das Leben. Es sind auch die Träume, denen man einmal nachgejagt ist und von denen man nun gejagt wird.

Kafka hat Julie Wohryzek wiedergesehen. Von Heirat ist nun endgültig keine Rede mehr. Aber trennen will sich Kafka auch nicht von ihr, außer sie findet einen Mann, der sie heiratet und mit dem sie glücklich wird. Im nächsten Frühjahr will er mit ihr vielleicht nach München reisen, um *ein anderes Stück Welt* zu sehen.

Den *Brief an den Vater* hat Hermann Kafka nie bekommen. Die Mutter hat ihn gelesen und es dann für besser gehalten, wenn Kafka seinen Brief für sich behält.

XIX. Angst

Im Frühjahr 1920 ist Kafka nicht in München, sondern in Meran, alleine, ohne Julie Wohryzek. Der Zustand seiner Lungen hat sich verschlechtert. Seine Vorgesetzten haben ihm einen achtwöchigen Urlaub gewährt und erwarten von ihm, dass er nun endlich seine Krankheit auskuriert. Der Arzt der Anstalt riet ihm dringend, in ein Lungensanatorium zu gehen. Aber Kafka ist nicht in einem Sanatorium, sondern in einem vornehmen Hotel, aus dem er schnell wieder wegwill, weil es viel zu teuer ist für ihn.

Mit Julie will er sich auf seiner Rückreise nach Prag in Karlsbad treffen und dort ein paar Tage mit ihr verbringen. So haben sie es ausgemacht. Julie hängt sehr an Kafka, und sie hofft immer noch, dass sie zusammenbleiben, mit oder ohne Trauschein.

Am Ostermontag zieht Kafka los, um eine billigere Unterkunft zu finden. Als er nach vielen vergeblichen Anfragen an der Hausglocke der »Pension Ottoburg« läutet, kommt eine aufgeregte Kirchgängerin vorbei und schreit ihn an: »Luther ist ein Teufel!«[1] Nun weiß Kafka also, dass er sich in einer erzkatholischen Gegend befindet, in der anscheinend nicht nur der Reformator Martin Luther, sondern auch die Juden des Teufels sind. Im Leitartikel der katholischen Lokalzeitung jedenfalls kann er lesen, dass der Zionismus nichts anderes sei als der Versuch, alles Bestehende zu zerstören und eine jüdische Weltherrschaft aufzubauen.[2]

Alles, was der Jude Kafka will, ist ein Zimmer und tatsächlich ist in der »Pension Ottoburg« eines frei. Die anderen Gäste sind alte Damen und Offiziere, alle sehr christlich und deutsch und alle auf eine für Kafka sehr freundliche und unschuldige Weise judenfeindlich. Sie wollen es nicht zulassen, dass Kafka abseits, an einem eigenen Tisch, seine Mahlzeiten »fletschert«. Am gemeinsamen Speisetisch entschuldigen sie sich dann bei ihm, wenn sie über die Feigheit der jüdischen Soldaten im verlorenen Weltkrieg berichten oder über die jüdischen Kommunisten herziehen, die versucht haben, in Bayern eine Räterepublik aufzubauen. Wo sie den Herrn Doktor aus Prag einordnen sollen, darüber herrscht große Konfusion. Und Kafka soll dem deutschen General erklären, was er eigentlich ist: Ein Tscheche? Ein Jude? Ein Deutschböhme? Kafka gelingt es nicht. Und er macht wieder, was er am besten kann, nämlich *aufrichtig und glücklich* zuhören, mit offenem Mund, Lächeln, großen Augen, fortwährendem Kopfnicken und einem unnachahmlichen Halsstrecken, das, so schreibt er an Max Brod, nicht nur demütig sei, *sondern auch das Ablösen der Worte von den Lippen des anderen erleichtern will.*[3]

Auch im milden Klima Merans wird es mit Kafkas Gesundheit nicht besser. Das hat er auch nicht erwartet. Wenigstens an Gewicht wollte er zunehmen, damit er bei seiner Rückkehr ins Büro äußerlich einen erholten

Eindruck macht. Doch das Essen in der Pension schlägt nicht an. Am Ende der acht Wochen zeigt die Waage nicht mehr als die knapp 58 Kilo, mit denen er angekommen ist.

Die Vorgesetzten in Prag sehen offenbar auch keinen Sinn darin, wenn Kafka so krank zurückkehrt, wie er weggefahren ist. Notgedrungen erlauben sie ihm, dass er noch in Meran bleibt und gleich seinen fünfwöchigen Jahresurlaub dort verbringt. Anfang Juli muss er spätestens wieder in Prag sein. Dann ist auch wieder Hochzeit in der Familie Kafka. Ottla hat sich nun doch entschieden, ihren Josef zu heiraten.

Dass Kafka sich in Meran so schlecht erholt und kaum schlafen kann, hat auch einen Grund, von dem man in Prag nichts weiß. Es ist der gleiche Grund, der ihn veranlasst, ein Telegramm an Julie Wohryzek zu schicken, in dem er ihr mitteilt, dass er nicht nach Karlsbad kommen wird. Er sei zu zerrüttet, schreibt er ihr. Das ist eine Entschuldigung, die zwar stimmt, aber das Wesentliche verschweigt. Käme er nach Karlsbad, würde er vor Julie nicht verheimlichen können, was mit ihm los ist. Dass er sich in eine Frau verliebt hat oder, richtiger gesagt, in die Briefe einer Frau.

Alles hat ganz harmlos angefangen. Noch in Prag hat er einen Brief von einer Milena Jesenská bekommen, die ihn bat, seine Erzählung *Der Heizer* ins Tschechische übersetzen zu dürfen. Kafka kannte diese Milena flüchtig von früher, und er wusste, dass sie mit Ernst Pollak, einem bekannten Kaffeehausliteraten, verheiratet ist und mit ihm nun in Wien lebt.

Aus dem ersten Kontakt wurde bald ein täglicher Briefwechsel, in dem es um anderes ging als um Fragen der Übersetzung. Kafka wurde süchtig nach den Briefen aus Wien, wie er süchtig war nach den Briefen von Felice aus Berlin. Es ist dieses ungeheure Versprechen, das sie enthalten, das Versprechen von Verständnis und Liebe. Und gleichzeitig gehört dazu die Angst, dass hinter den Worten ein Mensch aus Fleisch und Blut steckt, der diese Hoffnungen enttäuschen kann.

Hat Kafka nicht hunderte dieser Briefe bekommen und selbst geschrieben? Aber dieses Mal ist es anders als mit Felice. Milena ermahnt ihn nicht, sein Leben auf festen Boden zu stellen. Milena hat scheinbar keine Angst vor Kafkas Angst. Sie versteht diese Angst, ja, gibt ihr sogar Recht, und was das Wunderbarste ist – sie sagt, dass diese Angst nicht sein muss, dass Kafka ohne sie leben könnte.

Für Kafka ist Milena ein *lebendiges Feuer*[4], wie er es noch nie erlebt hat. Sie kann mit ihrer Klugheit und ihrem Mut ganz für andere da sein, obwohl sie schlimme Erfahrungen hinter sich hat und selbst Hilfe und Trost nötig hätte.

Vielleicht noch stärker als bei Kafka ist Milenas Leben überschattet von der Gestalt des Vaters. Doktor Jan Jesenský ist in Prag ein hoch angesehener Mann: Professor an der Karlsuniversität, ein berühmter Kieferchirurg mit einer gut gehenden Praxis in der eleganten Ferdinandgasse. Nach dem frühen Tod der Mutter wurde Milena von ihrem Vater mit vielen Freiheiten, aber auch mit brutaler Strenge erzogen. Sie durfte das fortschrittliche Prager Mädchengymnasium »Minerva« besuchen und entwickelte sich zu einem selbstbewussten jungen Mädchen, das mit seinen selbst entworfenen extravaganten Kleidern und seinen Skandalgeschichten in Prag für Aufsehen sorgte.

In ihrem wilden Lebensdrang ließ Milena keine Erfahrung aus. Sie trieb sich in Cafés herum, verkehrte viel mit echten und angeblichen Künstlern und machte auch vor Drogen nicht Halt. Der Vater sah diesem Treiben zu, bis sie die Schule beendet hatte. Dann sollte sie zur Vernunft kommen und ein Leben nach seinen Vorstellungen führen. Aber das Medizinstudium, das sie nach seinem Willen begann, gab sie bald wieder auf und kehrte zurück in ihre Künstlerkreise. Dort lernte sie auch den zehn Jahre älteren Ernst Pollak kennen.

Für Jan Jesenský war es nun Zeit, einzuschreiten. Als überzeugter Tscheche wollte er die Verbindung seiner Tochter mit einem Juden und »notorischen Kaffeehaussitzer«[5] mit allen Mitteln verhindern. Er schickte Milena aufs Land, weg von Pollak, und als auch das nichts half, entschloss er sich zu einer drastischen Maßnahme. Er ließ Milena mit Gewalt in die Nervenheilanstalt nach Weleslawin bringen. Neun Monate wurde Milena dort festgehalten, oder besser, man versuchte sie festzuhalten, denn Milena schaffte es doch, sich mit Pollak zu treffen. Schließlich gab es Jan Jesenský auf, seine Tochter zu zähmen. Als sie volljährig war, wollte er nichts mehr mit ihr zu tun haben und verweigerte fortan jegliche Unterstützung.

Milena heiratete Ernst Pollak, und die beiden zogen nach Wien, wo Pollak eine Stelle bei einer Bank fand. Glücklich ist Milena allerdings nicht. In der österreichischen Hauptstadt fühlt sie sich fremd und die Ehe mit ihrem Mann hat sie sich auch anders vorgestellt. Pollak sitzt die meiste Zeit mit seinen Freunden im »Café Herrenhof«. Als Anhänger einer anti-religiösen und sehr an den Naturwissenschaften orientierten Weltanschauung hält er nichts von einer bürgerlichen Ehemoral. Ganz offen betrügt er Milena mit anderen Frauen. Und er sieht auch nicht ein, warum er seine Ehefrau mit seinem Gehalt ernähren soll.

Milena, die zeitweise Hunger leidet und kaum Kleider zum Anziehen hat, verdient sich ein wenig Geld, indem sie Reisenden auf dem Bahnhof die Koffer schleppt. Daneben schreibt sie Artikel für eine Modezeitschrift und übersetzt Bücher ins Tschechische, um sich als Journalistin einen Namen zu machen. Sie schickt Kafka ihre Übersetzung seiner Erzählung *Der Heizer* nach Meran. Und Kafka ist begeistert.

Er kann nicht verstehen, was Milena bei ihrem Mann hält. Aber der Wunsch, dessen Stelle einzunehmen, verstärkt nur seine Angst. Kafka bewundert Männer wie

Pollak, die viele Frauen haben. Er hat Pollak einmal in einem Prager Café erlebt, und es hat ihm ungeheuer imponiert, dass er den ganzen Abend über angerufen und zum Telefon geholt wurde. Gegenüber einem Mann wie Pollak fühlt sich Kafka wie der Bauer im Schachspiel oder, wenn es so etwas gäbe, wie der *Bauer eines Bauern*[6], der König werden möchte.

Kafka träumt davon, König zu werden. In Wirklichkeit würde er es nie wagen. Sein Mut geht immerhin so weit, dass er Milena vorschlägt, sie solle sich eine Zeit lang fern von Wien auf seine Kosten erholen.

Milena, die Kafka nicht Franz, sondern »Frank« nennt, will jedoch nicht weg von Wien und von ihrem Mann. Aber sie will, dass »Frank« für einige Tage nach Wien kommt. Und sie hält es für eine typische jüdische Ängstlichkeit, dass Kafka so zögerlich und unentschlossen ist. Es ist aber keine Ängstlichkeit, es ist mehr, es ist Angst. Immer wieder verweist Kafka in seinen Briefen an Milena auf seine Angst. Die Angst, die ihn beherrscht, die Angst, die ihn fortschwemmt, die Angst, aus der er besteht und die er nicht verstehen kann.

Es ist eben nicht so wie bei seinem Freund Max Brod, der auch von Unglück und Verzweiflung geplagt wird, der aber einen festen inneren Kern hat, aus dem heraus er arbeiten und seine Lage überschauen kann. Kafka hat keinen festen Kern, bei ihm brennt nicht nur das Dach, sondern das ganze Haus, innen und außen.

In Meran begegnet ihm auf seinen Spaziergängen oft

ein Ehepaar mit drei kleinen Töchtern. Die Mädchen laufen gleich auf ihn zu und versuchen jedes Mal, ihn ins Wasser zu werfen, ob nun ein Fluss oder Bach in der Nähe ist oder nicht. Die Eltern sehen lächelnd zu und Kafka lächelt auch. Aber ihm ist unheimlich zumute. Für die Kinder ist es ein Spiel, aber ein sehr ernstes, das die Erwachsenen mit ihren Vorstellungen überhaupt nicht begreifen können. *Unheimlich sind Kinder, wenn man ihre Worte und Absichten ausfüllt mit dem Wissen und Absichten der Erwachsenen*, meint Kafka.[7] So kindlich fühlt auch er sich in seiner Angst, die etwas Unheimliches bekommt, wenn er oder andere versuchen, sie zu erklären. Dabei glaubt er durchaus, dass seine Angst einen Grund hat, aber der liegt irgendwo, wo er ihm entzogen ist. In seiner Erzählung *Eine kaiserliche Botschaft* vergleicht er das einmal mit der Botschaft eines Kaisers, die jener seinem Boten ins Ohr flüstert, der daraufhin gleich losrennt, aber in den Gassen, Straßen und Plätzen unendlich lange unterwegs ist und nie zu jenem Empfänger kommen wird, für den die Botschaft bestimmt ist und der sehnsüchtig darauf wartet.[8]

Milena wartet in Wien auf Kafka. Der sitzt in Meran und verbringt schlaflose Nächte damit, hin und her zu überlegen, ob er fahren soll oder nicht. Einmal meldet er nach Wien, dass er ganz sicher nicht kommt. Doch zwei Wochen vor seiner Abreise aus Meran schreibt er an Milena: *Ja, das wollte ich noch sagen: wenn Sie gegen Ende der 14 Tage noch so fest wie Freitag es wollen, dass ich komme, dann komme ich.*[9]

Am 29. Juni ist Kafka in Wien und mietet ein Zimmer in einem schäbigen Hotel am Südbahnhof. Seine Angst vor dem Treffen mit Milena schwindet in ihrer Gegenwart und er wird jeden Tag ruhiger, glücklicher und gesünder. Und Milena Jesenská lebt vier Tage staunend mit einem Menschen, für den die einfachsten Dinge zu unüberwindlichen Hürden werden. »Für ihn ist das Leben etwas gänzlich anders als für alle andren Menschen«, erzählt sie später Max Brod, »vor allem sind für ihn das Geld, die Börse, die Devisenzentrale, eine Schreibmaschine völlig mystische Dinge (und sie sind es ja in der Tat, nur für uns andere nicht), sie sind für ihn die seltsamsten Rätsel.«[10] So gehen sie einmal in ein Postamt, weil Kafka ein Telegramm aufgeben will. Zunächst dauert es schon sehr lange, bis er den richtigen Schalter gefunden hat. Dann zahlt er und bekommt Wechselgeld heraus. Er zählt nach und gibt dann der Schalterfrau eine Krone zurück, die er seiner Meinung nach zu viel bekommen hat. Beim Weggehen zählt er noch mal nach und entdeckt, dass er sich getäuscht hat und die Krone ihm gehört. Was soll er jetzt machen? Als Milena meint: »Also lass es doch sein«, ist er entsetzt. Wie kann man so eine Sache einfach auf sich beruhen lassen!

Fast das Gleiche wiederholt sich, als Kafka einer Bettlerin ein Zweikronenstück gibt und eine Krone heraushaben möchte. Die Bettlerin hat aber kein Geld zum Herausgeben, und er diskutiert lange mit Milena, was nun zu machen sei. Schließlich lässt er der Bettlerin das Geld, bereut es aber kurz darauf wieder.

Dabei ist Kafka nicht die Spur geizig. Er würde Milena mit Freuden und bedenkenlos zwanzigtausend Kronen schenken, so wie er auch Kollegen aus seinem Büro Geld schenkt. Aber wenn sie zwanzigtausendundeine Krone haben möchte und er irgendwo wechseln müsste, würde ihn diese eine Krone wieder in endlose Verwirrung stürzen. »Ach nein«, stellt Milena fest, »diese ganze Welt ist und bleibt ihm rätselhaft. Ein mystisches Geheimnis. Etwas, was er nicht zu leisten vermag und was er mit rührender reiner Naivität hochschätzt, weil es ›geschäftstüchtig‹ war.«[11]

Milena glaubt auch nicht, dass Kafka je wieder gesund werden kann, weil seine Krankheit eben mit dieser »Naivität« zusammenhängt und es ihm nie erlaubt, normal zu leben. »Gewiss steht die Sache so«, meint sie, »dass wir alle dem Augenschein nach fähig sind zu leben, weil wir irgend einmal zur Lüge geflohen sind, zur Blindheit, zur Begeisterung, zum Optimismus, zu einer Überzeugung, zum Pessimismus oder zu sonst etwas. Aber er ist nie in ein schützendes Asyl geflohen, in keines. Er ist absolut unfähig zu lügen, so wie er unfähig ist, sich zu betrinken. Er ist ohne die geringste Zuflucht, ohne Obdach. Darum ist er allem ausgesetzt, wovor wir geschützt sind. Er ist ein Nackter unter Angekleideten.«[12]

Am letzten Tag, es ist Kafkas siebenunddreißigster Geburtstag, machen sie einen Ausflug in den Wienerwald. Milena rennt voraus die Hügel hinauf und Kafka stapft tapfer hinterher. Den ganzen Tag laufen sie in der prallen Sonne. Kafka hustet kein einziges Mal, und abends hat er einen Bärenhunger, isst Unmengen und schläft wie ein Murmeltier. An diesem schönen Tag lagen er und Milena im Wald, und Kafka küsste zuerst Milenas rechte Schulter, dann, als sie ihre Bluse ein wenig weggezogen hat, ihre linke und legte dann seinen Kopf auf ihre halb entblößte Brust.

In solchen Stunden erscheint es Franz und Milena als das Klarste, dass sie zusammengehören und auch zusammenbleiben. Alles, was dagegen spricht, kommt ihnen nichtig vor und sie müssen sich doch danach richten. Natürlich ist Milena verheiratet und Kafka muss zurück in sein Büro nach Prag. Doch er verlässt Wien mit einer Erfahrung, an die er fast nicht mehr geglaubt hat: Mit Milena ist Leben möglich. Bisher dachte er nämlich, dass er das Leben und andere Menschen nicht aushalten kann. Nun weiß er, dass es nicht das Leben ist, das für ihn unerträglich war, sondern eine bestimmte Art von Leben. Er liebt Milena, sofern Liebe eben auch bedeutet, dass er das neue Dasein liebt, das sie ihm geschenkt hat.

Kafka ist glücklich, und er erträgt in diesem Hochgefühl alles, was in Prag auf ihn wartet. Wegen der bevorstehenden Hochzeit Ottlas geht es in der Wohnung der Eltern zu wie im Taubenschlag. Auch Onkel Alfred aus

Madrid ist angereist und wird in Kafkas Zimmer untergebracht, der vorübergehend zu Elli ziehen muss. Beim Hochzeitsessen am 15. Juli sitzt Kafka dann zwischen den Schwestern seines neuen Schwagers, eine Myrte im Knopfloch. Es sind nette Mädchen, doch Kafka denkt nur an Milena. *Was für ein leichtes Leben wird es sein, wenn wir beide zusammen sind*, schreibt er an Milena.[13]

Gleich nach seiner Rückkehr hat er mit Julie Wohryzek gesprochen und ihr alles gesagt. Julie war am Boden zerstört und zitterte am ganzen Körper. Kafka erzählte ihr von Meran und konnte ihr nur immer wieder sagen, dass neben Milena für ihn alles andere verschwindet. Julie wollte wissen, ob er sie nun wegschicke, und Kafka sagte ja.[14] Für ihn ist die Verlobung mit Julie nun endgültig aufgelöst.

Milena ist nicht so entschieden in ihrer Beziehung zu Ernst Pollak. Obwohl er sie schlecht behandelt und sie dauernd betrügt, hängt sie sehr an ihm und kommt nicht von ihm los. Warum, das kann sie selbst nicht sagen. Und Kafka kann ihre merkwürdige Treue auch nicht verstehen. Jedenfalls sieht er sich nicht als Konkurrent von Pollak, der mit ihm nun um Milena kämpft. Und es ist für ihn auch falsch, wenn Milena denkt, sie müsse zwischen ihrem Mann und Kafka wählen. Vielmehr geht es für Kafka darum, was Milena will oder nicht will. Es ist ein Problem, das sie mit sich selber auskämpfen muss.

Milena gesteht sich erst allmählich ein, dass sie, seit sie Kafka kennt, nicht mehr weiß, was sie will. Sie bewundert, ja verehrt ihn grenzenlos. Für sie ist er der einzige gesunde Mensch inmitten einer kranken Welt. Und die gemeinsamen Tage in Wien haben gezeigt, dass er nur mit ihr seine Angst überwinden und glücklich leben kann.

Andererseits ist sie eine lebenshungrige junge Frau mit einer rasenden Sehnsucht nach einem anderen Leben, einem anderen auch als dem mit Ernst Pollak. Ein Leben mit Kindern, das, wie sie einmal sagt, »der Erde sehr nahe wäre«[15]. An der Seite von Kafka wäre so ein Leben ebenfalls nicht möglich. Auf keinen Fall möchte sie Kafka verletzen oder enttäuschen. Und auf keinen Fall möchte sie, dass es mit seiner Krankheit wieder schlimmer wird.

Milena ist ratlos und verzweifelt. Sie sucht Rat bei ihren alten Schulfreundinnen in Prag und schüttet auch Max Brod ihr Herz aus. Mit ihm ist sie sich darüber einig, dass Franz schnellstens in eine Kuranstalt wie Davos sollte. Denn die Ärzte haben festgestellt, dass sein Aufenthalt in Meran keine Besserung bewirkt hat und sein Zustand eher noch bedenklicher geworden ist. Dabei weiß Milena doch, dass kein Sanatorium ihm helfen kann, sondern nur sie. In seinen täglichen Briefen versichert er ihr, welches Glück sie für ihn bedeutet. Wenn ein zum Sterben Bestimmter durch Glück am Leben bleiben könne, so schreibt er, dann werde er am Leben bleiben.[16]

Für Kafka ist es tatsächlich eine Frage um Leben und Tod, ob Milena zu ihm nach Prag kommt oder nicht.

Aber Milena kommt nicht. Dagegen will sie unbedingt, dass Kafka nach Wien kommt. Er hat keinen Urlaub mehr, und seinen Vorgesetzten etwas vorlügen, damit er ein paar Tage frei bekommt, das kann er nicht. Aber sehen müssen sie sich. Vor allem Milena drängt mit aller Gewalt darauf. Sie hofft, dass alle Missverständnisse und Zweifel, die sich in ihren Briefwechsel eingeschlichen haben, verschwinden, wenn sie sich wieder gegenüberstehen wie in Wien, als es nur Vertrauen und Offenheit zwischen ihnen gab.

Die Notlösung ist nun Gmünd, der Grenzort zwischen der tschechoslowakischen Republik und Österreich. An einem Wochenende Mitte August verbringen er und Milena dort einen Abend und einen Tag. Nach Wien kam er damals wie ein krankes Tier und jeden Tag wurde er entspannter und glücklicher. Nach Gmünd kommt er zuversichtlich *wie ein Hausbesitzer* und mit jeder Stunde ihres Zusammenseins wird er unsicherer und trauriger.

Das fängt schon damit an, dass Milena ihn fragt, ob er ihr in Prag auch treu geblieben sei. Das meint sie wahrscheinlich scherzhaft, um die erste Verlegenheit etwas aufzulockern. Kafka versteht aber nicht, wie sie so etwas fragen kann, nachdem sie seine Briefe gelesen hat. Solche Gespräche will er nicht, und er macht es nur noch schlimmer, als er ihre Frage bejaht und sagt, dass er ihr treu gewesen sei. *An dem Tag*, erinnert er sich später, *sprachen wir miteinander und hörten einander zu, oft und lange, wie fremde Menschen.*[17]

Auch Milena hat diese Entfremdung bemerkt. Im Rückblick glaubt sie, dass für Kafka damals ihr innerer Kampf sichtbar geworden ist und ihn das erschreckt hat. Es war ja gerade das Wunderbare an Milena, dass er ihr alles sagen und seinen Kopf an ihrer Brust ausruhen konnte. Nun ist dieses Vertrauen nicht mehr da, und es zeigen sich jene Zweifel, die Kafka so fürchtet. Sie müssen, im Kern, schon in Wien da gewesen sein. Milena wehrte sich wohl gegen diese Zweifel, aber sie haben sich dann »gegen ihren Willen« doch durchgesetzt. »Ich habe seine Angst eher gekannt, als ich ihn gekannt habe«, wird Milena Max Brod bekennen. »Ich habe mich gegen sie gepanzert, indem ich sie begriffen habe.«[18]

Kafkas Angst ist aber nicht zu begreifen. Auch mit seinen Texten will er sie nicht begreifen. Ebenso, wie er selbst von dieser Angst ausgefüllt ist, ohne dass er sie verstehen kann, so sind auch jedes Wort, jeder Satz von ihm aus Angst gemacht, ohne dass man sagen kann, woher sie kommt und was sie will. Im Grunde genommen will er also mitteilen, was nicht zu erklären ist. Er versucht, so schreibt er in einem Brief an Milena, *von etwas zu erzählen, was ich in den Knochen habe und was nur in diesen Knochen erlebt werden kann.*[19]

Was Kafka in den Knochen hat, ist sofort da, wenn er sich preisgibt, wenn er sich Menschen öffnet und auf sie baut. Es ist sowohl Angst vor Enttäuschung als auch eine Sehnsucht, die an der Hoffnung festhält, dass er einmal irgendjemandem vollkommen vertrauen kann und rückhaltlos so angenommen wird, wie er ist. Diese Sehnsucht kann den Menschen, auf den sie sich richtet, natürlich leicht überfordern. Das weiß Kafka auch. Ihr schreibt er es zu, dass sich in Milenas *liebes irdisches Gesicht* immer *so viel Göttliches* mischt.[20]

Aber Milena ist keine Göttin, sondern nur, wie sie selbst meint, »ein kleines, triebhaftes Weibchen«. Sie macht sich Vorwürfe, dass sie sich nicht anders verhalten hat als die früheren Frauen an Kafkas Seite. Darum fühlt sie sich auch schuld an seiner Krankheit und an seinem Untergang. Sie hätte nach Wien bei ihm bleiben sollen!

Nach Gmünd geht der Briefwechsel weiter. Aber es ist etwas kaputtgegangen. Und es dauert nicht lange, bis Kafka ausspricht, was zwischen den Zeilen schon längst gesagt ist: *Es gibt wenig Sicheres, aber das gehört dazu, dass wir niemals zusammenleben werden, in gemeinsamer Wohnung, Körper an Körper, bei gemeinsamem Tisch, niemals, nicht einmal in der gleichen Stadt.*[21] Kafka fühlt sich wie ein *Waldtier*, das durch Milenas Schönheit ins Freie gelockt wurde, kurzzeitig glücklich und *zu Hause* war, und dann, als Milena merkte, dass es doch ein Tier war, wieder in den Wald zurückmusste. Dabei war sein Gedanke immer nur: *wenn ich sie mitnehmen könnte!*[22]

Kafka muss wieder in den Wald. Und dort wartet die Krankheit. Er hat oft lange Hustenanfälle und seine Atemnot ist erschreckend. Trotzdem ist er jeden Tag im Büro. Ottla kann das nicht mehr mit ansehen und ergreift die Initiative. Sie geht zu Kafkas Direktor. Der bestellt Kafka zu sich und schickt ihn zum Anstaltsarzt. Gegen seinen Willen verordnet Dr. Kodym ihm einen langen Urlaub.

Kafka entscheidet sich zunächst für das Sanatorium Grimmenstein. Kurz vor seiner Abreise Mitte Dezember ändert er seine Pläne und will nun nicht mehr nach Grimmenstein, sondern in den Kurort Matliary in der Hohen Tatra. Grimmenstein liegt im Wienerwald, wo er mit Milena über Hügel gelaufen ist und in Wäldern gelegen hat. Auf der Reise dorthin hätte er Milena in Wien besuchen können. Aber das will er jetzt nicht mehr. Er will auch nicht, dass sie ihm nach Matliary schreibt. Die Qual ist zu groß.

Milena hat ihn nicht mitgenommen. Es gibt kein Zurück mehr. In seinem Tagebuch hat er einmal notiert: [. . .] *alles, was möglich ist, geschieht ja; möglich ist nur das, was geschieht.*[23]

XX. Die falsche Speise

Matliary liegt in den Karpaten, jenem Gebirgszug, in dessen südlichen Teil der irische Schriftsteller Bram Stoker das Schloss des Grafen Dracula verlegte. In Stokers Roman reist der junge und ahnungslose Engländer Jonathan Harker in die abgelegene Bergwelt Transsylvaniens. Ähnlich abenteuerlich ist auch Kafkas Reise in das Gebiet der Hohen Tatra, wo die Berge über 2600 Meter hoch ragen.

Am Bahnhof von Lomnitz wartet ein Pferdeschlitten auf ihn, der ihn durch mondbeschienene, verschneite Bergwälder bringt. Der Schlitten fährt an einem hell erleuchteten, großen Hotel vorbei und hält erst ein Stück weiter, vor einem dunklen und unheimlich aussehenden Haus. Im kalten Flur muss der Kutscher lange rufen, bis endlich ein Zimmermädchen erscheint und Kafka in sein Zimmer im ersten Stock bringt. Kafka ist entsetzt. Das Zimmer ist nicht geheizt, auf dem Eisenbett liegen nur ein Polster und eine Decke, die Tür des Schranks ist kaputt, und auch die Tür zum Balkon schließt nicht richtig, so dass der Wind durch die Ritzen pfeift.

Nun erscheint auch die Mitbesitzerin des Hotels, Frau Forberger, die in ihrem langen schwarzen Samtmantel wirklich wie ein Vampir aussieht. Kafka denkt bei ihrem Anblick allerdings nicht an einen Blutsauger, sondern an das Geld, das sie ihm anscheinend aus der Tasche ziehen will. Mit einem Brief voller Versprechungen hat sie ihn hergelockt, und was er jetzt vorfindet, ist eine zugige Bruchbude. Innerlich hat er schon beschlossen, gleich morgen weiterzureisen in ein Hotel nach Smokovec, als das Zimmermädchen ihm ein Nebenzimmer anbietet, das eigentlich für die inzwischen schwangere Ottla, die auch nach Matliary kommen wollte, reserviert war. Dieses Zimmer gefällt Kafka gleich viel besser. Und am nächsten Morgen sieht die Welt schon wieder anders aus. Das Nebengebäude des Hotels ist gar nicht so übel. Vor allem ist es viel ruhiger als im Haupthaus. Kafkas Zimmer ist hell und geräumig. Und auch Frau Forberger wirkt ohne ihren langen schwarzen Mantel sanft und freundlich. Sie versichert ihm, dass man in der Küche eigens für ihn fleischlose Speisen zubereiten wird, und der Arzt wohnt gleich ein paar Türen weiter. Kafka ist zufrieden. Er bleibt.[1]

Max Brod, der ihn lieber in einem berühmten Kurort wie Davos sehen würde, kann nur den Kopf schütteln darüber, in welchem abgeschiedenen Winkel der Welt sein Freund sich verkrochen hat. Brod selbst war gerade in Berlin und ist noch immer wie berauscht vom brodelnden Leben in dieser Weltstadt, von den Theatern, den Lustspielbühnen und den Kabaretts. Er hat zwei Vorträge gehalten und unzählige Leute kennen gelernt. Neben vielen berühmten auch ein hübsches Stubenmädchen in seinem Hotel. Sie heißt Emmy und Brod hat sich sehr in sie verliebt.[2] Emmy ist für ihn mehr als eine kurze Affäre. Seit Jahren fühlt er sich trotz aller Bücher, Reisen und Erfolge unglücklich, und er glaubt, dass nur eine Geliebte ihn heilen kann.

Kafka wünscht seinem Freund alles Glück der Welt. Doch er kann nicht glauben, dass es mit dessen neuer Liebe gut gehen wird. Was soll aus dieser Affäre werden? Ein Briefwechsel? Einige leidenschaftliche Nächte? Eine Wochenendbeziehung? Das ist für Kafka eine Unmöglichkeit über der anderen. Das Unglück, das sich hier anbahnt, steht ihm geradezu vor Augen. Dass es sich vermeiden lässt, glaubt er nicht. Denn sein Freund wird für ihn von Kräften getrieben, die auch das Scheitern dieser Liebe überleben und die nächste unmögliche Liebe suchen werden.

Brod legt immer Wert auf den Rat seines Freundes, aber in dieser Sache traut er ihm kein Urteil zu. Zu verschieden ist ihr Verhältnis zu Frauen. Hat er nicht immer wieder erlebt, wie die körperliche Liebe für seinen Freund geradezu eine Drohung war und bei diesem nur Angst und Schrecken ausgelöst hat? Für ihn selbst dagegen ist die körperliche Vereinigung mit einer Frau das höchste Glück. Wie sollen sie da einander verstehen? Wie kann Kafka ihm unterstellen, dass er Emmy nicht ernst nimmt? Dabei will er ihr doch helfen, aus ihrem ungeliebten Beruf zu entkommen. Er will ihr musikalisches Talent fördern, auch finanziell, und dafür sorgen, dass sie Gesangsstunden bekommt und vielleicht einmal Karriere am Theater macht.

Für Kafka ist es unvorstellbar, verheiratet zu sein und nebenbei andere Frauen zu haben. Er will nur das Normale, eine Frau und Kinder. Doch seine Versuche mit Felice, Julie und Milena endeten in Verzweiflung. Vielleicht um ähnliche Turbulenzen zu vermeiden, hat Ottla ihn gebeten, sich in Matliary von Frauen fern zu halten.

Kafka fällt es leicht, sich an die schwesterliche Mahnung zu halten, weil es im Kurhotel keine Frau gibt, die ihm ganz zusagt – nicht die Tochter des Hotelmitbesitzers, die Malerin werden möchte, und auch nicht die junge, hübsche Bäuerin mit ihrer schwarzen Tracht. Er kann aber nicht verhindern, dass er bei den Gästen sehr beliebt ist. Und es zeigt sich, dass seine stille, freundliche und verständnisvolle Art auch auf Männer anziehend wirkt. Vor allem ist es ein junger Ungar, der sich eng an Kafka hält. Dieser Robert Klopstock[3] hat in Budapest ein Medizinstudium begonnen, dann aber wegen seiner Lungenkrankheit und einer unglücklichen Liebe die ungarische Hauptstadt verlassen.

Obwohl er äußerlich robust und kerngesund wirkt, ist Klopstock ein labiler Charakter, voller Energien, die in ihm ganz orientierungslos toben. *Im Mittelalter*, meint Kafka, *hätte man ihn für besessen gehalten.*[4] Kafka hat schon seine Erfahrungen mit jungen Genies gemacht. In seinem Büro in Prag bekommt er oft Besuch vom Sohn eines Kollegen, der heimlich Gedichte schreibt und Kafka anscheinend als Übervater sieht. Kafka kann nichts dagegen machen, dass dieser junge Mann jedes Wort von ihm wie eine Offenbarung aufnimmt und nichts von seiner Unsicherheit, seiner Verzweiflung und vor allem nichts von seinem Humor wahrnimmt.

Auch von Klopstock fühlt sich Kafka in die Rolle eines Retters und Lebensberaters gedrängt. Klopstock weiß nicht, ob er sein Medizinstudium weiterführen oder Schriftsteller werden soll. Wie immer in solchen Fällen rät Kafka dazu, einen handfesten Beruf zu ergreifen. Klopstock soll Arzt werden, und Kafka will sich auch dafür einsetzen, dass er sich als Medizinstudent an der Prager Universität einschreiben kann.

Klopstock und Kafka gehören zu jenen Patienten in Matliary, denen man ihre Erkrankung nicht gleich ansieht. Da gibt es viel schwerere Fälle. Und Kafka schätzt Matliary auch deswegen, weil er hier das erste Mal mit seiner Krankheit konfrontiert wird, und das manchmal ziemlich drastisch. Am Essenstisch kann es schon einmal vorkommen, dass er einem Kehlkopfkranken gegenübersitzt, der ihn freundlich anlächelt und ihm durch die gespreizten Finger Eiterteile seines Geschwürs ins Gesicht hustet.[5]

So ein Kehlkopfpatient wohnt auch unter Kafkas Zimmer. Es ist ein Tscheche, der darunter leidet, dass alle anderen Gäste ihm aus dem Weg gehen. Auch von seiner Familie hat er schon lange nichts mehr gehört. Kafka besucht ihn eines Abends, und der Tscheche zeigt ihm, wie er mit Hilfe von zwei Spiegeln das Sonnenlicht auf die Geschwüre in seiner Kehle lenkt. Als er Kafka auffordert, den Spiegel selbst einmal in die Hand zu nehmen und nahe ans Auge zu rücken, kann Kafka nur noch eine Entschuldigung stammeln und auf den Balkon wanken. Fast wäre er ohnmächtig geworden.[6]

Für Kafka ist das, was der kranke Tscheche durchmachen muss, die reinste Folter, die jener selbst noch in die Länge zieht. Er versucht, mit dem quälenden Spiegeln das Wachsen seiner Geschwüre zu verlangsamen, und weiß doch, dass er eines Tages daran jämmerlich ersticken wird. Der Tscheche wartet diesen Tag nicht mehr ab. An Ostern bricht er frühmorgens zu einem Spaziergang auf, ohne Brieftasche, ohne Uhr, ohne Gepäck. Er geht dann immer weiter bis zur nächsten Bahnstation und steigt in den Zug nach Prag, wo seine Familie wohnt. Irgendwann lässt er sich dann zwischen zwei Waggons hinunterfallen. *Wir alle sind hier mitschuldig*, schreibt Kafka an Brod, *nicht an seinem Selbstmord, aber an seiner Verzweiflung in der letzten Zeit, jeder hat sich vor ihm, einem sehr geselligen Menschen, gescheut, und in der rücksichtslosesten Weise, lauter Ellbogen-Männer beim Schiffsuntergang.*[7]

Zu dieser Zeit, Ostern 1921, sollte Kafka schon längst wieder in Prag sein. Er hatte aber von Anfang an geplant, länger von Prag wegzubleiben. Und ihn plagte der Gedanke, nun wieder um eine Verlängerung des Urlaubs bitten zu müssen. Bis zuletzt schob er diesen peinlichen Bittgang vor sich her, bis er endlich Max Brod bat, für ihn zum Direktor der Versicherungsanstalt zu gehen.

Brod konnte sich den Weg sparen. Ottla war wieder einmal schneller gewesen. Einige Klagen in Kafkas Brief hatten genügt, um sie aktiv werden zu lassen. In hochschwangerem Zustand war sie vor dem Direktor Odstrčil erschienen und der verlängerte ganz unbürokratisch den Urlaub ihres Bruders um zwei Monate.

Das ärztliche Gutachten muss Kafka nachreichen. Von großen Fortschritten kann er nicht berichten. Er hat sich willig mästen lassen, aber ein gefüllter Teller bleibt für ihn ein schrecklicher Anblick. Trotzdem hat er einige Kilo zugenommen. Er hustet aber immer noch sehr stark und vor allem ist er bedenklich kraftlos. Die meiste Zeit lag er in einem Dämmerzustand auf seinem Balkon und schaute im Winter nur bewundernd den ungarischen Soldaten zu, die mit Skiern die Hänge herunterjagten. Und es war schon ein wenig Galgenhumor, dass er nach Hause berichtete, er habe einen hohen Berg bestiegen und an einem Skirennen teilgenommen. Was er in den Briefen nach Hause verschweigt, ist, dass seine Abwehrkräfte sehr schwach sind. In den Winterstürmen hat er sich eine schwere Erkältung geholt und immer wieder leidet er unter schmerzhaften Abszessen.

Fast noch schlimmer ist seine Empfindlichkeit gegen jeden Lärm. Ein Handwerker, der im Nebenzimmer die Heizung repariert und dazu pfeift, raubt ihm jede Ruhe. Und einige Balkone weiter wohnt ein stets gut gelaunter Zahntechniker, der bei jeder Gelegenheit singt, manchmal mit seinen Patienten sogar dreistimmig. Kafka windet sich förmlich in seinem Liegestuhl, wenn dieser Dr. Glauber seine Lieder trällert.

Der Arzt des Kurhotels, Dr. Strelinger, ist zuversichtlich, dass Kafka wieder ganz gesund wird, wenn er nur lange genug in Matliary bleibt, am besten noch fünf Monate. Aber es bedeutet natürlich, dass er schon wieder in Prag um Urlaubsverlängerung bitten muss, und das fällt ihm zum Lippenzerbeißen schwer.

Zum Glück hat er eine Schwester in Prag, die alles für ihn tun würde. Ottla geht also wieder in die Versicherungsanstalt und erreicht zwar nicht fünf Monate Verlängerung, aber immerhin drei, bis zum 19. August. *Liebe Ottla*, schreibt ihr Kafka daraufhin, *also wieder einmal hast du es fertig gebracht, wie oft willst du es noch machen? So oft, bis auch der sanfteste Direktor endlich rufen wird: »Genug! Hinaus! Kein Wort mehr!« So oft?*[8]

Ottla ist mittlerweile Mutter. Ende März hat sie ein Mädchen zur Welt gebracht, dem man den Namen Vera gegeben hat. Vera ist Kafkas fünfte Nichte. Valli hat zwei Töchter, Marianne und Lotte, sieben und sechs Jahre alt. Elli hat vor eineinhalb Jahren ihr drittes Kind, Hanna, zur Welt gebracht. Das zweitälteste, Gerti, ist acht. Und Felix, der einzige Junge in der Großfamilie und Liebling des Großvaters Hermann Kafka, ist inzwischen fast zehn.

Felix ist ein sehr aufgeweckter Junge und Elli ist oft mit ihm überfordert. Ein Freund hat ihm einiges darüber erzählt, was Frauen und Männer so machen, und seitdem löchert Felix seine Mutter mit Fragen. Warum Tante Ottla so einen dicken Bauch gehabt hat und woher nun plötzlich die kleine Vera kommt?

Elli wendet sich in ihrer Not an ihren Bruder in Matliary, und der tadelt sie, weil sie Felix mit so abstrakten Erklärungen über die Liebe zwischen Mann und Frau abgespeist hat. Felix' Freund scheint ihm da noch ehrlicher. Und wie Felix dessen Bemerkungen aufnehme, das entscheide sich ohnehin daran, in welchem Geist er aufwachse. Vor allem, ob er vor der Langeweile bewahrt werde, die für Kafka nach außen wie die »allerbeste Unterhaltung« aussehen kann und doch die *Einbruchstelle aller bösen Geister* ist.[9]

Kafka versucht seine Schwester auch zu überreden, Felix in eine internationale Schule nach Hellerau zu geben, die er sich vor Jahren selbst angesehen hat und von deren fortschrittlichen Methoden er begeistert war. Ellis Einwand, dass Felix noch zu jung sei, lässt er nicht gelten. Für ihn kann ein Kind für vieles zu jung sein, aber nicht für eine Erziehung außerhalb des Elternhauses. Vor allem, wenn dieses Elternhaus in Prag steht, wo ein *kleiner, schmutziger, lauwarmer, blinzelnder Geist*[10] herrscht.

Aber auch grundsätzlich hält er es für vorteilhaft, wenn ein Kind möglichst früh der elterlichen Liebe entzogen wird. Die Familie ist ein *Käfig*, in dem ein tierischer Zusammenhalt herrscht und in dem Kinder immer die Schwächeren sind. Unwillkürlich übertragen die Eltern ihre Erwartungen oder Ängste auf sie. Eine Mutter, die in ihrem Kind Eigenschaften findet, die sie bei sich selbst schon immer gehasst hat, wird diese Eigenschaften nicht bei sich, sondern im Kind bekämpfen, ohne auf andere Anlagen zu achten. Oder ein Vater findet, dass dem Kind ein Merkmal fehlt, das ihm wichtig erscheint, und er wird anfangen, auf das Kind einzuhämmern, ohne darauf zu achten, was dabei sonst noch alles kaputtgeht. Genauso schlimm ist es für Kafka, wenn ein Sohn oder eine Tochter Begabungen zeigt, wie man sie sich erwünscht hat. Dann werden die Eltern nur diese Begabungen sehen und fördern und alles andere brachliegen lassen oder bewusst unterdrücken.

Wie auch immer – die elterliche Liebe, und wenn sie noch so groß sein mag, ist für Kafka immer *eigennützig* und daher immer schlechter für ein Kind als die kleinste Liebe eines bezahlten Erziehers, der eben mehr geben kann als Liebe, nämlich Achtung. In diesem Sinn schließt sich Kafka auch der Meinung des englischen Schriftstellers Jonathan Swift an, der in seinem Buch *Gullivers Reisen* den Grundsatz vertritt: »Eltern darf man am wenigsten unter allen Menschen die Erziehung von Kindern anvertrauen.«[11] Swift empfiehlt daher, Kinder so lange von den Eltern fern zu halten, bis sie eigenständig und ebenbürtig sind und ein »liebender Ausgleich« mit den Eltern stattfinden kann.

Elli weiß nicht, ob sie dem Rat ihres Bruders folgen soll. Und für Kafka selbst kommt Swifts Rat auch zu spät. Er hat seine Kindheit und Jugend in der, wie er sagt, *dumpfen, giftreichen, kinderauszehrenden Luft des schön eingerichteten Familienzimmers*[12] verbracht und die Flucht daraus nie geschafft.

Als er Ende August, nach einem Dreivierteljahr Abwesenheit, in das *Familienzimmer* in Prag zurückkehrt, tritt er den Eltern nicht stärker und ebenbürtiger gegenüber. Der Vater hat es vermutlich schon aufgegeben, auf einen Sohn zu hoffen, der sein Nachfolger wird. Für ihn ist er eben ein *heiratsunfähiger* Sohn, der mit Ende dreißig schon pensionsreif und lungenkrank ist.[13] Und Julie Kafka ist immer noch die Mutter, die für ihren Sohn ihr Herzblut opfern würde und die glaubt, dass ihr Sohn glücklich wäre, wenn er nur mehr essen und heiraten würde.

So wird sie sich freuen, dass Kafka tatsächlich zugenommen hat. Fast acht Kilo! Und der Arzt in Matliary hat ihm versichert, dass sich sein Zustand deutlich verbessert hat. Das ist, wie sich zeigt, mehr Wunsch als ernst zu nehmende Diagnose. In Prag magert Kafka schnell wieder ab, und von der Arbeit im Büro ist er so erschöpft, dass er sich danach gleich hinlegen muss. Immer hat er leichtes Fieber und fängt sich schnell Infektionskrankheiten ein, die ihn tagelang ins Bett zwingen.

Seine Prager Freunde sehen ihn nur noch, wenn sie bei ihm Krankenbesuch machen. Max Brod ist allerdings selten darunter. Seine neue Liebe nimmt ihn völlig in Beschlag. Mit Emmy hat er im Sommer Reisen gemacht, und er lebt, wie er versichert, in einem »maßlosen Glück«.[14] Kafka bekommt dafür anderen Besuch, vor dem er wahrscheinlich gern weglaufen würde, wenn er könnte. Es ist Milena, die den Herbst über in Prag ist. Kafka findet sie *lieb und stolz*, aber auch *etwas müde, etwas gezwungen.*[15] Wie groß jedoch das Vertrauen ist, das er immer noch zu ihr hat, zeigt sich daran, dass er ihr seine Tagebücher und ein dickes Manuskript übergibt. Es ist der Roman über den jungen Karl Roßmann und seine Erlebnisse in Amerika, den Kafka nie als Ganzes veröffentlichen will.

Kurz darauf schickt er an Max Brod eine Nachricht, in der er ihn bittet, nach seinem Tod alles, was er in seinem Zimmer oder im Büro an Manuskripten, Tagebüchern und Briefen findet, *restlos und ungelesen* zu verbrennen. Und ebenso soll Brod dafür sorgen, dass alles, was sich in fremden Händen befindet, vernichtet wird.[16]

Kafka will, dass nichts Geschriebenes von ihm übrig bleibt, außer den Texten, die schon veröffentlicht sind. Und schon länger geht er davon aus, dass der *Landarzt*-Band sein letztes Buch war. Für seinen Verleger Kurt Wolff ist diese Zurückhaltung ungewohnt. »Keiner der Autoren, mit denen wir in Verbindung stehen«, so schreibt er im November an Kafka, »tritt so selten mit Wünschen oder Fragen an uns heran wie Sie, und bei keinem haben wir das Gefühl, dass ihm das äußere Schicksal der veröffentlichten Bücher so gleichgültig sei wie Ihnen.«[17]

Ende des Jahres 1921 geht es Kafka so schlecht, dass der Arzt der Unfallversicherung dafür plädiert, ihn in Pension zu schicken. Noch wollen seine Vorgesetzten nicht darauf eingehen, sondern schicken ihn in Urlaub. Anfang des neuen Jahres fährt Kafka mit seinem Hausarzt, Dr. Hermann, in den Ort Spindelmühle im Riesengebirge. Dort fühlt er sich so wohl, dass er nach langer Zeit wieder schreibt. Es ist ein Roman, der damit beginnt, dass ein Mann namens K. spätabends im Winter in ein Dorf kommt, weil die Herren des dortigen Schlosses ihn angeblich als Landvermesser angestellt haben.

Kafka schreibt an diesem Roman auch nach seiner Rückkehr nach Prag weiter. Wie schon in früheren Schreibphasen unterbricht er diese Arbeit aber öfters, um zwischendurch andere, kürzere Texte zu schreiben. So entsteht auch die Erzählung vom Hungerkünstler, der sich in einem Käfig einsperren lässt, um dem Publikum zu beweisen, wie lange er es ohne Essen aushält. Und er hält es lange aus, länger als jeder andere. Er ist der größte Hungerkünstler aller Zeiten, und überall, wo er auftritt, ist er eine Attraktion. Gekränkt ist er nur, wenn man seine Kunst anzweifelt und ihm unterstellt, dass er heimlich doch Nahrung zu sich nimmt. Das ist ein dummer Verdacht, denn der Hungerkünstler könnte endlos hungern, und es würde ihm nicht einmal schwer fallen. Im Gegenteil, das Hungern ist für ihn das Leichteste, aber das ist sein Geheimnis, von dem niemand weiß. Darum macht es ihn traurig und wütend, wenn er vorzeitig mit dem Hungern aufhören muss. Die Leute denken dann, dass seine Wut vom anstrengenden Hungern kommt, verdrehen also alles und verwechseln die Ursache mit der Wirkung. *Versuche, jemandem die Hungerkunst zu erklären!*, heißt es in der Erzählung. *Wer es nicht fühlt, dem kann man es nicht begreiflich machen.*

Als die Hungerkunst aus der Mode kommt und keiner mehr den Hungerkünstler sehen will, kann er endlich so lange hungern, wie er will. Sein Käfig landet im hintersten Winkel eines Zirkus, wo keiner ihn mehr beachtet. Als ihn ein Aufseher nach Jahren findet und ihn fragt, warum er nicht aufhört zu hungern, antwortet der Hungerkünstler mit letzter Kraft: *Weil ich nicht die Speise finden konnte, die mir schmeckt. Hätte ich sie gefunden, glaube mir, ich hätte kein Aufsehen gemacht und mich voll gegessen wie du und alle.*[18]

XXI. Luftschlösser

Kafka hat oft versucht, seine Angst zu erklären. Einmal, in einem Brief an Milena, sehr schematisch. Man soll sich, so meinte er, in seinem Fall drei Kreise vorstellen. Einen innersten A, dann B, dann C. Der Kern A erklärt B, warum dieser Mensch verzichten muss, warum er nicht leben darf. C bekommt nichts mehr erklärt, er handelt nur noch nach den Befehlen von B, unter strengstem Druck und in Angstschweiß. *C handelt also mehr in Angst als in Verständnis*, schrieb Kafka, *er vertraut, er glaubt, dass A dem B alles erklärt und B alles richtig verstanden und weitergegeben hat.*[1]

Man kann dieses Bild von den drei Kreisen auch auf Kafkas *Schloss*-Roman übertragen und dessen Szenerie damit beschreiben. Der Kern A wäre demnach das Schloss, das im Geheimen die Regeln und Gesetze des Zusammenlebens festlegt und mit einem unüberschaubaren bürokratischen Apparat verwaltet. Das Schloss hat seine Beamten und Boten, sie wären Kreis B, welche die Befehle und Anordnungen an das Dorf weitergeben. Das Leben der Dorfbewohner wird nun völlig bestimmt von den Gesetzen des Schlosses, obwohl unklar ist, wer sie erlassen hat, woher die Gesetzgeber ihre Berechtigung nehmen und ob diese Gesetze gerecht oder sinnvoll sind.

In dieses Dorf kommt nun eines Abends der Landvermesser K. Man erfährt nicht, woher er kommt und was für ein Leben er vorher geführt hat. Er kommt sozusagen aus dem Nichts und betritt das Dorf wie ein neugeborenes Kind die Welt. Und er macht gleich eine Erfahrung, die auch viele Kinder machen müssen. Er ging davon aus, dass man ihn braucht, weil man ihn doch geholt hat, und nun erweist er sich als überflüssig. Es stellt sich nämlich bald heraus, dass man im Dorf keinen Landvermesser braucht. Das Ganze war ein Irrtum oder ein bedauerliches Versehen, das durch ein Wirrwarr in den Behördenstuben entstanden ist.

So leicht lässt sich K. aber nicht abschütteln. Er will im Dorf bleiben. Er will ein ganz normales Mitglied dieser Gemeinschaft werden wie der Fuhrmann Gerstäcker oder der Gerbermeister Lasemann. K. muss nun aber um seinen Platz in der Gemeinschaft kämpfen und das macht ihn schon zum Außenseiter. Die Dorfbewohner nämlich leben ganz selbstverständlich nach Prinzipien, die sie gar nicht hinterfragen wollen. K. dagegen will nun herausfinden, welche Regeln im Dorf herrschen, und er will zu jenen Leuten vordringen, die für diese Regeln verantwortlich sind. Er will die Wahrheit. Er will ins Schloss.

Während Kafka über den Landvermesser K. schreibt, der seinen Beruf nicht ausüben darf, scheidet er selber aus dem Berufsleben aus. Oder richtiger gesagt, er wird von seinem Beruf befreit. Sein Antrag auf vorzeitige Entlassung aus seinem Dienst wird endlich angenommen, und drei Tage vor seinem neununddreißigsten Geburtstag, am

1. Juli 1922, wird Dr. Franz Kafka offiziell in den Ruhestand entlassen, mit einer jährlichen Rente von 10608 Kronen. Davon kann man kaum leben.

An diesem ersten Julitag ist Kafka nicht in Prag. Schon eine Woche vorher ist er zu seiner Schwester nach Planá an der Luschnitz gefahren. Ottla hat dort ein Ferienhaus für sich und ihre kleine Familie gemietet. Planá ist ein Dorf wie Zürau. Und vielleicht hofft Kafka, dass sich die schöne Zeit in Zürau wiederholen lässt. Aber die Voraussetzungen sind nun andere. Ottla hat eine kleine Tochter und einen Mann, der allerdings nur ab und zu aus Prag nach Planá kommt. Und Kafka ist kein Beamter mehr, auf den das Büro wartet.

Das Büro war für ihn aber nicht nur eine Last, sondern es gab ihm auch Halt und Sicherheit. Noch vor einem Jahr, als Ottla laut über eine Auswanderung nach Palästina nachdachte, konnte er sich nicht vorstellen, seinen Beruf aufzugeben. Die Anstalt sei für ihn ein Federbett, hat er damals Ottla geantwortet, so schwer wie warm. *Wenn ich herauskriechen würde*, so meinte er, *käme ich sofort in die Gefahr, mich zu verkühlen, die Welt ist nicht geheizt.*[2]

Ohne dieses Federbett scheint Kafka die Kälte der Welt besonders zu spüren. Mit traurigen Blicken beobachtet er die Leute in Planá, die so festgefügt im Dasein stehen. Er beneidet das Glück der vielköpfigen Familie, die vor seinem Fenster das Heu wendet. Und er verehrt das junge Ehepaar mit den sieben Kindern, die dem

Vater, der nachts in der Mühle arbeiten muss, auch tagsüber keine Ruhe gönnen.

Kafka kann nicht einmal mehr den *guten Lärm* der Kinder ertragen, geschweige denn das Kreischen einer Kreissäge. Seine Empfindlichkeit hat sich seit Matliary noch gesteigert. Dabei ist es nicht der Lärm, der ihn stört. Es sind die Geräusche der Welt, die er nicht verkraften kann, die ihn immer wieder daran erinnern, dass er nicht dazugehört, dass er ein Ausgestoßener ist. Nach solchen lärmgeplagten Tagen verbringt er schlaflose Nächte, in denen er zwischen seinen schmerzenden Schläfen die Gedanken hin und her wälzt, um dann doch immer wieder zu demselben Ergebnis zu kommen, nämlich: *Ich könnte leben und lebe nicht.*[3]

Kafka zieht es in die Einsamkeit, genauso wie er sich nach dem normalen Leben in der Gemeinschaft sehnt. Und je nachdem, welche Sehnsucht stärker ist, hält er das eine für die Wüste und das andere für das Fruchtbare. [...] *die Anziehungskraft der Menschenwelt ist ungeheuerlich*, notiert er in sein Tagebuch. *Aber auch die Anziehungskraft meiner Welt ist groß.*[4] Am liebsten würde er sich nicht mehr vom Fleck rühren und jede Umstellung vermeiden, der er dann doch nicht gewachsen ist.

Oskar Baum hat ihn eingeladen, zu ihm nach Georgental zu kommen. Die Entscheidung darüber ging fast über Kafkas Kräfte. Schließlich sagt er Baum ab. In einem Brief versucht er ihm zu erklären, dass es nicht körperliche Schwäche ist, die ihn am Kommen hindert, sondern seine *Angst vor Veränderung*. Und Kafka weiß, dass sich dahinter eine schreckliche Todesangst verbirgt. Eine Angst nicht vor dem Tod, sondern eine Angst vor dem Sterben, *weil er noch nicht gelebt hat.*[5]

Nach Meinung seines Freundes Max Brod sollte Kafka die geplatzte Reise nach Georgental nicht überbewerten. Vor allem sollte er nicht so überzogene Folgerungen daraus ziehen und denken, dass er nun in Zukunft überhaupt nicht mehr reisen kann. Das wäre ja ein »Eckchen Wahnsinn«.[6] Nein – für Max Brod wäre genau das Gegenteil die beste Medizin für seinen Freund: Er soll endlich raus aus seiner Isolation, eine große Reise machen, neue Leute kennen lernen, neue Beziehungen eingehen. Nur so könne er seinen »Bann« durchbrechen.

Nach wie vor sieht Max Brod in Kafkas Einstellung zu Frauen den Kern von dessen Problemen. Es geht seiner Ansicht nach einfach nicht, dass man die »natürlichen Bedürfnisse« verabscheut und den Frauen aus dem Weg geht. Und wenn die Freud'sche Einsicht »Angst = verdrängte Erotik« auf jemanden zutrifft, dann wohl auf Kafka.[7] Allerdings muss Brod zugeben, dass seine ausgelebte Erotik ihn auch nicht immer glücklich macht und ihn manchmal an den Rand des Wahnsinns treibt. Und wenn es mit seiner Emmy so weitergeht, dann wird er diesen Rand bald überschreiten.

Emmy ist nämlich nicht mehr so treu. Sie hat ein undurchsichtiges Verhältnis angefangen mit einem Studenten. Der hat einiges zu bieten, was Emmy bei Max nicht findet. Er ist sehr jung, sieben Jahre jünger als Emmy, er hat keinen krummen Rücken, und er würde Emmy heiraten, was Brod kategorisch ausschließt. Brod will mit allen Mitteln seinen »Besitz« verteidigen, und das kann er nur, wenn er Emmy von seinen Vorzügen überzeugt. Er schwärmt ihr vor, wie viel Geld er verdienen wird. Damit würde er ihr eine Villa am Wannsee kaufen, wo sie dann, vielleicht mit einem Kind, »zuweilen« für ein paar Tage oder Wochen ein gemeinsames Leben führen könnten.[8]

Wenn Max bei Emmy ist, ist er sich ihrer ziemlich sicher, auch wenn es sehr demütigend für ihn ist, dass sie in letzter Zeit auf getrennten Zimmern besteht. Aber wenn er in Prag oder auf Reisen ist, hat er keine ruhige Minute mehr. Vor allem, wenn er weiß, dass Emmy wieder bei ihrem Studenten ist.

Kafka und Max Brod begegnen sich Mitte Juli 1922 unvorhergesehen in Prag. Kafka ist fast überstürzt nach Hause gefahren. Er hat am 14. Juli ein Telegramm erhalten, in dem stand, dass sein Vater in Franzensbad schwer erkrankt ist und nach Prag transportiert werden musste. Es stellt sich heraus, dass er einen Nabelbruch und eine »Klemmung des Darmes« hat und operiert werden muss. Kafka besucht seinen Vater nach der Operation im Krankenhaus. Hermann Kafka ist erfreut über den Besuch seines Sohnes. Aber der hat den Eindruck, dass die Freude mit jedem Besuch weniger wird und er schließlich nicht schnell genug wieder aus dem Krankenzimmer verschwinden kann. Leid tut ihm nur seine Mutter, die nun Tag und Nacht bei ihrem Mann bleiben muss, der seinen ganzen Ärger und den Jammer über seine Lage auf sie abwälzen wird.

Nach vier Tagen hat Kafka genug von Prag und fährt wieder zurück nach Planá. Mit im Gepäck hat er ein Manuskript, das Max Brod ihm gegeben hat. Es ist Brods neueste Produktion, eine Novelle mit dem Titel *Leben mit einer Göttin*. Brod wollte aber als Gegengabe eine kleine Kostprobe des Romans haben, an dem Kafka gerade schreibt und aus dem er ihm schon einige Stellen vorgelesen hat. Was Kafka schließlich widerstrebend herausrückte, war kein normales Manuskript, kein Packen voll geschriebenes Papier mit vielen Anstreichungen und Korrekturen. Es war ein ganz normales Schulheft. Die rechten Seiten sind dicht beschrieben, die linken sind frei gelassen, offenbar für Korrekturen. Allerdings gibt es im Text kaum Korrekturen.[9]

An diesem Heft kann man sehen, wie Kafka arbeitet. Offenbar hatte er vorher kein Konzept, keine Stichpunkte. Die Geschichte entwickelte sich im Schreiben, und zwar fast in einem Fluss. Wenn Korrekturen auftreten, dann sind sie momentan entstanden, fast nie im Nachhinein eingefügt. Das entspricht ganz Kafkas Ideal vom Schreiben, bei dem eine Geschichte unmittelbar, ohne große Änderungen, aufs Papier gebracht werden soll.

Kafka kennt keine andere Art des Schreibens. Wenn er schreibt, ist er das, was er schreibt. Und zwar in dem

Sinn, dass er seinen Erlebnissen, den dunklen Mächten seines Innern, ausgesetzt ist. Er beherrscht sie nicht, sondern entfesselt sie. Daher sind ihm auch jene Schriftsteller fremd, die über dem Chaos stehen, die sozusagen ihre Geschichten oben, *im Sonnenlicht*, schreiben. Ihm ist es unvorstellbar, wie man sich in diesem *schrecklichen Reich* so *behaglich* einrichten kann. Kafka macht das Schreiben zwar auch irgendwie glücklich, aber es ist ein furchtbares Glück, es ist, wie er einmal sagt, *Lohn für Teufelsdienst.*[10]

Kafka ist tief beeindruckt von Max Brods Novelle und er schämt sich fast für seinen eigenen Text. Max Brod aber gefällt, was er in Kafkas Schulheft liest. Es sei ein »sehr unterhaltendes farbiges Buch«, schreibt er ihm.[11] Besonders schön findet er jene Stelle, wo K. sich im Schlitten des Schlossbeamten Klamm versteckt, um endlich diesem hohen Herrn einmal gegenüberzutreten und mit ihm über seine Anstellung zu sprechen. Aber Klamm erscheint nicht und fährt mit seinem Schlitten erst weg, als K. wieder verschwunden ist.

Dafür wartet im Gasthaus auf K. schon der Dorfsekretär Momus, der über die vergangenen Ereignisse ein Protokoll erstellen will und dazu die Auskünfte von K. braucht. K. hat aber keine Lust, Auskunft zu geben. Er will die Fragen des Sekretärs nur beantworten, wenn damit seine Chancen steigen, ins Schloss zu gelangen oder Klamm zu treffen. Es ist aber sehr wahrscheinlich, wenn nicht sogar sicher, dass nie jemand im Schloss dieses Protokoll lesen wird und es in irgendwelchen verstaubten Regalen landet.

Für die Dorfbewohner ist es eine Ungeheuerlichkeit, dass K. sich den Befehlen des Sekretärs widersetzt. Dabei kann K. doch sehen, was mit Leuten passiert, die sich den Wünschen und Anordnungen des Schlosses nicht fügen. Die Tochter des Schustermeisters, Amalia, hat vor Jahren die Annäherungsversuche des Schlossbeamten Sortini abgewiesen und seitdem ist die ganze Familie im Dorf geächtet. Der Vater musste alle Ämter bei der Feuerwehr aufgeben und keiner im Dorf gab ihm mehr Aufträge. Seitdem versuchte die Familie verzweifelt, wieder in die Dorfgemeinschaft aufgenommen zu werden. Umsonst. Der Vater wurde ein Wrack, das an der Straße zum Schloss saß, um die Herren in den vorbeifahrenden Kutschen um Gnade zu bitten. Die zweite Tochter Olga wurde eine Prostituierte und der Sohn Barnabas ein selbst ernannter Schlossbote.

Die Familie des Schusters gehört nicht mehr zum Dorf, K. noch nicht. Aber er tut alles, um es zu erreichen. Er fängt sogar eine Liebesaffäre mit Frieda an, der Schankkellnerin des Gasthofs. Doch an Frieda liegt ihm offenbar nur deshalb etwas, weil sie die Geliebte Klamms war, und K. hofft, dass er über sie an ihn herankommt.

K.s Blick ist immer auf das Schloss gerichtet. Er will die Wahrheit des Schlosses herausfinden. Er will wissen, nach welchen undurchsichtigen Regeln die Bewohner des Dorfes leben, um sie zu verstehen und selbst danach zu handeln. Aber das Widersprüchliche ist: Je verbissener er diese Wahrheit sucht, desto weniger kann er in der Wahrheit leben wie die Dorfbewohner. Sie, die Einheimischen, fragen nicht nach dem Schloss. Sie machen sich keine Gedanken über die Anordnungen, die von dort kommen. Sie sind verwurzelt in ihren Verhältnissen. K. beneidet sie darum. Er bleibt ein Fremder, weil er immer erst die Wahrheit will, um dann zu leben. Aber genau diese Logik schließt ihn immer vom Leben aus.

Max Brod hat auch deswegen so gern in Kafkas Heft gelesen, weil es ihm mit Emmy wieder besser geht. Emmy scheint eine kluge Frau zu sein, die behutsam taktiert und genau abwägt, welcher ihrer Liebhaber die bessere Partie ist. Der Student wird noch lange brauchen, bis er einen Beruf hat und Geld verdient. Bis dahin ist sie eine alte Frau. Max dagegen hat ihr schon viel geholfen und von ihm hat sie auch noch viel zu erwarten. Er will ihr ein Zimmer in Berlin besorgen und ihre weitere Ausbildung als Sängerin finanzieren.

Vielleicht liegt es an solchen Überlegungen, dass Emmy plötzlich von ihrem Studenten nichts mehr wissen will. Ja, sie kann überhaupt nicht verstehen, was sie jemals an ihm gefunden hat. Max ist natürlich glücklich. Er wird aber auch das mulmige Gefühl nicht los, dass er bald wieder ähnliche Turbulenzen zu überstehen hat. Und er überlegt schon, ob er sich nicht »energisch« aus dieser Beziehung »herausreißen« sollte. Vielleicht mit einer neuen Frau, so wie er sich mit Emmy von seiner vorletzten Liebe befreit hat.[12]

Vorläufig aber glaubt Brod wieder an eine Zukunft mit Emmy. Nicht so Kafka. Er glaubt, dass sein Freund sich in eine unhaltbare Lage hineinmanövriert und sich auf die Dauer selbst zerstört. Die einzige Lösung, die für ihn in dieser verfahrenen Situation noch in Frage kommt, ist eine offene Dreierbeziehung, auch wenn das noch so ungeheuerlich klingt. Entweder Max holt Emmy nach Prag oder er siedelt mit seiner Frau ganz nach Berlin über. Nur so können alle Halbheiten, Ängste und Lügen aus der Welt geschafft werden.

Dieser Vorschlag seines Freundes ist für Brod offenbar undenkbar. Jedenfalls geht er in seinen Briefen nicht darauf ein und behält sein geteiltes Leben bei, obwohl dies für ihn bedeutet, in Berlin einen zweiten Haushalt finanzieren zu müssen. Er ist auch überzeugt, dass Kafka anders reden würde, wenn er Emmy einmal kennen lernte. Einen Brief hat sie schon an Kafka geschrieben und Kafka hat sehr freundlich darauf geantwortet.

Aber nach Berlin zu kommen, dafür fühlt er sich zu schwach, vor allem mental. Schon kleine Schwierigkeiten können ihn umwerfen und völlig hilflos machen. Als Ende August Ottla nach Prag zurückkehren will und er alleine in Planá bleiben soll, gerät er in Panik, und Ottla muss ihre Pläne wieder rückgängig machen. Wahrscheinlich hängt es mit dieser Krise zusammen, dass Kafka die Arbeit an seinem *Schloss*-Roman nicht mehr weiterführen kann. Sechs Hefte hat er bislang voll geschrieben, doch der Roman bleibt unvollendet.

Kafka hat allerdings mit Max Brod einmal darüber gesprochen, wie er sich ein Ende vorgestellt hat: Der Landvermesser bleibt im Dorf und führt seinen Kampf gegen das Schloss weiter. Das kostet ihn aber so viel Kraft, dass er stirbt. Noch auf dem Sterbebett erreicht ihn die Botschaft aus dem Schloss, dass er zwar kein Recht hat, im Dorf zu bleiben, ihm aber die Erlaubnis dazu dennoch erteilt wird. Das ist ein trauriges Ende und erinnert an den Mann in Kafkas Parabel *Vor dem Gesetz*, der sein ganzes Leben lang vor dem Eingang zum Gesetz wartet, weil ihm der Wächter den Eintritt verwehrt, und der kurz vor seinem Tod erfährt, dass dieser Eingang nur für ihn bestimmt war.

Sind es also die Schlossherren und Wächter, die den Menschen von der *eigenen Wahrheit* abhalten? Oder ist es vielmehr so, dass es diese Schlossherren und Wächter nur gibt, weil Menschen vor ihrer *eigenen Wahrheit* fliehen und ohne solche Gesetzgeber nicht leben können? Vieles spricht dafür, dass das Schloss und seine Herren nur Einbildung, Projektion sind. Die Dorfbewohner übertragen demnach ihre Ängste und Bedürfnisse auf einen Ort, der dadurch tatsächlich eine Art Realität bekommt und wie eine höhere Macht auf die Menschen zurückwirkt. Dann aber hätte das Schloss gar keine Macht, jedenfalls keine eigene. Es hätte nur die Macht, die es von den Menschen bekommt. Und die Wahrheit des Schlosses wäre eine, die sie bei sich selber suchen müssten und finden könnten.

Kafka sucht nach dem Eingang, der nur für ihn bestimmt ist. Doch er weiß, wie schwer es ist, aus dem Bannkreis seines Schlosses zu entkommen. Waren seine Reisen denn etwas anderes als der Versuch, den Krallen von »Mütterchen Prag« zu entfliehen? Und diese Krallen reichen weit, weiter jedenfalls als nach Planá, von wo er Mitte September wieder nach Prag zurückkehrt. Und dieses Mal ist es eine Rückkehr, die ihn noch tiefer in die Ausweglosigkeit sinken lässt.

Er ist jetzt ein Pensionär, der zu Hause bleiben kann und nicht mehr jeden Tag ins Büro gehen muss. Und seine schlimmer werdende Krankheit schließt ihn vom gesellschaftlichen Leben aus. Kafka verbringt die meiste Zeit in der elterlichen Wohnung. Husten, Fieber und Schwäche zwingen ihn oft ins Bett. Nur selten erhält er Besuch und noch seltener kann er ausgehen.

Kafka lebt wie ein Gefangener, allerdings wie ein freiwilliger Gefangener. Was er selber nicht schafft, kann er nur anderen empfehlen. Robert Klopstock, der mittlerweile an der Prager Universität studiert, rät er, nach Berlin zu wechseln. Denn Berlin sei eine *Medizin gegen Prag*, nur habe er nie die Kraft gehabt, seine Hand aus dem Bett nach dieser Medizin zu strecken.[13]

Kafka ist sich im Klaren darüber, dass er in Prag lebendig begraben bleibt, wenn er nichts unternimmt. Es müsste aber etwas *ganz Radikales* sein, das ihn endgültig aus Prag hinausreißt. Palästina wäre so etwas. Seit er damals mit Felice halb ernst über eine gemeinsame Reise nach Palästina nachdachte, hat er die Idee, dorthin auszuwandern, nicht ganz aufgegeben. Über Jahre hinweg hat er Hebräisch gelernt und nimmt seit seiner Rückkehr aus Planá wieder Stunden bei einer neuen Lehrerin.

Sie heißt Puah Ben-Tovim, ist eine zwanzigjährige junge Frau, die in Palästina aufgewachsen ist, nun in Prag studiert und bei der Familie von Kafkas Schulfreund Hugo Bergmann wohnt. Puah kommt zweimal die Woche zu Kafka, um ihn zu unterrichten. Dabei wird sie den Eindruck nicht los, dass es dem kranken Kafka um mehr geht, als nur eine Sprache zu lernen. Es ist, als ob er sich vom Unterricht eine »Wunderheilung«[14] erwartet.

Puah ist für ihn ein exotisches Wesen aus einem Land, von dem er immer geträumt hat. Aus diesem Traum wird aber eine reale Möglichkeit, als Hugo Bergmann im Frühjahr 1923 nach Prag kommt. Kafkas Schulfreund lebt seit drei Jahren in Palästina und leitet die Hebräische Nationalbibliothek. In Prag hält er Vorträge über die Aktivitäten der Keren Hajessod, des Palestine Foundation Fund. Kafka ist unter den Zuhörern und er ist begeistert von den Entwicklungen in Palästina. Bergmann unterstützt seine Auswanderungspläne und bietet Kafka sogar an, dass er die erste Zeit in Palästina bei ihm wohnen kann und er ihn auch finanziell unterstützen will. Schon im Herbst könnte Kafka zusammen mit Bergmanns erster Frau, die noch in Prag wohnt, mit dem Schiff nach Palästina reisen.

Kafka ist entschlossen, diese Chance zu nutzen. Ist das der Eingang, der nur für ihn bestimmt ist? Doch Bergmann ist der Feuereifer seines Freundes nicht ganz geheuer. »Es hat den Anschein«, so erinnert er sich später, »wie wenn Kafka für das jüdische Volk und für sich persönlich in Palästina den Anfang zu einem neuen Leben sah, einen wirklichen Neubeginn in Reinheit, in Verwirklichung des himmlischen Jerusalem auf Erden.«[15]

XXII. Auf der Schwelle zum Glück

Kafka sitzt in seinem Strandkorb. Fast zehn Jahre ist es her, dass er zum letzten Mal das Meer gesehen hat. Das war damals, als nach dem Treffen im »Askanischen Hof« seine Verlobung mit Felice aufgelöst wurde und er mit Ernst Weiß und seiner Freundin an die Ostsee nach Dänemark reiste. Jetzt ist er wieder an der Ostsee, in Müritz, nahe Warnemünde. Und dieses Mal ist er in Begleitung seiner Schwester Elli und ihrer Familie.

Elli hat ihre beiden Kinder Felix und Gerti nun doch nicht auf das Internat geschickt. Sie ist nach Hellerau gefahren, um sich die Schule anzuschauen, hat aber keinen besonders guten Eindruck davon mitgenommen. Und nun bleiben ihre Kinder in Prag.

Kafka kann ihr keinen Vorwurf machen. Als kinderloser Junggeselle kann er schlecht anderen sagen, wie sie ihre Kinder erziehen sollen. Zudem ist er in dieser Sache ein schlechtes Vorbild, weil er nie woanders gelebt hat als in Prag. Nach dem schlimmen Winter hatte er schon gedacht, dass er nie wieder aus seinem Zimmer herauskommt. Aber der Gedanke an Palästina hat ihm neue Kraft gegeben. Und nun musste er doch ausprobieren, ob er noch zu einer längeren Reise fähig ist.

Auf der Fahrt an die Ostsee hat Kafka einen Abstecher nach Berlin gemacht und auch Max Brods Freundin Emmy getroffen. Er fand sie gleich sympathisch und *rei-*

zend. Kafka wollte mit ihr nach Eberswalde fahren, wo seine Hebräischlehrerin Puah inzwischen in einer jüdischen Kinderkolonie arbeitet. Doch auf halbem Wege merkten sie, dass sie sich zu viel vorgenommen hatten, und kehrten wieder um.

Auch in Müritz gibt es eine Kolonie des Jüdischen Volksheims, gleich in der Nähe der »Pension Glückauf«, wo Kafka und seine Schwester wohnen. Kafka freut sich jedes Mal, wenn er die ostjüdischen Kinder im Wald oder am Strand spielen sieht oder sie singen hört. Manchmal kommen auch einige der jungen Betreuerinnen zu seinem Strandkorb, um mit ihm zu plaudern. Für sie ist es eine ganz neue Erfahrung, mit einem Erwachsenen zu sprechen, der sich so gar nicht erwachsen benimmt. Vor allem die sechzehnjährige Tile Rössler ist mehr als beeindruckt von diesem vierzigjährigen hoch gewachsenen Mann mit den ziemlich langen, schwarzen Haaren.[1] Sie arbeitet in einer Berliner Buchhandlung und hat schon ein Buch von Franz Kafka in der Hand gehabt. Dass nun der Autor leibhaftig vor ihr steht oder sitzt und sie mit ihm über alles reden kann, sogar über ihre schreckliche Familie, die nicht versteht, dass sie Künstlerin werden will, das ist für sie wie ein Geschenk des Himmels. Tile ist es auch, die Kafka einlädt, ins Ferienlager zu kommen und an den Heimabenden teilzunehmen.

Kafka kommt gern. Er wird sogar ein täglicher Gast und nimmt bei jeder Gelegenheit auch Felix und Gerti mit. Abends sitzt er mit an den langen Tischen, redet nach links und rechts und macht mit den Kindern irgendwelche Spiele und Späße. Sein Leben lang hat Kafka sich danach gesehnt, zu einer Gemeinschaft zu gehören. Hier, in der Kolonie, ist er zwar nur Gast, aber er fühlt sich inmitten dieser fröhlichen, ausgelassenen Gesellschaft doch, wie er an Hugo Bergmann schreibt, *vor der Schwelle des Glücks.*[2]

Durch Tile Rössler lernt Kafka auch die anderen Helferinnen kennen. Eine, Dora, leitet die Küche des Ferienheimes. Als Kafka sie dort besucht, bereitet sie gerade Fische zu. »So zarte Hände«, meint Kafka, »und sie müssen so blutige Arbeit verrichten!« Die neunzehnjährige Dora hat Kafka schon am Strand gesehen und ist ihm einmal sogar heimlich gefolgt. Seine ungewohnte Erscheinung hatte sie neugierig gemacht und wegen seiner dunklen Hautfarbe hat sie ihn für einen »Halbblut-Indianer« gehalten.[3]

Als Tile Rössler vorzeitig nach Berlin zurückmuss, schenkt Kafka ihr zum Abschied eine rubinrote Konfektschale, die Tile in einem Müritzer Kaufhaus gesehen und seither davon geschwärmt hat. Kafka schreibt ihr auch nach Berlin in die Buchhandlung. Doch Tile ist bitter enttäuscht darüber, dass er nun fast nur noch mit Dora zusammen ist. Sie kann nicht verstehen, was Kafka an diesem Küchenmädchen findet.

Für Kafka ist Dora ein *wunderbares Wesen.*[4] Sicher denkt er daran zurück, wie er Felice gedrängt hat, in einem jüdischen Kinderheim mitzuarbeiten. Felice hat es getan, aber eher widerwillig, immer in dem Gefühl, neben ihrem anstrengenden Beruf nun auch noch ihre Freizeit opfern zu müssen. Dora ist ganz frei von solchen Hintergedanken. Sie kann sich völlig selbstlos einer Sache hingeben. Und das ist es, was Kafka so an ihr bewundert.

Dora Diamant, wie sie mit vollem Namen heißt, stammt aus Galizien und ist in einer ultraorthodoxen chassidischen Familie aufgewachsen. Aus diesen engen Verhältnissen ist sie eines Tages geflohen, um im Westen ihre Träume zu verwirklichen. Von Europa aber ist sie enttäuscht. Hier kann sie sich zwar frei bewegen und sagen, was sie will. Aber die Menschen kommen ihr ruhelos vor. Irgendetwas scheint ihnen zu fehlen.

Nur bei Kafka ist es anders. Bei ihm findet sie, was sie immer gesucht hat. Und anscheinend hat auch er mit ihr etwas lange Gesuchtes gefunden. Jedenfalls werden angesichts von Dora alle Palästinaträume unwichtig. Kafka sagt die große Reise ab. Sie wäre, so entschuldigt er sich bei Elsa Bergmann, keine richtige Palästinareise geworden, sondern nur die *Amerikafahrt eines Kassierers, der viel Geld veruntreut hat.*[5]

Als Kafka am 9. August nach Prag zurückkehrt, ist er fest entschlossen, nach Berlin zu ziehen und mit Dora dort zu leben. Aber schafft er dieses Mal wirklich den Sprung aus Prag? Seinen Entschluss in die Tat umzusetzen bedeutet für ihn eine unmenschliche Kraftanstrengung, die er mit dem Marsch Napoleons nach Russland vergleicht.

Kafka braucht einen langen Anlauf. Über einen Monat verbringt er noch mit Ottla und ihren Kindern in Schelesen. Er magert auf fast 54 Kilogramm ab, aber die Zeit mit Ottla gibt ihm auch den Mut und Rückhalt, den er braucht. Als er nach Prag zurückkehrt, bleibt er nur einen Tag. Dann, am Sonntag, den 23. September, ist es so weit: Nach einer schlaflosen Nacht packt er frühmorgens seine Sachen zusammen, um nach Berlin zu reisen. Vorläufig nur für ein paar Wochen, wie er sagt. Das alte Hausmädchen tröstet ihn. Pepa, Ottlas Mann, warnt ihn vor Berlin. Der Vater macht ihm sorgenvolle Vorwürfe. Und seine Mutter schaut ihn traurig an. Aber Kafka lässt sich nicht mehr umstimmen. Er steht auf und geht.

Pepas Warnungen waren nicht ganz grundlos. Das Deutschland, in das Kafka nun kommt, steuert auf eine Katastrophe zu. Im Land herrscht eine trabende Geldentwertung, die von der Politik hingenommen, wenn nicht sogar forciert wird, um die erdrückende Last der Reparationszahlungen an den Kriegsgegner Frankreich abzuschütteln. Anfang 1923 zahlte man für den Dollar noch 20 000 Mark. Im August war es schon eine Million, und es ist nur eine Frage der Zeit, bis die Milliarden- und dann die Billionengrenze überschritten wird. Die Hauptstadt Berlin ist zum Brennpunkt der wirtschaftlichen Lage geworden. Streiks und Straßenschlachten sind an der Tagesordnung. Und wenn man jemanden fragt, wie es ihm geht, so lautet die gängige Antwort »Mies mal Index«.

Kafka, der damit rechnete, mit seiner kleinen Pension in Deutschland billiger zu leben, hätte sich keinen ungünstigeren Zeitpunkt für seine Flucht aussuchen können. Aber was zählen schon wirtschaftliche Katastrophen, wenn es darum geht, das eigene Leben zu retten?

Zusammen mit Dora hat er ein Zimmer in der Miquelstraße in Berlin-Steglitz gemietet. Die Wohnung liegt in einer Vorstadtgegend mit ruhigen Straßen, ganz in der Nähe vom Grunewald und dem botanischen Garten. Gleich beim Einzug hat die Hausherrin herausbekommen, dass Kafka eine Pension bezieht. Und seitdem erhöht sie ständig die Miete für das schlecht heizbare und zugige Erkerzimmer.

Kafka weiß anfangs nicht, wie er das alles bezahlen soll, zumal er in den ersten Wochen nicht an seine Pensionszahlungen herankommt. Mit seinen Eltern ist ausgemacht, dass sie ihm seine Rente per Post schicken, um die Kosten für eine Überweisung zu sparen. Doch erst Mitte Oktober bringt eine Freundin der Familie das Geld bei ihm vorbei. Die Eltern haben noch etwas draufgelegt, so dass Kafka, wie er nach Hause schreibt, fast an einer *Geldüberfülle* leidet[6].

In Wahrheit reicht es hinten und vorne nicht. Die Miete frisst fast alles auf. Er kann sich nicht einmal neue Pantoffeln leisten. Und für die nötigsten Lebensmittel zahlt man horrende Summen. Natürlich ist er dankbar und froh, dass er aus Prag nun Pakete bekommt mit Brot, Butter und Eiern. Doch zugleich möchte er auf keinen

Fall, dass seine Eltern denken, dass er es alleine nicht schafft und auf ihre Hilfe angewiesen ist. Er kann sich auch gut vorstellen, wie man zu Hause über ihn spricht, nicht böse, eher mit einer Mischung aus Mitgefühl und Verständnis. Doch diese gutmütige Behandlung wäre für ihn jetzt, so erklärt er Ottla, *wie ein Herüberlangen Prags hierher nach Berlin*[7] und genau das kann er momentan nicht vertragen.

Er versucht, irgendwie über die Runden zu kommen und ein stilles, unauffälliges Leben zu führen. Oft sieht man ihn in seinem Viertel, wie er, immer korrekt gekleidet, mit einem Korb oder der Milchflasche in der Hand, einkaufen geht. In die Innenstadt fährt er nur selten und ungern. Lieber macht er lange Spaziergänge zum Steglitzer Rathaus oder zum botanischen Garten.

Einmal begleitet ihn Dora in den Steglitzer Park. Dort treffen sie auf ein Mädchen, das ganz verzweifelt weint. Kafka fragt es nach dem Grund und erfährt, dass es seine Puppe verloren hat. Er versucht nun, das Kind zu überzeugen, dass die Puppe nicht verloren gegangen ist, sondern nur eine Reise macht. Er wisse das ganz bestimmt, weil sie ihm einen Brief geschickt habe. Als die Kleine den Brief sehen will, sagt Kafka, dass er ihn zu Hause liegen habe und morgen mitbringen werde.

Zurück in der Wohnung, setzt er sich gleich hin und schreibt den Brief der Puppe. Und am nächsten Tag geht er wieder in den Park und liest dem Mädchen, das noch nicht zur Schule geht, den Brief vor. Darin erklärt die

Puppe, dass sie eben nicht immer bei der gleichen Familie wohnen wollte und einmal eine Luftveränderung gebraucht habe. Sie habe aber das Mädchen immer noch sehr gern und wolle auch jeden Tag schreiben.

Von der Puppe kommt nun tatsächlich täglich ein Brief, in dem sie genau beschreibt, was sie macht und wie es ihr geht. Wie sie gewachsen ist, wie sie zur Schule geht, was sie alles im Alltag erlebt und welche Leute sie kennen gelernt hat. Und immer versichert sie, wie sehr sie das Mädchen noch liebt. Aber zu ihm zurückkehren, das kann sie eben noch nicht.

Über drei Wochen lang bringt Kafka dem Mädchen im Park die Briefe der Puppe. Und seine Angst davor, wie er diese Geschichte enden lassen soll, wird immer größer. Schließlich beschließt er, dass die Puppe heiraten soll. Er beschreibt ihren Mann, die Hochzeitsfeier und das Haus, in dem das Paar leben wird. Die Puppe führt nun ihr eigenes Leben. *Du wirst selbst einsehen*, lässt Kafka sie schreiben, *dass wir in Zukunft auf ein Wiedersehen verzichten müssen.* Das Mädchen hat sich schon damit abgefunden.[8]

In Prag macht man sich Sorgen um Kafka. Seine Mutter kündigt ihm sogar einen Besuch an, um zu sehen, wie er in Berlin lebt. Er antwortet, dass der Besuch für ihn natürlich eine *große festliche Sache* sein wird. Doch gibt er zu bedenken, ob die Reise für die Mutter zu dieser Jahreszeit nicht doch zu anstrengend ist. Außerdem will er bald umziehen und in der neuen Wohnung wird für einen Besuch mehr Platz sein. Abgesehen davon soll doch die Mutter aus reinem Vergnügen nach Berlin kommen und nicht aus Sorge.

Seine Lebensgefährtin Dora erwähnt Kafka in den Briefen an seine Eltern anfangs mit keinem Wort. Immerhin versichert er seiner Mutter, dass sie eine *Fürsorge-Konkurrenz* nicht zu fürchten brauche und ihren Platz immer behalten werde.[9]

Am 15. November ziehen er und Dora in eine neue Wohnung in der Grunewaldstraße. In der alten konnten sie die Miete nicht mehr bezahlen und außerdem gab es mit der Hausherrin dauernd Probleme. Die resolute und geschäftstüchtige Frau konnte sich mit dem seltsamen Pärchen nicht abfinden. Gegen Kafka hatte sie eine unerklärliche Abneigung und Dora wurde von ihr recht schamlos für Arbeiten im Haus eingespannt.

Aber Dora ist unglaublich zäh. Auch den Umzug bewältigt sie fast alleine, weil Kafka zu schwach dafür ist. Viel musste sie freilich nicht transportieren, nur ein paar Habseligkeiten. Und die neue Wohnung liegt nur ein paar Straßen weiter. Sie besteht aus zwei Zimmern mit Zentralheizung. Der Nachteil ist, dass zwischen den zwei Zimmern das Schlafzimmer der Hausherrin liegt.

Kafkas Mutter hat sich von einem Besuch abhalten lassen. Dafür kommt im November Ottla nach Prag und kann dann zu Hause berichten, dass es Franz gut geht.

Kafka kann sich eben auf seine kleine Schwester verlassen. Sie weiß, wie schwer dieser Schritt für ihren Bruder war, und würde alles tun, um seine mühsam erkämpfte Unabhängigkeit zu schützen.

Wie es Kafka wirklich geht, das können auch die anderen Besucher nur ahnen. Emmy, die das Paar öfter besucht, muss von Kafka meistens selbst getröstet werden. Sie klagt darüber, dass Max so selten nach Berlin kommt. Max entschuldigt sich immer damit, dass seine »Pflicht« ihn in der Ehe und in Prag festhält.[10] Kurz vor dem Umzug war er in Berlin und hat Kafka Winterkleidung gebracht. Wenn er seinen Freund nach seiner Gesundheit oder seiner finanziellen Situation fragte, antwortete Kafka meist spaßhaft. Lang und breit erzählte er über seinen Plan, in Tel Aviv ein Lokal zu eröffnen, in dem Dora kocht und er als Kellner die Gäste bedient. Und in anderen Lebensfragen hält sich Kafka an seinen Kalender, zu dem er eine persönliche Beziehung hat und der für jeden Tag einen besinnlichen Spruch bereithält. Als zum Beispiel die irrsinnig hohe Kohlerechnung kam, stand auf dem Kalenderblatt »Glück und Zufriedenheit ist des Lebens Seligkeit«.[11]

Die Kohle im frostigen Winter ist sehr knapp. Dementsprechend kalt ist es in Doras und Kafkas Wohnung. Kafka muss schon sehr nah an die Heizung rücken, damit ihm ein wenig warm wird. Er hat sich auch eine Petroleumlampe angeschafft, um Strom zu sparen und nachts länger wach bleiben zu können.

In Doras Nähe hat er wieder zu schreiben angefangen. Er hat die kurze Erzählung *Eine kleine Frau* verfasst, zu der ihn seine alte, unversöhnliche Vermieterin inspiriert hat. Und in nur einer Nacht schreibt er die seltsame Geschichte über den Bewohner eines unterirdischen Baus, der ein ausgeklügeltes System von Gängen, Höhlen und Vorratskammern anlegt, um sich vor seinen Feinden zu schützen. Wenn Kafka Dora vorliest, was er geschrieben hat, erklärt er nie etwas. Nur einmal, als er aus *Der Bau* vorliest, meint er, dass sie der *Burgplatz*, die zentrale Höhle in diesem Bau sei.

Dora ist für Kafka der wichtigste Mensch. Neben ihr gewinnt er wieder Lebensmut. Und er ist sogar einverstanden, dass weitere Texte von ihm gedruckt werden. Brod hat den Kontakt mit dem Berliner Verlag »Die Schmiede« hergestellt, der einen Band mit Novellen von Kafka herausbringen will. *Der Hungerkünstler* wird das Buch heißen – ein passender Titel zu Kafkas entbehrungsreichem Leben in Berlin.

An Silvester ist es bitterkalt. Kafka liegt mit Fieber und Schüttelfrost im Bett. Vor und nach Mitternacht ist stundenlang der Lärm der Raketen und Böller aus der nahen Stadt zu hören. Kafka und Dora müssen sich ihr Essen auf Kerzenstümpfen warm machen, weil ihnen schon vor Tagen der Spiritus für ihre zwei Kocher ausgegangen ist. Dafür gibt es nun die schönsten Eisblumen, und die sind, wie Kafka an seine Eltern schreibt, *ganz billig.*[12]

Aus Prag kommen im neuen Jahr wieder große Pakete,

voll mit Lebensmitteln. Seine Schwestern haben sogar etwas Geld beigelegt. *Wie gut ihr alle zu mir seid*, schreibt er nach Hause, *zu diesem nichtstuerischen, sich-pflegen-lassenden und dabei noch nicht einmal dick werdenden Menschen.*[13] Julie Kafka hat damit angefangen, eine Wollweste für ihn zu stricken. Und der Vater möchte schon längst einmal wissen, ob sein Sohn denn in Berlin »eine Zukunft« habe. Kafka hat auch schon darüber nachgedacht, wie er noch zusätzlich etwas Geld verdienen könnte. Aber meistens ist er so fiebrig und schwach, dass er im Bett liegen muss. Und für *Bis-zwölf-im-Bett-Liegen*, so schreibt er an Robert Klopstock, gibt ihm hier niemand etwas.[14]

Den Eltern muss er leider mitteilen, dass es für ihren Besuch erneut ein ungünstiger Zeitpunkt ist. Denn Kafka muss schon wieder umziehen. Die Hausherrin will nun auch ihr Mittelzimmer vermieten und drei Zimmer können sich Kafka und Dora nicht leisten. Die neue Wohnung, die sie gefunden haben, liegt weiter entfernt, in der Heidestraße in Berlin-Zehlendorf. Die wenigen Sachen, die sie mitnehmen, transportiert Dora bei Regen und Wind mit einem Wägelchen zur Bahn. Das größere Problem ist Kafka, der in seinem Zustand nicht transportabel ist. Es bleibt schließlich nichts anderes übrig, als für teures Geld ein Taxi zu bestellen, das Kafka in sein neues Heim bringt.

Das Haus, in dem sie nun wohnen, gehört der Witwe des Schriftstellers Carl Busse, die großen Wert darauf legt, dass man sie als Frau »Doktor« Busse anredet, auch wenn sie diesen Titel nur von ihrem Mann übernommen hat. Kafka hat einige Literaturkritiken ihres verstorbenen Mannes gelesen und glaubt, dass der ihn tief verachten würde, wenn er noch lebte. Zwar hat Kafka auch einen Doktortitel. Aber ansonsten ist er doch eine sehr dubiose Existenz: ein früh pensionierter Beamter, der ein paar schmale Bücher geschrieben hat, die kaum jemand kennt; der von Wohnung zu Wohnung zieht, nicht aus den Geldsorgen herauskommt, in wilder Ehe lebt und den ganzen Tag im Bett liegt.

Im Februar verlässt er das Haus kaum noch. Er ist sogar zu schwach, um die Treppen hinab zum Telefon im Erdgeschoss zu steigen, wenn ein Anruf für ihn da ist. Er hat beständig hohes Fieber und morgens und abends wird er stundenlang von einem Husten geschüttelt. Die Familie in Prag soll von alledem nichts wissen. Weiter schreibt Kafka seine zuversichtlichen Briefe. Aber die Eltern scheinen dieser Zufriedenheit nicht zu trauen und bitten Kafkas Onkel Siegfried Löwy, den Tierarzt aus Trieschen, nach Berlin zu reisen und sich vor Ort ein Bild zu machen.

Onkel Siegfried kommt am 21. Februar in die Heidestraße, und er sieht auf den ersten Blick, dass es mit seinem Neffen nicht gut steht. Er beschwört Kafka, sich in ärztliche Behandlung zu begeben. Doch der weigert sich. Erst als ihm der Onkel drastisch die Konsequenzen seines Starrsinns vor Augen führt, gibt Kafka nach und verspricht, in ein Sanatorium zu gehen. Er sieht selbst ein, dass es sein sicheres Todesurteil ist, wenn er in seiner Berliner Wohnung bleibt. Anfang März geht es ihm so schlecht, dass Dora einen befreundeten Arzt im Jüdischen Krankenhaus alarmiert. Als dieser Dr. Nelken das Zimmer in der Heidestraße betritt, erschrickt er über Kafkas Zustand. Medikamente gegen die Tuberkulose kann er ihm nicht geben, weil es die noch nicht gibt. Er kann ihm lediglich Mittel verschreiben, die seine Schmerzen und den Husten lindern. Als der Arzt sich weigert, ein Honorar zu nehmen, schenkt ihm Kafka ein Buch über den Maler Rembrandt.

Mitte März kommt Max Brod nach Berlin und nimmt auf der Rückreise Kafka mit nach Prag. Dora und Robert Klopstock, der auch nach Berlin geeilt ist, bringen Kafka zum Bahnhof. Dora bleibt in Berlin. Kafka will nicht, dass sie in sein Elternhaus kommt. Er ist tief bedrückt. Sein Ausreißversuch ist gescheitert. Nur ein halbes Jahr hat er ihn durchhalten können. Aber er war auf der Schwelle zum Glück.

Es wird eine traurige Fahrt mit Max Brod. Ewig lange scheint es her, dass sie reiselustig im Zug nach dem sonnigen Lugano saßen. Kafka ist schweigsam und hustet. Brod macht sich Sorgen. Für ihn ist es nur vernünftig, dass Kafka nach Prag zurückkehrt. Er hat seinem Freund schon vor Monaten geraten, sich an das »warme satte Böhmen« zu erinnern. Wärme und Sattheit hätte er vierzig Jahre lang gehabt, hat ihm Kafka damals geantwortet, und das Ergebnis sei nicht für weitere Versuche verlockend.[15]

XXIII. Der Patient auf Nummer 12 oder Was Liebe ist

Vor etwa zwei Jahren hat Kafka die Erzählung *Der Tod des Iwan Iljitsch* von Leo Tolstoi gelesen. Dieser Iwan Iljitsch ist ein beliebter und angesehener Untersuchungsrichter, der alles dafür tut, dass sein Leben »leicht, angenehm und anständig« verläuft, und für den der Tod etwas ist, das andere trifft, aber nicht ihn. Nach einem eigentlich harmlosen Sturz von einer Stehleiter geht es mit seiner Gesundheit bergab. Er sucht Ärzte auf, die ihm Medikamente verschreiben, aber ihm nicht wirklich helfen können. Erst allmählich wird Iwan Iljitsch bewusst, dass es nicht um die Niere oder den Blinddarm geht, sondern um Leben und Tod. Und was ihn quält, sind nicht so sehr die Schmerzen als der Gedanke, dass er nicht so gelebt hat, wie er hätte leben sollen. Nur die Erinnerung an die Kindheit ist ein Lichtblick, alles, was danach kam, versinkt in Dunkelheit. Je schlechter es Iwan Iljitsch geht, desto klarer sieht er, dass er in der Lüge gelebt hat und lebt: Die Ärzte, die immer neue Diagnosen stellen und seine Leiden nur verlängern. Seine Frau und seine Kinder, denen sein Anblick unangenehm ist und die an seinem Krankenbett über Medikamente und Theaterbesuche reden. Erst kurz vor seinem Tode kann er zugestehen, dass das alles »nicht das Richtige« war. Die Bitte um Vergebung kann er nur noch stammeln, aber plötzlich sind die Schmerzen erträglich und die Todesangst ist weg.[1]

Für Kafka war seine Tuberkulose nie nur eine Krankheit. Der Kampf um das richtige Leben war zu viel für ihn geworden und dann, so glaubt er, ist ihm sein Körper zu Hilfe gekommen. Berlin war der letzte Versuch, das Ruder doch noch einmal herumzureißen. Aber die Krankheit ließ sich nicht mehr aufhalten und hat ihn zurückgeworfen nach Prag. Dort, im Oppelthaus am Altstädter Ring, fühlt er sich wie eine *Wohnungsstörung*.[2] Er ist der kranke Sohn, der sich nun endlich in die richtige ärztliche Behandlung begeben muss, um wieder gesund zu werden. Ganz oben auf der Liste steht der berühmte Luftkurort Davos.

Kafka sieht man nur noch selten im Freien. Mit Ottla macht er manchmal Spaziergänge auf dem Altstädter Ring und spielt Ball mit seiner Nichte Vera. Wer Kafka sehen will, muss schon an sein Krankenbett kommen. Max Brod und Robert Klopstock sind die häufigsten Gäste. Klopstock erzählt er eines Tages, dass er eine *Untersuchung über das tierische Piepsen* geschrieben habe.[3] Dabei handelt es sich um die Erzählung *Josefine, die Sängerin oder das Volk der Mäuse*, in er es um die Mäusedame Josefine geht, die mit ihrem Gesang alle in ihren Bann zieht. Aber eigentlich, so berichtet der Erzähler, ein Angehöriger des Mäusevolkes, kann Josefine gar nicht schön singen. Vielmehr piepst sie nur, nicht anders, als alle Mäuse piepsen. Trotzdem verlangt sie, dass man ihre Kunst anerkennt, sie bewundert und sie von den täglichen Arbeiten freistellt. Josefines Gesang wird so wenig verstanden wie Kafkas *Gekritzel.* Dieses *Gekritzel* ist jedoch kein Hobby, es bestimmt das ganze Leben. Schreiben ist eine Lebensform. Und selbst wenn er nicht schreiben würde, so glaubt Kafka, wäre er doch ein Schriftsteller.[4]

Der zum Käfer verwandelte Gregor Samsa dachte, er kann sprechen, wo er doch nur tierische Laute hervorbrachte. Josefine glaubt, sie singt, wo sie doch nur piepst. Und Kafka, der diese Tiergeschichten geschrieben hat, verliert nun tatsächlich allmählich seine Stimme. In Berlin war er nur ein wenig heiser. Jetzt verursacht ihm das Reden, Essen und Trinken Schmerzen, und es besteht der Verdacht, dass die Lungentuberkulose auch den Kehlkopf erfasst hat. Kafka muss schnellstens in ärztliche Behandlung.

Davos ist anscheinend doch zu teuer. So fällt die Wahl auf das Sanatorium »Wienerwald«, etwa achtzig Kilometer südlich der österreichischen Hauptstadt. Obwohl Kafka nichts mehr fürchtet als den Essenszwang in den Kliniken, fällt ihm der Abschied nicht schwer. Erstens kommt er weg von Prag. Und zweitens ist er wieder mit Dora zusammen, die ihn begleitet. Sie nimmt sich ein Zimmer in einem Bauernhaus neben dem Sanatorium.

Als Kafka am 3. April 1924 im einsam gelegenen Sanatorium ankommt, wiegt er mit Kleidern nur noch 49 Kilogramm. Der Verdacht bestätigt sich. Zwar scheuen sich die Ärzte, eine eindeutige Diagnose zu stellen, und reden von »Schwellung hinten« und »Infiltration«. Doch für Kafka ist klar, was keiner auszusprechen wagt: dass er Kehlkopftuberkulose hat. Die Krankheit ist schon weit fortgeschritten, und Tuberkulose kann innerhalb von Wochen Zerstörungen anrichten, die bei einer Krebserkrankung erst nach Monaten und Jahren entstehen. Im Sanatorium sehen sich die Ärzte außerstande, Kafka entscheidend helfen zu können. Sie geben ihm Mittel gegen den Husten und Anästhesinbonbons und empfehlen ihm, eine Spezialklinik aufzusuchen.

Nach nur fünf Tagen im Sanatorium wird Kafka mit dem Auto nach Wien gebracht, in eine Klinik für Hals- und Kehlkopfkrankheiten. Das Wetter ist schlecht. Es stürmt und regnet. Und Dora stellt sich im offenen Wagen die ganze Fahrt über vor Kafka, um ihn vor Wind und Regen zu schützen.

Die laryngologische Klinik des Professor Markus Hajek im Allgemeinen Krankenhaus in Wien, Lazarettgasse 14, gilt als die beste ihrer Art. Aber was nützen die modernsten Geräte, wenn die Ärzte gegen eine Volkskrankheit wie Tbc so gut wie machtlos sind? Der Patient Franz Kafka ist ein ganz normaler Fall einer sekundären Kehlkopftuberkulose. Er kommt in ein Mehrbettzimmer auf der Station B. Eine Sonderbehandlung gibt es für ihn natürlich nicht. Als Franz Werfel, der in Wien lebt, seine Beziehungen spielen lassen will, um seinem alten Freund zu helfen, reagiert Prof. Hajek ziemlich barsch: »Da schreibt mir ein gewisser Werfel«, soll er gesagt haben, »ich soll etwas für einen gewissen Kafka tun. Wer Kafka ist, das weiß ich. Das ist der Patient auf Numero 12. Aber wer ist Werfel?«[5]

Es ist das erste Mal, dass Kafka in einem Krankenhaus ist, und er gewöhnt sich nur schwer an die unpersönliche Atmosphäre und die militärische Ordnung. Um halb sechs Uhr morgens wird er geweckt und eine Stunde später muss er mit Waschen fertig sein. Behandlungen muss er nur wenige über sich ergehen lassen. Ein operativer Eingriff ist in seinem Zustand ausgeschlossen. Und auch auf die gefürchtete Kehlkopfspiegelung verzichten die Ärzte, weil Kafka zu heftig würgen muss, wenn das Instrument eingeführt wird. So beschränkt man sich darauf, seinen angeschwollenen Kehlkopf mit einer Menthol-Öl-Lösung zu bespritzen, damit er wenigstens zeitweise einigermaßen schmerzfrei schlucken, essen und trinken kann.

Vor allem trinken möchte Kafka viel mehr. Sein Durst ist gewaltig. Aber die Schmerzen lassen nur wenige kleine Schlucke zu. Dora hat bei der Klinikleitung durchgesetzt, dass sie für Kafka kochen darf. Sie hält sich nicht an die Besuchszeiten und ist schon mittags im Krankenzimmer. Überraschend bekommt Kafka auch Besuch von seinem Schwager Karl Hermann, auf den er einen möglichst guten Eindruck machen will. *Liebste Eltern,* schreibt er nach Prag, [...] *Mir geht es recht gut, wie euch ja auch Karl bestätigen wird. Ich habe schon 3 Einspritzungen bekommen, heute keine, was freilich ganz besonders angenehm ist. Jetzt da es warm wird, zeigen sich besonders die Vorzüge meines Zimmers, das riesige Fenster ist offen, viel Sonne. Übrigens ist auch für noch schöneres Wetter vorgesorgt, dann kommt man mit dem Bett auf den Dachgarten, von dem man, da das Krankenhaus auf einer Anhöhe liegt, einen Überblick über ganz Wien haben soll.*[6]

Dora fügt den Briefen immer noch ein paar eigene Zeilen an, in denen sie etwa um eine Steppdecke für Franz bittet oder beruhigend schreibt: »Zustand viel besser. Kein Anlass zu Unruhe oder Verzweiflung.«

Grund genug zur Sorge gäbe es aber in dem sonnigen Krankenzimmer, denn es ist auch ein Sterbezimmer. Fast jede Nacht stirbt ein Patient, und Kafka zeigt, wenn Dora kommt, auf das leere Bett. Eines Morgens ist auch das Bett neben ihm leer. Kafka muss weinen, weil er es nicht fassen kann, dass dieser lebenslustige Mann, der neben ihm gelegen hat, letzte Nacht gestorben ist. Dieser Schuhmachermeister aus dem Waldviertel, der nur ein Jahr älter war als Kafka, war nie in seinem Leben krank gewesen, bis sein Kehlkopf von der Tuberkulose befallen wurde. Die Ärzte im Krankenhaus machten ihm zwei Schnitte in die Luftröhre und setzten ihm ein Röhrchen in den Hals. Dann kümmerten sie sich nicht mehr um ihn und ließen ihn mit über vierzig Grad Fieber im Zimmer herumgehen. Als er dann mit dem Tod kämpfte, war weit und breit kein Arzt zu sehen. *Großartig*, empört sich Kafka, *wie dann in der Nacht alle Assistenten in ihren Bettchen waren.*[7] Nur ein Geistlicher und sein Gehilfe leisteten dem Sterbenden Beistand und gaben ihm die Letzte Ölung. Der Mann war so arm gewesen, dass seine Frau und seine Kinder ihn nicht besuchen konnten. Die Familie hat nicht einmal das Geld, um den Toten in seine Heimat überführen zu lassen. Und so wird der Schuhmachermeister Josef Schrammel nachts in einem Schachtgrab des Wiener Zentralfriedhofes begraben.

Kafka ist tief erschüttert vom Tod seines Bettnachbarn. So möchte er nicht sterben. Am Tag nach der Todesnacht, am Samstag, den 19. April, verlässt er die Klinik, gegen den Rat der Ärzte. »In häusliche Pflege entlassen«, wird in seine Krankenakte eingetragen.[8] Aber nach Hause will Kafka auf keinen Fall. Mit Dora fährt er nach Kierling an der Donau, nördlich von Wien. Dort gibt es ein kleines privates Sanatorium, das Kafkas Vorstellungen und seinem Geldbeutel besser entspricht.

Im Sanatorium Kierling bekommt Kafka ein schönes helles Zimmer mit Blick in den Garten. Dora kann in einem der Gästezimmer wohnen und sich nun Tag und Nacht um ihn kümmern. Sie sorgt dafür, dass er immer leicht schluckbares Essen bekommt wie Joghurt und weich gekochte Nudeln und dass er trotz seiner Schmerzen genügend Flüssigkeit zu sich nimmt. Stolz berichtet Kafka seinem Vater, dass er nun manchmal sogar Bier und Wein trinkt, freilich nur sehr wenig. Und er erinnert sich daran, wie er als kleiner Junge mit dem Vater in der Schwimmschule war und sie danach bei Wurst und einem halben Liter Bier zusammensaßen. Jetzt, da ihn jeder kleine Schluck schmerzt, ist für ihn die Vorstellung herrlich, ein großes Glas Bier in tiefen Zügen auszutrinken.

Doch die Schmerzen werden immer stärker. Seine Krankheit ist in einem Stadium, in dem die Zerstörungen in der Lunge und im Kehlkopf sehr schnell voranschreiten. Kafka soll es vermeiden, zu sprechen, und er schreibt, was er mitteilen will, auf kleine Zettel. Ende April wendet sich Dora verzweifelt an einen Wiener Lungenarzt, der ihr von Felix Weltsch empfohlen worden ist. Der berühmte Professor kommt mit seinem Assistenten nach Kierling und stellt bei Kafka einen »zerfallenden tuberkulösen Prozess«[9] fest. An einen operativen Eingriff ist nicht zu denken. Er kann nichts tun, als Kafka eine Alkoholinjektion in den Nerv zu geben, um die Schmerzen kurzzeitig zu betäuben. Die beiden Ärzte sind sich sicher, dass Kafka nicht mehr länger als drei Monate zu leben hat, und sie empfehlen Dora, ihn nach Prag zu seiner Familie zu bringen. Dora weiß, dass sie Kafka diesen Vorschlag nicht zu machen braucht. Jeden Gedanken in dieser Richtung wehrt er entschieden ab.

Kafka weiß, wie es um ihn steht. Trotzdem möchte er weiterleben. Als er sich von einem anderen Arzt untersuchen lässt und dieser meint, in seinem Hals sehe es schon besser aus, weint er vor Glück und umarmt Dora. Um mit ihr zusammenzuleben, möchte er wieder gesund werden. Er will Dora heiraten und schickt einen Brief an ihren Vater, in dem er ihn um seine Einwilligung bittet. Die Antwort von Doras Vater fällt kurz und knapp aus: Nein!

Kafka muss lächeln über den Brief von Doras Vater. Er kann ihn verstehen. Auch ohne sein Ja-Wort fühlen sich Dora und er als ein Paar. Manchmal tauchen sie ihre Hände in die Waschschüssel und nennen das dann »unser Familienbad«.

Diese kleine Familie wird Anfang Mai erweitert durch Robert Klopstock, den es nun nicht mehr in Prag hält und der sich im Kierlinger Sanatorium einquartiert. Retten kann der Medizinstudent Kafka nicht mehr, aber er kann die völlig übermüdete Dora entlasten, und er kann Kafka Schmerzmittel geben, nach denen er immer häufiger verlangt. Klopstock muss ihm auch versprechen, dass er mit einer Spritze sein Ende beschleunigt, wenn er die Schmerzen nicht mehr aushält.

Am 12. Mai kommt Max Brod nach Kierling. Er ist sehr angetan davon, wie rührend Dora für den Kranken sorgt und wie wunderbar die beiden zusammenpassen. Er kann nicht glauben, dass Kafka ein hoffnungsloser Fall ist, und macht Pläne für eine gemeinsame Italienreise. Diesen Vorschlag hält Kafka eher für eine höfliche Aufmunterung seines Freundes, der sein Entsetzen über den Zustand des Patienten überspielen will. Kafka hat sich sehr auf Brods Besuch gefreut. Und er glaubt, dass er dieses Wiedersehen verdorben hat durch sein jämmerliches Aussehen.

Es geht ihm nun täglich schlechter und er braucht regelmäßig Alkoholinjektionen. Durch das Fieber und die Schmerzen ist er so schwach, dass er sich kaum mehr bewegen kann. Am 19. Mai rafft er sich auf, um einen Brief seiner Eltern zu beantworten. *Liebste Eltern*, schreibt er, *nun hat aber meine Schreibfaulheit wirklich alle Grenzen überschritten, nicht einmal für eueren lieben gemeinsamen Brief, der mir solche Freunde gemacht hat, habe ich noch gedankt. Es ist aber nicht nur mit dem Schreiben so, in meinem ganzen Leben seit den Säuglingszeiten habe ich mich von allem, was nur ein wenig Mühe und Arbeit genannt werden könnte, fern gehalten wie jetzt; warum auch nicht, da ich Dora und Robert habe. Höchstens das Essen ist ein wenig anstrengender, als es das stille Saugen damals gewesen sein mag.*[10]

Dora fügt noch hinzu, dass das schöne Frühlingswetter doch sehr zu Franz' Gesundung beitrage. Von morgens bis abends liege er nun auf dem Balkon und atme die wunderbaren Düfte aus dem Garten ein. »Es ist auch nicht viel zu berichten«, schreibt sie. »Viel beruhigender und überzeugender wäre alles, wenn Sie einmal hier gewesen wären und selbst gesehen hätten, wie schön und gut Franz hier aufgehoben ist.«

Julie und Hermann Kafka haben wirklich vor, ihren kranken Sohn bald zu besuchen, was Kafka nicht wenig beunruhigt. Er will eigentlich keine Besuche mehr und nur noch Dora und Klopstock um sich haben. Dora sorgt immer dafür, dass Blumen im Zimmer stehen. Kafka, der früher mit Blumen nichts anfangen konnte, freut sich nun über jeden Strauß, und er achtet darauf, dass sie immer genug Wasser haben. Wenn er schon nicht trinken kann, sollen sie es wenigstens. *Mit dieser Trinkfähigkeit kann ich nicht mit dem Vater in den Zivilschwimmschul-Biergarten gehen*, schreibt er auf einen Zettel.[11]

Vom Verlag »Die Schmiede« bekommt er die Druckfahnen für den geplanten Novellenband zugeschickt, und er beginnt damit, die Texte durchzugehen. *Es wird mich zu sehr aufregen*, schreibt er auf einen Zettel, *ich muss es doch von neuem erleben.*

Für Klopstock hat es etwas Gespenstisches, dass Kafka, der bis zum Skelett abgemagert ist und kaum mehr essen und sprechen kann, nun noch einmal seine Geschichten vom Hungerkünstler und der piepsenden Maus Josefine lesen muss. Mit dem Korrigieren der Fahnen kommt Kafka aber nicht weit. Zu sehr nimmt ihn diese Arbeit mit. Und er muss doch auch noch einen Brief an seine Eltern schreiben wegen ihres geplanten Besuchs.

Liebe Eltern, so beginnt er den Brief am 2. Juni, *also die Besuche, von denen ihr manchmal schreibt. Ich überlege es jeden Tag, denn es ist für mich eine sehr wichtige Sache. So schön wäre es, so lange waren wir schon nicht beisammen* [...]. *Und dann »ein gutes Glas Bier« zusammen trinken, wie ihr schreibt, woraus ich sehe, dass der Vater vom Heurigen nicht viel hält, worin ich ihm hinsichtlich des Bieres auch zustimme. Übrigens sind wir, wie ich mich während der Hitze öfters erinnere, schon einmal regelmäßig gemeinsame Biertrinker gewesen, vor vielen Jahren, wenn der Vater auf die Zivilschwimmschule mich mitnahm.*

Das und vieles anderes spricht für den Besuch, aber zu viel spricht dagegen. Nun erstens wird ja wahrscheinlich der Vater wegen der Passschwierigkeiten nicht kommen können. Das nimmt natürlich dem Besuch einen großen Teil seines Sinns, vor allem aber wird dadurch die Mutter, von wem immer sie auch sonst begleitet wird, allzu sehr auf mich hingeleitet sein, auf mich verwiesen sein und ich bin noch immer nicht sehr schön, gar nicht sehenswert. Die Schwierigkeiten der ersten Zeit hier um und in Wien kennt ihr, sie haben mich etwas heruntergebracht; sie verhindern ein schnelles Hinuntergehn des Fiebers, das an meiner weiteren Schwächung arbeitete; die Überraschung der Kehlkopfsache schwächte in der ersten Zeit mehr, als sachlich ihr zukam – erst jetzt arbeite ich mich mit der in der Ferne völlig unvorstellbaren Hilfe von Dora und Robert (was wäre ich ohne sie!) aus allen diesen Schwächungen hinaus. Störungen gibt es auch jetzt, so z.B. ein noch nicht ganz überwundener Darmkatarrh aus den letzten Tagen. Das alles wirkt zusammen, dass ich trotz meiner wunderbaren Helfer, trotz guter Luft und Kost, fast täglichen Luftbades noch immer nicht recht erholt bin, ja im Ganzen nicht einmal so imstande, wie etwa letzthin in Prag. Rechnet ihr noch hinzu, dass ich nur flüsternd sprechen darf und auch dies nicht zu oft, ihr werdet gern auch den Besuch verschieben. Alles ist in den besten Anfängen, [...] *aber noch die besten Anfänge sind nichts; wenn man dem Besuch – und gar einem Besuch, wie ihr es wäret – nicht große unleugbare, mit Laienaugen messbare Fortschritte zeigen kann, soll man es lieber bleiben lassen. Sollen wir es also vorläufig bleiben lassen, meine lieben Eltern?*[12]

An diesem Tag beschäftigt sich Kafka noch bis spät abends mit den Druckfahnen seiner Novellen, bevor er gegen Mitternacht einschläft. Um vier Uhr morgens bemerkt Dora, die bei ihm wacht, dass er schwer atmet. Sie holt Klopstock, der wiederum einen Arzt weckt. Kafka hat schreckliche Schmerzen, und er bittet Klopstock, ihm die versprochene Spritze zu geben. »Töten Sie mich«, sagt er, »sonst sind Sie ein Mörder.«[13] Klopstock gibt ihm Morphium, aber nur so viel, dass er wieder einschläft.

Am nächsten Morgen weiß Kafka, dass sein Ende gekommen ist. So brüsk, wie man ihn nicht kennt, reißt er sich einen Schlauch vom Körper und meint: »Jetzt nicht mehr quälen, wozu verlängern.« Er hat Klopstock gebeten, dafür zu sorgen, dass Dora seinen Todeskampf nicht erleben muss. Klopstock schickt Dora mit einem Brief zur Post. Aber dann vermisst Kafka sie doch und es muss ihr ein Stubenmädchen hinterhergeschickt werden. Atemlos kommt Dora ans Sterbebett, mit einem Blumenstrauß in der Hand. »Franz, sieh mal die schönen Blumen, rieche mal!«, flüstert sie.[14] Kafka, der schon nicht mehr bei Bewusstsein war, richtet sich noch einmal auf und scheint tatsächlich an den Blumen riechen und seine Augen öffnen zu wollen. Dann stirbt er. Es ist der Mittag des 4. Juni 1924.

Kafka wird in die Leichenhalle des Sanatoriums gebracht. Dora will immer wieder hingehen, um ihn zu sehen. »Die arme Dora«, schreibt Klopstock an Max Brod, »[...] schläft ein wenig, aber selbst im Schlaf flüstert sie ununterbrochen, man versteht nur: Mein Lieber, mein Lieber, mein Guter du! ... Ich versprach ihr, dass wir heute Nachmittag wieder zu Franz gehen werden, wenn sie sich hinlegt. So hat sie sich hingelegt. Zu ihm, ›der ja so allein, so ganz allein ist, wir haben ja gar nichts zu tun und sitzen hier, und lassen ihn dort, allein im Finstern, unbedeckt – o mein guter, mein Lieber du‹ – und so geht es immer. Was hier bei uns zugeht, ist nicht zu beschreiben und soll auch nicht beschrieben werden. Der Dora kennt, nur der kann wissen, was Liebe heißt. So wenige verstehen es, und das vergrößert Qual und Schmerz. Ihr aber ja, nicht wahr, ihr aber ja, ihr werdet es verstehen! ... Wir wissen ja noch gar nicht, was mit uns geschehen ist, langsam wird es immer klarer, und schmerzhaft dunkler damit. Besonders wir wissen es nicht, die ihn noch immer bei uns haben. Jetzt gehen wir wieder hin, zum Franz.«[15]

Franz Kafka wurde am 11. Juni 1924 auf dem Neuen jüdischen Friedhof in Prag-Straschnitz beerdigt. Dem Sarg folgten seine Familie, gleich dahinter Dora Diamant, gestützt von Max Brod. Als man den Sarg in das Grab hinabsenkte, brach Dora zusammen und schrie »qualvoll und durchdringend« auf. Hermann Kafka soll sich störrisch zum Weggehen umgedreht haben.

Acht Tage später fand im Auditorium der Prager »Kleinen Bühne« eine Trauerfeier statt, an der viele Freunde und Bekannte Kafkas teilnahmen. Außerhalb

Prags wurde vom Tod des Franz Kafka kaum Notiz genommen. Andere Ereignisse beherrschten die Schlagzeilen. Eine Ausnahme bildete ein Nachruf des Wiener Schriftstellers und Journalisten Anton Kuh, der in der Zeitschrift *Die Stunde* schrieb: »Er starb, und kein Caseur-Hahn krähte nach ihm ... warum? Aus literarischer Unbildung? Oder weil der Verstorbene der edlen Minorität beizuzählen war und nicht den Zeitungsgefälligen? Mag sein. Aber der Hauptanteil lag sicher darin, dass dieser Franz Kafka, in dessen äußerlich knappem Werk Sprache endlich wieder ihr Gesicht trägt, nirgends der affektierten Verhimmelung und Anbiederung Stoff gab, weil er eben völlig und in seinem Ja so gut wie in seinem Nein jenseits der Zeitungswelt lebte, ein Insasse der einsamen Dreidimensionalität der Kunst.

Später werden sie sein Leben ... dem Pascals vergleichen; sie werden Zusammenhänge zwischen seinen Dichtungen gewordenen Traumberichten und der Psychoanalyse aufdecken; der Name Kleist wird die Vergleiche krönen.

Heute wissen sie sich nicht einmal der Ehre würdig zu erweisen, die dieser aus Prag Stammende Wien antat, indem er, einen Kilometer von unserer Stadt entfernt, seine letzten Tage verbrachte und starb.«[16]

Hermann Kafka starb 1931 im Alter von neunundsiebzig Jahren. Sein Frau Julie starb drei Jahre später an Nierenversagen. Beide wurden im selben Grab wie ihr Sohn

Franz beerdigt. Kafkas Schwestern Elli, Valli und Ottla wurden nach der Besetzung der Tschechoslowakei durch die deutsche Wehrmacht im März 1939 in Konzentrationslager transportiert und umgebracht. Ottla wollte ihren nichtjüdischen Mann nicht in Schwierigkeiten bringen und auch den Schutz, den ihre Ehe gewährleistete, nicht ausnutzen, und ließ sich von Josef David scheiden. Im KZ Theresienstadt gehörte sie zum Pflegepersonal, das sich um die Kinder im Lager kümmerte. Zusammen mit den ihr anvertrauten Kindern wurde sie Ende 1943 in Auschwitz mit Gas getötet.

Dora Diamant heiratete in den zwanziger Jahren ein führendes Mitglied der deutschen Kommunistischen Partei, mit dem sie ein Kind hatte. Nach der Machtübernahme Hitlers floh die Familie nach Russland. Im Zuge der stalinistischen Säuberungsaktionen wurde Doras Mann als trotzkistischer Saboteur verhaftet und verschwand in den Lagern des GULAG. Dora gelang mit ihrer sechsjährigen, schwer kranken Tochter die Flucht nach England. Sie starb 1952 an einer Nierenerkrankung.

In Berlin war Dora Diamants Wohnung von Gestapobeamten durchsucht worden, wobei auch Handschriften Kafkas beschlagnahmt worden waren. Dora hatte diese Schriften versteckt gehalten, weil sie ihre Erinnerung an Kafka mit niemandem teilen wollte. »Jede öffentliche Äußerung, jedes Gespräch«, schrieb sie, »betrachtete ich als einen gewaltsamen Einbruch in mein Reich. Die ganze Welt hat nichts von Franz zu wissen. Er geht sie nichts an, weil – ja, weil sie ihn ja doch nicht versteht. Ich hielt es – ich glaube, dass ich jetzt auch noch so denke – auch für vollkommen ausgeschlossen, Franz jemals zu verstehen oder nur eine Ahnung von ihm zu haben, wenn man ihn nicht kennt, und alle Mittel, es zu erreichen, waren aussichtslos, wenn sie nicht einen Blick oder einen Händedruck von Franz vermitteln konnten. Na und das können sie eben nicht.«

Felice Bauer ging mit ihrem Mann, dem Bankier Moritz Marasse, und ihren zwei Kindern zuerst in die Schweiz, dann in die Vereinigten Staaten. 1955 verkaufte sie, schwer erkrankt und in finanzieller Notlage, Kafkas Briefe für 8000 Dollar an den Schocken Verlag in New York. Sie starb 1960.

Milena Jesenská wurde von den Nazis in das Konzentrationslager Ravensbrück gebracht. Sie entging den Gaskammern, starb aber im Mai 1944, an den Folgen einer Nierenoperation. Milena hatte kurz nach Kafkas Tod einen Nachruf geschrieben:

»FRANZ KAFKA. Vorgestern starb im Sanatorium Kierling in Klosterneuburg bei Wien Dr. Franz Kafka, ein deutscher Schriftsteller, der in Prag lebte. Es kannten ihn hier nur wenige, denn er war ein Einsiedler, ein wissender, vom Leben schwer erschreckter Mensch. Er litt bereits jahrelang an einer Lungenkrankheit, und obwohl er sie behandeln ließ, hat er sie doch bewusst gehegt und geistig gefördert. [. . .] Er war scheu, ängstlich, sanft und gut, aber die Bücher, die er schrieb, waren grausam und schmerzhaft. Er sah die Welt voll von unsichtbaren Dämonen, die den schutzlosen Menschen bekämpfen und vernichten. Er war klarsichtig, zu weise, um leben zu können, und zu schwach, um zu kämpfen: Aber das war die Schwachheit der edlen, schönen Menschen, die zum Kampf gegen die Angst fähig sind, die von vornherein um ihre Ohnmacht wissen, sich unterwerfen und so den Sieger beschämen. Er verfügte über eine Menschenkenntnis, wie sie nur den einsam Lebenden gegeben ist, deren hochgradig empfindliche Nerven schon an einem Mienenspiel den ganzen Menschen hellseherisch erfassen. Seine Kenntnis der Welt war außergewöhnlich und tief. Er selbst war eine außergewöhnliche und tiefe Welt. Er schrieb die bedeutendsten Bücher der jungen deutschen Literatur. Sie enthalten, in untendenziöser Form, den Kampf der Generationen in der heutigen Zeit. Sie besitzen eine wahrhaftige Nacktheit, die sie auch dort noch naturalistisch erscheinen lässt, wo sie in Symbolen sprechen. Sie haben die trockene Ironie und das empfindsame Sehertum eines Menschen, der die Welt in einer so überdeutlichen Helle erschaute, dass er es nicht zu ertragen vermochte und sterben musste. [...] Alle seine Werke schildern das Grauen geheimnisvoller Missverständnisse und unverschuldeter Schuld bei den Menschen. Er war ein Mensch und Künstler von so skrupulösem Gewissen, dass er auch dort noch wachsam blieb, wo die anderen, die Tauben, sich bereits sicher fühlten.«[17]

Max Brod, der 1966 gestorben ist, hielt sich nicht an die Bitte seines Freundes und veröffentlichte Kafkas literarischen Nachlass. So wurde aus Franz Kafka, dessen Texte zu seinen Lebzeiten kaum jemand wahrgenommen hat, ein Autor der Weltliteratur.

Zeittafel

1883 Franz Kafka kommt am 3. Juli als erstes Kind des Kaufmanns Hermann Kafka und seiner Frau Julie, geb. Löwy, in Prag zur Welt. In den folgenden Jahren bekommt er drei Schwestern: Gabriele (Elli), Valerie (Valli), Ottilie (Ottla).

1889–1901 Kafka geht in die Volksschule am Fleischermarkt, ab 1893 ist er Schüler des Altstädter Gymnasiums. Abitur im Sommer 1901.

1901–1906 Jura-Studium an der Deutschen Universität in Prag. Es entsteht die erste Fassung von *Beschreibung eines Kampfes*. Im Juni 1906 wird er zum Doktor der Rechte promoviert.

1907–1909 Nach einem Praktikum nimmt er eine Stelle bei der Versicherungsgesellschaft Assicurazioni Generali in Prag an. Er liest seinem Freund Max Brod aus *Hochzeitsvorbereitungen auf dem Lande* vor. In der Zweimonatszeitschrift »Hyperion« erscheinen kleine Prosastücke von ihm unter dem Titel *Betrachtung*.

Am 30. Juli 1908 tritt er in die Arbeiter-Unfall-Versicherungs-Anstalt für das Königreich Böhmen (AUVA) ein. Kafka beginnt ein Tagebuch zu führen. Im September 1909 reist er mit Max und Otto Brod nach Norditalien. Nach dem Besuch einer Flugschau entsteht *Die Aeroplane in Brescia*.

1910 Bei der feierlichen Ernennung zum Konzipisten durch den Präsidenten der AUVA hat Kafka einen Lachanfall. Im Oktober mit Max und Otto Brod nach Paris. Wegen gesundheitlicher Probleme kehrt er vorzeitig nach Prag zurück. Seine älteste Schwester heiratet den Geschäftsmann Karl Hermann.

1911 Dienstreisen in nordböhmische Industriegebiete. Im Sommer mit Max Brod in die Schweiz, nach Norditalien und Paris; anschließend Aufenthalt im Sanatorium Erlenbach bei Zürich. Im Oktober besucht er zum ersten Mal eine Vorstellung der jüdischen Theatergruppe im »Café Savoy«. Freundschaft mit dem Schauspieler Löwy. Kafka soll als stiller Teilhaber in die Asbestfabrik seines Schwagers einsteigen.

1912 Mit Max Brod nach Leipzig und Weimar. Er lernt den Verleger Kurt Wolff kennen und verliebt sich in Weimar in die Hausmeisterstochter Margarethe Kirchner. Kuraufenthalt im Naturheilsanatorium Jungborn im Harz. Im Haus der Familie Brod trifft er Felice Bauer. In einer Nacht schreibt er die Erzählung *Das Urteil.* Danach entsteht unter anderem *Die Verwandlung* und er beginnt mit der Arbeit an dem groß angelegten Amerika-Roman *Der Verschollene.* Im Dezember erscheint sein erstes Buch *Betrachtung* im Ernst Rowohlt Verlag. Intensiver Briefwechsel mit Felice Bauer.

1913 Kafkas Schwester Valli heiratet Josef Pollak. Kafka besucht Felice Bauer in Berlin. Das erste Kapitel seines Amerika-Romans, die Erzählung *Der Heizer,* erscheint im Kurt Wolff Verlag in der Buchreihe »Der jüngste Tag«. Als Ausgleich zu seinem Schreibtischleben arbeitet Kafka in einer Prager Gärtnerei. Im September reist er zum »Internationalen Kongress für Rettungswesen und Unfallverhütung« nach Wien. Anschließend alleine weiter über Triest, Venedig und Verona nach Riva, in das Sanatorium Dr. von Hartungen. Er verliebt sich in die »Schweizerin«.

1914 Felice Bauer kommt nach Prag. Am 1. Juni Verlobung in Berlin. Am 12. Juli Aussprache im Hotel »Askanischer Hof«. Entlobung. Kafka reist mit Ernst Weiß ins Ostseebad Marielyst. In Prag zieht er zuerst in Vallis, dann in Ellis Wohnung. Er beginnt am *Prozess* zu schreiben. Zwischendurch entsteht die Erzählung *In der Strafkolonie.*

1915 Wieder Kontakt mit Felice Bauer. Kafka hat eine eigene Wohnung in der Langen Gasse. Im April reist er mit seiner Schwester Elli nach Ungarn, zu ihrem Mann Karl Hermann, der dort als Soldat stationiert ist. *Die Verwandlung* erscheint in der Zeitschrift »Die weißen Blätter«.

1916 Im Sommer Urlaub mit Felice Bauer in Marienbad. *Das Urteil* erscheint als Buch. Am 10. November liest Kafka in der Galerie Goltz in München. In einem von Ottla gemieteten Häuschen in der Alchimistengasse in Prag schreibt Kafka die später in dem Band *Ein Landarzt* gesammelten Texte.

1917 Kafka mietet eine Wohnung im Schönborn-Palais. Im Juli verlobt er sich erneut mit Felice Bauer. Im August erleidet er einen Blutsturz. Es wird Lungentuberkulose festgestellt. Kafka zieht zu seiner Schwester Ottla aufs Land, nach Zürau, wo sie einen Bauernhof bewirtschaftet. Nach einem Besuch Felice Bauers löst er die Verlobung wieder auf.

1918 Im Mai nimmt Kafka seine Arbeit in der Versicherungsanstalt wieder auf. Nach dem Bürodienst arbeitet er in einer Gärtnerei. Im Dezember reist er zur Erholung in die Pension Stüdl nach Schelesen.

1919 Erneuter Genesungsurlaub in Schelesen. Er lernt dort die Pragerin Julie Wohryzek kennen. Im September verlobt er sich mit ihr. Streit mit dem Vater. *In der Strafkolonie* erscheint. Die geplante Hochzeit wird im letzten Moment abgesagt. In Schelesen schreibt Kafka den *Brief an den Vater.*

1920 Ab April ist Kafka zur Kur in Meran. Der Briefwechsel mit Milena Jesenská beginnt. Im Sommer besucht er sie in Wien. Mitte August trifft er sich mit ihr an einem Wochenende im Grenzort Gmünd. Danach löst sich die Beziehung wieder auf. Ende des Jahres fährt Kafka zur Kur nach Matliary in die Hohe Tatra.

1921 Er bleibt bis zum August in Matliary. Der Medizinstudent Robert Klopstock wird ein enger Freund. Keine wesentliche gesundheitliche Besserung nach seiner Rückkehr. Bei einem Besuch Milenas übergibt Kafka ihr seine Tagebücher. Max Brod bittet er in einer testamentarischen Verfügung, nach seinem

Tod, alle seine Tagebücher, Manuskripte und Briefe zu verbrennen.

1922 Januar, Februar in Spindelmühle im Riesengebirge. Er beginnt mit der Arbeit an dem Roman *Das Schloss*. Auch *Der Hungerkünstler* entsteht. Am 1. Juli wird Kafka pensioniert. Er verbringt die Zeit von Juni bis September bei seiner Schwester Ottla in Planá an der Luschitz, wo sie eine Sommerwohnung gemietet hat. Ottla hat im Juli 1921 Josef David geheiratet.

1923 Hebräischunterricht. Pläne, nach Palästina auszuwandern. Bei einem Aufenthalt in Müritz an der Ostsee lernt er Dora Diamant kennen. Im September verlässt er Prag und zieht mit Dora nach Berlin. Sie müssen mehrmals umziehen und sich wegen der Inflation sehr einschränken.

1924 Kafka schreibt seine letzte Erzählung *Josefine, die Sängerin oder Das Volk der Mäuse*. Sein Gesundheitszustand verschlechtert sich so dramatisch, dass er im März nach Prag zurückmuss.

Erste Anzeichen für eine Kehlkopftuberkulose. Kafka begibt sich in das Sanatorium »Wienerwald«, dann in die Fachklinik des Professor Hajek nach Wien. Am 10. April fährt er mit Dora in das Sanatorium Kierling bei Klosterneuburg. Dora und Robert Klopstock pflegen Kafka. Die Ärzte haben ihn aufgegeben und können nur noch seine Schmerzen betäuben.

Am 3. Juni gegen Mittag stirbt Franz Kafka. Er wird am 11. Juni auf dem jüdischen Friedhof in Prag-Straschnitz beerdigt.

Bibliographie

Adorno, Theodor W.: Aufzeichnungen zu Kafka, in: ders.: Prismen, Kulturkritik und Gesellschaft, Berlin, Frankfurt am Main: Suhrkamp 1955

Alt, Peter-André: Franz Kafka. Der ewige Sohn, München: Beck 2005

Anz, Thomas: Franz Kafka, München: Beck 2002

Arens, Detlev: Franz Kafka, München: dtv 2001

Baioni, Giuliano: Kafka. Literatur und Judentum, Stuttgart u. a.: Metzler 1994

Begley, Louis: Die ungeheure Welt, die ich im Kopf habe. Über Franz Kafka, München: Pantheon 2009

Beicken, Peter U.: Franz Kafka. Eine kritische Einführung in die Forschung, Frankfurt am Main: Fischer Athenäum 1974

Benjamin über Kafka. Texte, Briefzeugnisse, Aufzeichnungen. Hrsg. von Hermann Schweppenhäuser. Frankfurt am Main: Suhrkamp 1981

Binder, Hartmut (Hrsg.): Kafka-Handbuch, in zwei Bänden, Bd. 1: Der Mensch und seine Zeit, Bd. 2: Das Werk und seine Wirkung, Stuttgart: Kröner 1979

Binder, Hartmut: »Vor dem Gesetz«. Einführung in Kafkas Welt, Stuttgart, Weimar: Metzler 1993

Binder, Hartmut: Kafka-Kommentar zu den Romanen, Rezensionen, Aphorismen und zum Brief an den Vater, München: Winkler 1976

Binder, Hartmut: Kafka-Kommentar zu sämtlichen Erzählungen, München: Winkler 1975

Binder, Hartmut: Wo Kafka und seine Freunde zu Gast waren. Prager Kaffeehäuser und Vergnügungsstätten in historischen Bilddokumenten, Prag, Furth im Wald: Vitalis 2001

Binder, Hartmut/Parik, Jan: Kafka. Ein Leben in Prag, München: Mahnert-Lueg bei Langen Müller 1982

Bolecka, Anna: Lieber Franz, Frankfurt am Main: Suhrkamp 2000

Born, Jürgen (Hrsg.): Franz Kafka. Kritik und Rezeption zu seinen Lebzeiten 1912–1924, Frankfurt am Main: Fischer 1979

Born, Jürgen (Hrsg.): Franz Kafka, Kritik und Rezeption 1924–1938, Frankfurt am Main: Fischer 1983
Born, Jürgen u. a.: Kafka-Symposion, München: dtv 1969
Brod, Max: Der Prager Kreis, Frankfurt am Main: Suhrkamp 1979
Brod, Max: Streitbares Leben, München, Berlin: Herbig 1969
Brod, Max: Über Franz Kafka [Franz Kafka – Eine Biographie, Franz Kafkas Glauben und Lehre; Verzweiflung und Erlösung im Werk Franz Kafkas], Frankfurt am Main: Fischer 1966
Brod, Max/Kafka, Franz: Eine Freundschaft, Bd. I: Reiseaufzeichnungen, hrsg. von Malcolm Pasley, Frankfurt am Main: Fischer 1987
Buber-Neumann, Margarete: Milena, Kafkas Freundin, Frankfurt am Main: Fischer 1985
Camus, Albert: Die Hoffnung und das Absurde im Werk von Franz Kafka, in: ders.: Der Mythos von Sisyphos, Reinbek bei Hamburg: Rowohlt 1959
Canetti, Elias: Der andere Prozess. Kafkas Briefe an Felice Bauer, München: Hanser 1969
Citati, Pietro: Kafka. Verwandlung eines Dichters, München: Piper 1990
Dietzfelbinger, Konrad: Kafkas Geheimnis. Eine Interpretation von Franz Kafkas »Betrachtungen über Sünde, Leid, Hoffnung und den wahren Weg«, Freiburg im Breisgau: Aurum Verlag 1987
Emrich, Wilhelm: Franz Kafka, Königstein/Tn.: Athenäum 1981
Engel, Peter: »Erholen werde ich mich hier gar nicht.« Kafkas Reise ins dänische Ostseebad Marielyst, in: Freibeuter, Heft 16 (1983), S. 60–66
Engel, Manfred/Auerochs, Bernd (Hrsg.): Kafka-Handbuch, Stuttgart, Weimar: Metzler 2010
Friedländer, Saul: Franz Kafka, München: Beck 2012
Glatzer, Nahum N.: Frauen in Kafkas Leben, Zürich: Diogenes 1987
Goldschmidt, Georges-Arthur: Meistens wohnt der den man sucht nebenan: Kafka lesen, Frankfurt am Main: Fischer 2010
Hackermüller, Rotraut: Das Leben, das mich stört. Eine Dokumentation zu Kafkas letzten Lebensjahren 1917–1924, Wien, Berlin: Medusa Verlag 1984
Henscheid, Eckhard: Rossmann, Rossmann ... Drei Kafka-Geschichten [Rossmann, Rossmann ...; Franz Kafka verfilmt seinen

»Landarzt«; Der Mann, der nicht bumsen wollte], Zürich: Haffmans 1991
Janouch, Gustav: Gespräche mit Kafka, Frankfurt am Main: Fischer 1968
Kafka, Franz: Amtliche Schriften. Hrsg. und mit einem Essay von Klaus Hermsdorf, Berlin: Akademie-Verlag 1984
Kafka, Franz: Eine Chronik. Zusammengestellt von Roger Hermes, Waltraud John, Hans-Gerd Koch und Anita Widera, Berlin: Wagenbach 1999
Kafkas Fabriken, Marbacher Magazin 100/2002, zur Ausstellung »Kafkas Fabriken« im Schiller-Nationalmuseum, bearbeitet von Hans-Gerd Koch und Klaus Wagenbach in Zusammenarbeit mit Petra Plätner, vom 23. November 2002 bis 16. Februar 2003, Marbach: Deutsche Schillergesellschaft 2002
Kilcher, Andreas B.: Franz Kafka, Frankfurt am Main: Suhrkamp 2008
Kisch, Egon Erwin: Aus Prager Gassen und Nächten. Prager Kinder. Die Abenteuer in Prag, in: ders.: Gesammelte Werke Bd. 2, hrsg. von Bodo Uhse und Gisela Kisch, Weimar: Aufbau Verlag 1992
Koch, Hans-Gerd (Hrsg.): »Als Kafka mir entgegenkam ...« Erinnerungen an Franz Kafka, Berlin: Wagenbach 1995
Kremer, Detlef: Kafka. Die Erotik des Schreibens, Bodenheim bei Mainz: Philo Verlagsgesellschaft 1998
Kumpfmüller, Michael: Die Herrlichkeit des Lebens, Köln: Kiepenheuer & Witsch 2011
Kurz, Gerhard: Traum-Schrecken, Kafkas literarische Existenzanalyse, Stuttgart: Metzler 1980
Massino, Guido: »›... dieses nicht niederzudrückende Feuer des Löwy‹. Franz Kafkas Schauspielerfreund Jizchak Löwy«, in: Neue Zürcher Zeitung, 17./18. November 1990, S. 68
Murray, Nicholas: Kafka und die Frauen, Düsseldorf: Artemis & Winkler 2007
Neumann, Bernd: Franz Kafka. Gesellschaftskrieger, München: Fink 2008
Neumann, Gerhard: Franz Kafka. Experte der Macht, München: Hanser 2012
Northey, Anthony: Kafkas Mischpoche, Berlin: Wagenbach 1988

Northey, Anthony: »Kafka in Riva, 1913«, in: Neue Zürcher Zeitung, 25./26. April 1987, S. 66
Pawel, Ernst: Das Leben Franz Kafkas, München, Wien: Hanser 1986
Politzer, Heinz: Franz Kafka, der Künstler, Frankfurt am Main: Fischer 1965
Robert, Marthe: Einsam wie Franz Kafka, Frankfurt am Main: Fischer 1985
Rodlauer, Hannelore: »Kafka in Wien. Ein Briefkommentar«, in: Anzeiger der phil.-histor. Klasse der Österreichischen Akademie der Wissenschaften 122 (1985), S. 202–248
Safranski, Rüdiger: Kafka oder Die Kunst, in der Fremde zu bleiben, in: ders.: Wie viel Wahrheit braucht der Mensch? Über das Denkbare und das Lebbare, Frankfurt am Main: Fischer 1997, S. 155 ff.
Schirrmacher, Frank (Hrsg.): Verteidigung der Schrift. Kafkas Prozess, Frankfurt am Main: Suhrkamp 1987
Schneider, Gerd: Kafkas Puppe, Würzburg: Arena 2009
Schütterle, Annette: Franz Kafkas »Tropische Münchhausiade«. Eine Lesung in München, in: Freibeuter 75 (Januar 1998), S. 153–156
Sebald, W. G.: Dr. K.s Badereise nach Riva, in: ders.: Schwindel. Gefühle, Frankfurt am Main: Eichborn 1990, S. 161–191
Stach, Reiner: Kafka. Die entscheidenden Jahre, Frankfurt am Main: Fischer 2002
Stach, Reiner: Kafkas erotischer Mythos. Eine ästhetische Konstruktion des Weiblichen, Frankfurt am Main: Fischer 1987
Stach, Reiner: Kafka. Die Jahre der Erkenntnis, Frankfurt am Main: Fischer 2008
Stach, Reiner: Kafka: Die frühen Jahre, Frankfurt am Main: Fischer 2014
Stölzl, Christoph: Kafkas böses Böhmen. Zur Sozialgeschichte eines Prager Juden, München: edition text + kritik 1975
Unseld, Joachim: Franz Kafka. Ein Schriftstellerleben. Die Geschichte seiner Veröffentlichungen, München, Wien: Hanser 1982
Urzidil, Johannes: Da geht Kafka, München: dtv 1966
Voigts, Manfred: Franz Kafkas Freund Felix Weltsch, in: Sprache im technischen Zeitalter, Heft 164, Dezember 2002, S. 392–410
Wagenbach, Klaus: Drei Sanatorien Kafkas. Ihre Bauten und Gebräuche, in: Freibeuter 16 (1983), S. 77–90

Wagenbach, Klaus: Franz Kafka. Eine Biographie seiner Jugend, 1883–1912, Bern: Francke 1958

Wagenbach, Klaus: Julie Wohryzek, die zweite Verlobte Kafkas, in: Jürgen Born, Kafka-Symposion, Berlin: Wagenbach 1969

Wagenbach, Klaus: Kafka, Reinbek bei Hamburg: Rowohlt 1964

Wagenbach, Klaus: Kafkas Prag. Ein Reiselesebuch, Berlin: Wagenbach 1993

Wagnerová, Alena: Das ungeschriebene Leben. Elli, Valli und Ottla, die Schwestern Franz Kafkas, in: Katharina Raabe: Deutsche Schwestern, Berlin: Rowohlt 1997

Wagnerová, Alena: Die Familie Kafka aus Prag, Frankfurt am Main: Fischer 2001

Weber, Albrecht u. a.: Interpretationen zu Franz Kafka, Das Urteil, Die Verwandlung, Ein Landarzt, Kleine Prosastücke, München: Oldenburg 1976

Wolff, Kurt: Autoren, Bücher, Abenteuer. Betrachtungen und Erinnerungen eines Verlegers, Berlin: Wagenbach 1965

Zimmermann, Hans Dieter: Kafka für Fortgeschrittene, München: Beck 2004

Zischler, Hanns: Kafka geht ins Kino, Reinbek bei Hamburg: Rowohlt 1996

Quellenverzeichnis

Die Texte Franz Kafkas werden zitiert nach der zwölfbändigen Taschenbuchausgabe der Gesammelten Werke (abgekürzt als GW), die Hans-Gerd Koch anhand der Originalhandschriften und Erstdrucke beim Fischer-Verlag ediert hat.
Die darin nicht enthaltenen Briefwechsel Kafkas werden nach verschiedenen Ausgaben zitiert, denen jeweils eine Abkürzung zugeordnet ist.

Franz Kafka, Gesammelte Werke in zwölf Bänden. Nach der Kritischen Ausgabe herausgegeben von Hans-Gerd Koch, Frankfurt am Main: Fischer 1994 ff.

Band 1	Ein Landarzt und andere Drucke zu Lebzeiten (GW 1)
Band 2	Der Verschollene (GW 2)
Band 3	Der Prozess (GW 3)
Band 4	Das Schloss (GW 4)
Band 5	Beschreibung eines Kampfes und andere Schriften aus dem Nachlass (GW 5)
Band 6	Beim Bau der Chinesischen Mauer und andere Schriften aus dem Nachlass (GW 6)
Band 7	Zur Frage der Gesetze und andere Schriften aus dem Nachlass (GW 7)
Band 8	Das Ehepaar und andere Schriften aus dem Nachlass (GW 8)
Band 9	Tagebücher Band 1: 1909–1912 (GW 9)
Band 10	Tagebücher Band 2: 1912–1914 (GW 10)
Band 11	Tagebücher Band 3: 1914–1923 (GW 11)
Band 12	Reisetagebücher (GW 12)

Briefausgaben

Franz Kafka, Briefe 1902–1924, hrsg. von Max Brod, Frankfurt am Main: Fischer 1975 ff. (= Briefe)

Franz Kafka, Briefe an Felice und andere Korrespondenz aus der Verlobungszeit, hrsg. von Erich Heller und Jürgen Born, Frankfurt am Main: Fischer 1975 ff. (= BaF)

Franz Kafka, Briefe an Milena. Erweiterte und neu geordnete Ausgabe, hrsg. von Jürgen Born und Michael Müller, Frankfurt am Main: Fischer 1983 (= BaM)

Franz Kafka, Briefe an die Eltern aus den Jahren 1922–1924, hrsg. von Josef Čermák und Martin Svatoš, Berlin: Fischer 1990 (= BaE)

Franz Kafka, Briefe an Ottla und die Familie, hrsg. von Hartmut Binder und Klaus Wagenbach, Frankfurt am Main: Fischer 1994 (= BaO)

Max Brod/Franz Kafka. Eine Freundschaft. Band II: Briefwechsel, hrsg. von Malcolm Pasley, Frankfurt am Main: Fischer 1989 (Brod, Briefwechsel)

1. Prag, Niklasstraße 36, vierter Stock

1 Egon Erwin Kisch: Aus Prager Gassen und Nächten. Prager Kinder. Die Abenteuer in Prag, in: ders.: Gesammelte Werke Bd. 2, hrsg. von Bodo Uhse und Gisela Kisch, Weimar: Aufbau 1992, S. 177–180

2 Anna Lichtenstern: Fahrstuhlgespräche mit Franz Kafka, in: Hans-Gerd Koch (Hrsg.), »Als Kafka mir entgegenkam ...«, Erinnerungen an Franz Kafka, Berlin: Wagenbach 1996 (im Folgenden abgekürzt: »Als Kafka ...«), S. 74–76, S. 74

3 *Brief an den Vater*, GW 7, S. 10–66, S. 36

4 Brief an Felice Bauer vom 25. Dezember 1912, BaF, S. 207

5 vgl. Klaus Hermsdorf: Franz Kafka und die Arbeiter-Unfall-Versicherungs-Anstalt, in: Kafkas Fabriken, bearb. von Hans-Gerd Koch und Klaus Wagenbach, Marbacher Magazin 100/2002, S. 41–78

6 Brief an Felice Bauer vom 8.–9. Dezember 1913, BaF, S. 238

7 ebenda

8 ebenda, S. 240

9 Max Brod: Über Franz Kafka, Frankfurt am Main: Fischer 1966, S. 76
10 Max Brod: Streitbares Leben, München, Berlin: Herbig, S. 118
11 Brief an Felice Bauer vom 21. November 1912, BaF, S. 109
12 dazu: Alena Wagnerová: Das ungeschriebene Leben. Elli, Valli und Ottla, die Schwestern Franz Kafkas, in: Katharina Raabe: Deutsche Schwestern, Berlin: Rowohlt 1997, S. 281–305
13 Tagebuch vom 25. Oktober 1921, GW 11, S. 192
14 Brief an Grete Bloch vom 3. März 1914, BaF, S. 509
15 Tagebuch vom 4. Oktober 1911, GW 9, S. 46f.
16 Tagebuch [vom November 1909], GW 9, S. 15

II. Nackte Wahrheiten

1 Brief an Milena Jesenská vom 29. Mai 1920, BaM, S. 21
2 *Brief an den Vater*, GW 7, S. 14
3 Max Brod: Über Franz Kafka, S. 91
4 Max Brod: Streitbares Leben, S. 23
5 Willy Haas: Prager Jugendjahre, in: »Als Kafka . . .«, S. 77
6 Tagebuch vom November 1909 und vom 3. Oktober 1911, GW 9, S. 15 und 45
7 Brief an Oskar Pollack vom 20. Dezember 1902, Briefe, S. 14
8 Tagebuch vom Juni 1910, GW 9, S. 17
9 Brief an Milena Jesenská vom 21. Juni 1920, BaM, S. 71
10 Briefe an Max Brod vom 15. resp. 17. Dezember 1910, Briefe, S. 85
11 Max Brod: Über Franz Kafka, S. 70

III. Ein schlechter Sohn

1 Brief an Max Brod vom 28. August 1904, Briefe, S. 29, und *Gespräche mit dem Beter*, GW 1, S. 299–306, S. 304
2 Klaus Wagenbach: Kafkas Fabriken, in: Kafkas Fabriken, a. a. O., S. 3–40, S. 21
3 Postkarte an Elli und Karl Hermann vom 4. Februar 1911, BaO, S. 14
4 *Friedländer, Reichenberger Reise, Jänner, Feber* 1911, GW 12, S. 11–18
5 Klaus Wagenbach: Franz Kafka. Eine Biographie seiner Jugend 1883–1912, Bern: Francke, S. 149

6 Tagebuch vom 19. Februar 1911, GW 9, S. 26
7 Willy Haas: Prager Jugendjahre, in: »Als Kafka . . .«, S. 77–80, S. 79
8 Tagebuch vom 28. März 1911, GW 9, S. 28
9 nach: Max Brod, Streitbares Leben, S. 271
10 Tagebuch vom 16. Dezember 1910, GW 9, S. 103
11 *Die städtische Welt*, GW 9, S. 118–124, S. 119 und 122
12 Tagebuch vom 31. Oktober 1911, GW 9, S. 167

IV. Al Vero Eden

1 Kafkas Tagebücher der Reise im August/September 1911, GW 12, S. 21 ff.; Max Brod, Reise Lugano–Mailand–Paris, GW 12, 117 ff.; Erstes Kapitel des Buches *Richard und Samuel* von Max Brod und Franz Kafka, GW 1, S. 326–342
2 Vgl. Hanns Zischler: Kafka geht ins Kino, Reinbek bei Hamburg: Rowohlt 1998, S. 53
3 Reisetagebuch vom 5. September 1911, GW 12, S. 42
4 Max Brod: Streitbares Leben, S. 280
5 Max Brod: Über Franz Kafka, S. 46
6 Reisetagebuch vom 31. August 1911, GW 12, S. 29 und 128
7 Max Brod/Franz Kafka: Unser Millionenplan ›Billig‹, in: Max Brod, Franz Kafka. Eine Freundschaft, Band 1: Reiseaufzeichnungen, Frankfurt am Main: Fischer 1987, S. 189–192
8 nach: Brief an Max Brod von Mitte April 1921, Briefe, S. 313
9 Brief an Elli Hermann von Herbst 1921, Briefe, S. 341
10 *Brief an den Vater*, S. 154
11 Brief an Max Brod von September 1908, Briefe, S. 59
12 Reisetagebuch vom 5. und 20. September 1911, GW 12, S. 45, 58 f., und Max Brod, Reise Lugano–Mailand–Paris, Eintragung vom 13. September 1911, GW 12, S. 157
13 Reisetagebuch, GW 12, S. 70 f.
14 ebenda S. 48, 65 und Max Brod, Reise Lugano–Mailand–Paris, Eintragung vom 10. September 1911, GW 12, S. 190
15 Brief an Max Brod vom 17. September 1911, Briefe, S. 89 f., Reisetagebücher, GW 12, S. 48 ff.
16 Max Brod, Lugano-See, in: Max Brod/Franz Kafka: Eine Freundschaft, Bd. 1, Reiseaufzeichnungen, S. 219
17 Tagebuch vom 13. Oktober 1911, GW 9, S. 63
18 Tagebuch vom 20. Oktober 1911, GW 9, S. 74

19 Tagebuch vom 5. November 1911, GW 9, S. 176
20 Tagebuch vom 26. Oktober 1911, GW 9, S. 156
21 Tagebuch vom 8. November 1911, GW 9, S. 184 f.
22 Tagebuch vom 19. Dezember 1911, GW 9, S. 235
23 *Brief an den Vater*, S. 132

V. Im Café Savoy

1 Tagebuch vom 5. Februar 1912, GW 10, S. 33
2 Hartmut Binder: Wo Kafka und seine Freunde zu Gast waren, Prag, Furth im Wald: Vitalis 2000, S. 146–151
3 *Brief an den Vater*, S. 42
4 Brief an Felice Bauer vom 16. September 1916, BaF, S. 700
5 *Brief an den Vater*, S. 43
6 Giulano Baioni: Kafka. Literatur und Judentum, Stuttgart, Weimar: Metzler 1994, besonders S. 34–58
7 Tagebuch vom 5. November 1911, GW 9, S. 178
8 Tagebuch vom 22. Oktober 1911, GW 9, S. 78
9 Brief an Felice Bauer vom 6. Oktober 1912, BaF, S. 77
10 Tagebuch vom 2. November 1911, GW 9, S. 175
11 Tagebuch vom 26. Dezember 1911, GW 9, S. 251
12 Tagebuch vom 26. Oktober 1911, GW 9, S. 155
13 Tagebuch vom 8. Dezember 1911, GW 9, S. 222
14 Tagebuch vom 19. Januar 1911, GW 9, S. 116
15 *Brief an den Vater*, S. 40
16 Tagebuch vom 25. Februar 1912, GW 10, S. 34 ff.
17 *Einleitungsvortrag über Jargon*, GW 1, S. 149–153

VI. Goethe und Margarethe

1 *Aphorismen*, GW 6, S. 228–248, S. 230 (Nr. 13)
2 *Brief an den Vater*, S. 51
3 Max Brod: Über Franz Kafka, S. 103
4 Brief an Grete Bloch vom 6. Juni 1914, BaF, S. 595
5 Tagebuch vom 3. Januar 1912, GW 10, S. 265
6 Max Brod: Reise Lugano–Mailand–Paris, Eintragungen vom 2. September 1911, GW 12, S. 139 f.

7 nach: Klaus Wagenbach, Drei Sanatorien Kafkas. Ihre Bauten und Gebräuche, in: Freibeuter 16 (1983), S. 77–90, S. 83
8 Max Brod: Reise nach Weimar, Eintragungen vom 28. Juni 1912, GW 12, S. 198 f., und *Reise Weimar–Jungborn vom 28. Juni 1912–29. Juli*, Eintragungen vom 28. Juni 1912, GW 12, S. 81
9 Max Brod: Reise nach Weimar, Eintragungen vom 29. Juni, GW 12, S. 200
10 Kurt Wolff: Autoren, Bücher, Abenteuer. Betrachtungen und Erinnerungen eines Verlegers, Berlin: Wagenbach 1965, S. 67 f., sowie: Kurt Wolff: Der Autor Franz Kafka, in: »Als Kafka ...«, S. 95–102
11 Tagebuch vom 19. Dezember 1910, GW 9, S. 106
12 *Reise Weimar–Jungborn*, Aufzeichnungen vom 5. Juli 1912, GW 12, S. 90
13 ebenda, Aufzeichnungen vom 6. Juli 1912, GW 12, S. 92
14 Brief an Max Brod vom 13. Juli 1912, Briefe, S. 97
15 ebenda

VII. Sonne, Luft und Mädchen

1 *Reise Weimar–Jungborn*, Aufzeichnungen vom 9. Juli 12, GW 12, S. 96
2 Klaus Wagenbach, Drei Sanatorien Kafkas, S. 77–90, S. 83 f.
3 Brief an Max Brod vom 22. Juli 1912, Briefe, S. 101
4 *Reise Weimar–Jungborn*, Aufzeichnungen vom 12. Juli 1912, GW 12, S. 98
5 ebenda, Aufzeichnungen vom 14. Juli 1912, GW 12, S. 100
6 Brief an Max Brod vom 17. Juli 1912, Briefe, S. 98
7 Brief an Max Brod vom 10. Juli 1912, Briefe, S. 96
8 *Reise Weimar–Jungborn*, Aufzeichnungen vom 16. Juli 1912, GW 12, S. 103
9 Brief an Max Brod vom 22. Juli 1912, Briefe, S. 101
10 Brief an Max Brod vom 29. August 1904, Briefe, S. 29
11 Tagebuch vom 11. August 1912, GW 10, S. 76
12 Brief an Max Brod vom Juli 1912, Briefe, S. 99
13 Brief an Felice Bauer vom 27. Oktober 1912, BaF, S. 56
14 Tagebuch vom 5. September 1912, GW 10, S. 81
15 *Das Unglück des Junggesellen*, in: *Betrachtung*, GW 1, S. 21 f.
16 Brief an Felice Bauer vom 20. September 1912, BaF, S. 43

VIII. Wahre Träume

1 Tagebuch vom 11. März 1912, GW 10, S. 69 f.
2 *Brief an den Vater*, S. 49
3 vgl. Tagebuch vom 2. Oktober 1911, GW 9, S. 42
4 Brief an Grete Bloch vom 11. November 1940, BaF, S. 501
5 Tagebuch vom 2. Oktober 1911, GW 9, S. 43
6 Brief an Felice vom 2. Juni 1913, BaF, S. 394
7 Tagebuch vom 23. September 1914, GW 10, S. 101
8 Tagebuch vom 11. Februar 1913, GW 10, S. 125
9 nach: *Das Urteil*, GW 1, S. 37–52
10 Max Brod: Über Franz Kafka, S. 113
11 Brief an Felice Bauer vom 1. November 1912, BaF, S. 67
12 Brief an Felice Bauer vom 28. September 1912, BaF, S. 45
13 Brief an Max Brod vom 8. Oktober 1912, Briefe, S. 109
14 Max Brod: Über Franz Kafka, S. 85 f.
15 *Brief an den Vater*, S. 133
16 Brief an Felice Bauer vom 1. November 1912, BaF, S. 65
17 Brief an Felice Bauer vom 7. November 1912, BaF, S. 80
18 Brief an Felice Bauer vom 11. November 1912, BaF, S. 85
19 Entwurf eines Briefs an Felice Bauer vom 9. November 1912, BaF, S. 83
20 Brief an Felice Bauer vom 11. November 1912, BaF, S. 89
21 Brief an Felice Bauer vom 14. November 1912, BaF, S. 89
22 Brief von Julie Kafka an Felice Bauer vom 16. November 1912, BaF, S. 99 f.
23 Brief an Felice Bauer vom 21. November 1912, BaF, S. 111 f.

IX. Franz, das Tier

1 Brief an Felice Bauer vom 5. November 1912, BaF, S. 75
2 Max Brod: Über Franz Kafka, S. 124 f.
3 Brief an Felice Bauer vom 27. November 1912, BaF, S. 134
4 Brief an Felice Bauer vom 5. Dezember 1912, BaF, S. 159
5 Brief an Felice Bauer vom 6. Dezember 1912, BaF, S. 162, und vom 23./24. Dezember 1912, BaF, S. 205
6 *Brief an den Vater*, S. 47
7 Rudolf Fuchs: Kafka und die Prager literarischen Kreise, in: »Als Kafka ...«, S. 105

8 Brief an Felice Bauer vom 29./30. Dezember 1912, BaF, S. 218
9 Brief an Felice Bauer vom 18./19. Februar 1913, BaF, S. 306
10 Brief an Felice Bauer vom 3./4. März 1913, BaF, S. 324
11 zitiert nach: *Die Verwandlung*, GW 1, S. 92–158
12 Brief an Felice Bauer vom 14./15. Januar 1913, BaF, S. 250
13 Brief an Felice Bauer vom 21./22. Februar 1913, BaF, S. 309f.
14 Brief an Felice Bauer vom 1. April 1913, BaF, S. 352
15 Brief an Felice Bauer vom 17./18. März 1913, BaF, S. 341

X. Drum prüfe, wer sich ewig bindet

1 Brief an Felice Bauer vom 10. April 1913, BaF, S. 362
2 Brief an Grete Bloch vom 16. Mai 1914, BaF, S. 576
3 Tagebuch vom 2. Mai 1913, GW 10, S. 175
4 Brief an Felice Bauer vom 10./11. Januar 1913, BaF, S. 244
5 Brief an Felice Bauer vom 9. März 1913, BaF, S. 330
6 *Brief an den Vater*, S. 14
7 Brief von Kurt Wolff an Franz Kafka vom 2. April 1913, BaF, S. 358
8 Tagebuch vom 2. Mai 1913, GW 10, S. 176
9 Brief an Felice Bauer vom 15. Mai 1913, BaF, S. 383
10 Brief an Felice Bauer vom 15./16. Januar 1913, BaF, S. 251
11 Brief an Felice Bauer vom 12./13. Mai 1913, BaF, S. 380f.
12 *Der Heizer*, GW 1, S. 53–89
13 Brief an Felice Bauer vom 10.–16. Juni 1913, BaF, S. 400

XI. Nicht lebendig, nicht tot

1 Brief an Felice Bauer vom 27. Juli 1913, BaF, S. 429
2 Brief an Oskar Pollak vom 9. November 1903, Briefe, S. 21
3 Brief an Felice Bauer vom 13. Juli 1913, BaF, S. 427
4 Brief an Felice Bauer vom 14. August 1913, BaF, S. 444
5 Brief an Felice Bauer vom 24. August 1913, BaF, S. 452
6 Brief an Felice Bauer vom 26. Juni 1913, BaF, S. 412
7 Brief an Felice Bauer vom 30. August 1913, BaF, S. 459
8 vgl. dazu auch die literarische Schilderung dieser Reise von W. G. Sebald: Dr. K.s Badereise nach Riva, in: W. G. Sebald: Schwindel. Gefühle, Frankfurt am Main: Eichborn 1990

9 Jürgen Born: Franz Kafka und seine Kritiker (1912–1924). Ein Überblick, in: Jürgen Born u. a.: Kafka-Symposion, München: dtv 1969, S. 99–120, S. 102 f.

10 Hannelore Rodlauer: Kafka und Wien. Ein Briefkommentar, in: Anzeiger der phil.-hist. Klasse der Österreichischen Akademie der Wissenschaften 122 (1985), S. 202–248

11 ebenda, S. 204

12 Beilage zu einem Brief an Felice Bauer vom 10. September 1913, BaF, S. 463 ff.

13 Max Brod: Über Franz Kafka, S. 100

14 Brief an Felice Bauer vom 16. September 1913, BaF, S. 466

15 Beilage zum Brief an Felice Bauer vom 6. November 1913, BaF, S. 472

16 *Der Jäger Gracchus*, GW 6, S. 40–45, 96–100

17 Klaus Wagenbach: Drei Sanatorien Kafkas, S. 87 f., dazu auch: Anthony Northey: Kafka in Riva, 1913, in: Neue Zürcher Zeitung, 25./26. April 1987, S. 66

18 Brief an Max Brod vom 28. September 1913, Briefe, S. 121 f., sowie Brief an Felice Bauer vom 29. Dezember 1913, BaF, S. 484 f.

19 Tagebuch vom 22. Oktober 1913, GW 10, S. 199

20 Brief an Grete Bloch vom 10. November 1913, BaF, S. 474 f.

21 Brief an Felice Bauer vom 29. Dezember 1913–2. Januar 1914, BaF, S. 488

XII. Heiraten und / oder Berlin

1 Folgende Passage bezieht sich auf: Briefe an Felice Bauer vom 2. März, 21. März, 25. März und 3. April 1914, Brief an Grete Bloch vom 3. März 1914; Tagebuch vom 9. März 1914, GW 10, S. 136

2 Beilage zum Brief an Felice Bauer vom 25. März 1914, BaF, S. 535

3 Tagebuch vom 15. Februar 1914, GW 10, S. 237

4 Brief an Felice Bauer vom 21. März und vom 5. April 1914, BaF, S. 527 und 541

5 Brief an Felice Bauer vom 14. April 1914, BaF, S. 548

6 ebenda, S. 549

7 Tagebuch vom 6. Mai 1914, GW 10, S. 143

8 Tagebuch vom 27. Mai 1914, GW 10, S. 145 f.

9 Brief an Grete Bloch vom 16. Mai 1914, BaF, S. 576

10 Brief an Max Brod von Mitte Juli 1916, Briefe, S. 139, und Brief an Felice Bauer vom 20. April 1915, BaF, S. 634
11 Brief an Felice Bauer von Oktober/November 1914, BaF, S. 617
12 Reiner Stach: Kafka. Die Jahre der Entscheidung, Frankfurt am Main: Fischer 2002, S. 470 f.
13 Tagebuch vom 6. Juni 1914, GW 10, S. 153 f.

XIII. Im »Askanischen Hof«

1 Brief an Felice Bauer von Anfang April 1916, BaF, S. 651
2 Brief an Felice Bauer vermutlich von März 1916, BaF, S. 649
3 Johann Peter Eckermann: Gespräche mit Goethe in den letzten Jahren seines Lebens, hrsg. von Heinz Schlaffer, München, Wien: Hanser 1986. 23. März 1829 und 25. März 1813, S. 297 f. und 441 f.
4 Briefe an Felice Bauer vom 24. April 1914 und vom 25./26. April 1914, BaF, S. 563 f.
5 Brief an Felice Bauer von Ende Oktober, Anfang November 1914, BaF, S. 620
6 Durchschrift oder Entwurf eines Briefes von Grete Bloch an Franz Kafka vom 3. Juli 1914, BaF, S. 608
7 vgl. Tagebuch vom 23. Juli 1914, GW 11, S. 24, sowie Brief an Felice Bauer vom 20. April 1915 und Brief an Grete Bloch vom 15. Oktober 1914, BaF, S. 615 und 635 f.
8 Brief an Felice Bauer vom 25. Januar 1915, BaF, S. 625
9 Tagebuch vom 27. Juli 1914, GW 11, S. 26
10 Brief an Felice Bauer von Oktober/November 1914, BaF, S. 616
11 Peter Engel: »Erholen werde ich mich hier gar nicht.« Kafkas Reise ins dänische Ostseebad Marielyst, in: Freibeuter, Heft 16 (1983), S. 60–66
12 Brief von Julie Kafka an Anna Bauer vom 20. Juli 1914, BaF, S. 612
13 Brief an Ottla Kafka vom 21. Juli 1914, BaO, S. 21
14 Brief an Oskar Pollak vom 9. November 1903, Briefe, S. 19
15 Brief an Julie und Hermann Kafka vom 20. Juli 1914, BaO, S. 22 ff.
16 Max Brod: Streitbares Leben, S. 81 f.
17 Tagebuch vom 2. August 1914, GW 11, S. 165
18 Ernst Popper: Begegnung bei Kriegsausbruch, in: »Als Kafka ...«, S. 107–111
19 Brief von Julie Kafka an Anna Bauer vom 20. Juli 1914, S. 613
20 Tagebuch vom 12. November 1914, GW 11, S. 56

XIV. *Weltenkrieg*

1 Max Brod: Streitbares Leben, S. 92
2 Brief an Grete Bloch vom 1. Juli 1914, BaF, S. 606
3 Tagebuch vom 15. August 1914, GW 10, S. 169
4 Franz Kafka, *Der Prozess*. Faks.-Ed., hrsg. von Roland Reuß und Peter Staengle. Basel, Frankfurt am Main: Stroemfeld 1997
5 Tagebuch vom 6. August 1914, GW 10, S. 167
6 Nelly Engel: Franz Kafka als »boyfriend«, in: »Als Kafka ...«, S. 114
7 Tagebuch vom 4. November 1914, GW 11, S. 55
8 Tagebuch vom 19. Dezember 1914, GW 11, S. 65
9 Tagebuch vom 24. Januar 1915, GW 11, S. 74
10 Brief an Milena Jesenská vom 8. bis 9. August 1920, BaM, S. 196ff.
11 Brief an Felice Bauer vom 25. Januar 1915, BaF, S. 625
12 Tagebuch vom 24. Januar 1915, GW 11, S. 75
13 Tagebuch vom 27. April 1915, GW 11, S. 83ff.
14 Tagebuch vom 4. Mai 1915, GW 11, S. 89
15 Brief an Felice vom 6. Mai 1915, BaF, S. 638

XV. *Unter dem schwachen Licht eines Engels*

1 Tagebuch vom 25. Juni 1914, GW 10, S. 161ff.
2 Brief an Felice Bauer vermutlich vom 19. Oktober 1916, BaF, S. 729
3 Brief an Felice Bauer vom 6. Mai 1915, BaF, S. 637
4 Max Brod: Über Franz Kafka, S. 137
5 Tagebuch vom 25. Dezember 1915, GW 11, S. 116
6 Postkarte an Felice Bauer vom 24. Dezember 1915, BaF, S. 645, und Tagebuch vom 25. Dezember 1915, GW 11, S. 115f.
7 *Der Verschollene*, GW 2, S. 295
8 Tagebuch vom 11. Mai 1916, GW 11, S. 123
9 Anhang zum Brief an Felice Bauer vom 5. Dezember 1915, BaF, S. 645
10 Brief an Max Brod von Mitte Juli 1916, Briefe, S. 139
11 Postkarte an Max Brod vom 8. Juli 1916, Briefe, S. 138
12 Brief an Max Brod von Mitte Juli 1916, Briefe, S. 140
13 das Folgende nach: Brief an Max Brod von Mitte Juli 1916, Briefe, S. 141ff.
14 *Aphorismen*, GW 2, S. 228 (Nr. 2)

15 Tagebuch vom 27. August 1916, GW 11, S. 137
16 Albert Camus: Die Hoffnung und das Absurde im Werk von Franz Kafka, in: ders.: Der Mythos von Sisyphos, Reinbek bei Hamburg: Rowohlt, S. 102–112, S. 106
17 Brief an Milena Jesenská vom 18. Juli 1920, BaM, S. 127, sowie: Margarete Buber-Neumann, Milena, Kafkas Freundin, Frankfurt am Main: Fischer 1985, S. 66

XVI. Körpersprachen

1 Schütterle, Annette: Franz Kafkas »Tropische Münchhausiade«. Eine Lesung in München, in: Freibeuter 75 (Januar 1998), S. 153–156
2 Max Pulver: Spaziergang mit Kafka, in: »Als Kafka ...«, S. 130–135
3 Brief an Kurt Wolff vom 11. Oktober 1916, Briefe, S. 150f.
4 *Deutscher Verein zur Errichtung und Erhaltung einer Krieger- und Volksnervenheilanstalt in Deutschböhmen in Prag.* Beilage zum Brief an Felice Bauer vom 30. Oktober 1916, BaF, S. 764–766
5 *Brief an den Vater*, S. 29
6 Postkarte an Felice Bauer vom 24. September 1916, BaF, S. 705
7 vgl. Jürgen Born (Hrsg.): Franz Kafka. Kritik und Rezeption zu seinen Lebzeiten, 1912–1924, Frankfurt am Main: Fischer 1979, S. 120f., sowie Annette Schütterle, a. a. O., S. 155
8 Brief an Felice Bauer vom 26. September 1916, BaF, S. 711
9 *Brief an den Vater*, S. 21
10 nach: Alena Wagnerová: Das ungeschriebene Leben. Elli, Valli und Ottla, die Schwestern Franz Kafkas, a. a. O., S. 296
11 Brief an Ottla Kafka vom 30. Dezember 1917, BaO, S. 49f.
12 Gemeinsamer Brief Franz Kafkas und Felice Bauers an Anna Bauer vom 10. Juli 1916, BaF, S. 663
13 Max Brod: Über Franz Kafka, S. 140
14 Rudolf Fuchs: Kafka und die Prager literarischen Kreise, in: »Als Kafka ...«, S. 103–106, S. 106
15 Brief an Kurt Wolff vom 27. Juli 1917, Briefe, S. 157f.
16 Postkarte an Felice Bauer vom 20. Dezember 1916, BaF, S. 747
17 Brief an Ottla Kafka vom 29. August 1917, BaO, S. 39
18 Brief an Milena Jesenská von April 1920, BaM, S. 6
19 Max Brod: Über Franz Kafka, S. 144
20 Brief an Max Brod vom 13. September 1917, Briefe, S. 161

XVII. Katz und Maus

1 Stefan Winkle: Geißeln der Menschheit. Kulturgeschichte der Seuchen, Düsseldorf, Zürich: Artemis und Winkler 1997; zur Tuberkulose S. 83–152
2 Brief an Felice Bauer vom 30. September oder 1. Oktober 1917, BaF, S. 757
3 ebenda, S. 755 f., sowie Tagebuch vom 25. September 1917, GW, S. 167
4 *Ein Bericht an eine Akademie*, GW 1, S. 234–245, S. 243 und 244
5 Brief an den Verlag Kurt Wolff vom 25. Oktober 1915, Briefe, S. 136
6 Brief an Felix Weltsch von Mitte November 1917, Briefe, S. 197 f.
7 Brief an Felix Weltsch von Anfang Oktober 1917, Briefe, S. 180
8 Max Brod: Über Franz Kafka, S. 147 f.
9 Brief an Ottla Kafka vom 30. Dezember 1917, BaO, S. 49
10 Brief an Max Brod vom 28. September 1917, in: Eine Freundschaft, Bd. 2, S. 169
11 Brief an Max Brod vom 20. Januar 1918, Briefe, S. 224
12 Brief von Max Brod an Franz Kafka vom 16. Januar 1918, in: Brod, Briefwechsel, Bd.2, S. 223
13 Briefe an Milena Jesenská von Januar/Februar 1923, BaM, S. 312
14 Brief an Max Brod vom 28. Januar 1918, Briefe, S. 229
15 Tagebuch vom 18. Januar 1922, GW 11, S. 199
16 Sören Kierkegaard: Die Wiederholung, in: ders.: Die Krankheit zum Tode und anderes, München: dtv 1976, S. 327–440, S. 330
17 siehe dazu: Rüdiger Safranski: Himmel und Erde aus dem Nichts. Über das Anfangen, in: Frankfurter Allgemeine Zeitung vom 21. Dezember 1991
18 Briefe an Milena Jesenská von November 1920, BaM, S. 295
19 Tagebuch vom 8. Oktober 1917, GW 3, S. 168
20 Brief an Max Brod von Mitte Februar 1918, Briefe, S. 234

XVIII. Der Teufel auf der Brücke

1 Brief an Ottla Kafka vom 11. November 1918, BaO, S. 59
2 Brief an Ottla Kafka vom 20. Februar 1919, BaO, S. 69
3 Hermine Beck: »Warum lassen Sie die arme Fliege nicht in Ruh' ...«, in: »Als Kafka ...«, S. 146–148

4 Klaus Wagenbach: Julie Wohryzek, die zweite Verlobte Kafkas, in: Jürgen Born u. a.: Kafka-Symposion, S. 31–34
5 Brief an Max Brod vom 8. Februar 1919, Briefe, S. 252
6 Brief an eine Schwester Julie Wohryzeks vom 2. November 1919, in: Kafka-Symposion, S. 36–42, S. 38
7 nach: Brief an Minze Eisner von März 1920, Briefe, S. 267
8 *Brief an den Vater*, S. 57
9 ebenda, S. 58
10 Brief an eine Schwester Julie Wohryzeks, S. 40
11 Dora Geritt: Kafka in Schelesen, in: »Als Kafka ...«, S. 144 f.
12 *Ein Landarzt*, GW 1, S. 200–207
13 ›*Oktavhefte G*‹, GW 6, S. 162, und GW 7, S. 161; Brief an Max Brod von Mitte November 1917, Briefe, S. 197
14 Brief an Max Brod vom 5. September 1917, Briefe, S. 160
15 *Brief an den Vater*, S. 10
16 Brief an Minze Eisner von März 1920, Briefe, S. 265
17 ebenda, S. 267

XIX. Angst

1 Brief an Max Brod vom 10. April 1920, Briefe, S. 270
2 Brief an Felix Weltsch von April/Mai 1920, Briefe, S. 273
3 Brief an Max Brod von Mai 1920, Briefe, S. 274
4 ebenda, S. 275
5 Margarete Buber-Neumann: Milena, Kafkas Freundin, Frankfurt am Main: Fischer 1985, S. 51
6 Brief an Milena Jesenská vom 23. Juni 1920, BaM, S. 75
7 Brief an Milena Jesenská von Mai 1920, BaM, S. 14
8 *Eine kaiserliche Botschaft*, GW 1, S. 221–222
9 Brief an Milena Jesenská vom 2. Juni 1920, BaM, S. 39
10 Brief Milena Jesenskás an Max Brod von Anfang August 1920, BaM, S. 363; auch: Max Brod, Über Franz Kafka, S. 193 ff.
11 BaM, S. 364 f.
12 ebenda, S. 366
13 Brief an Milena Jesenská vom 15. Juli 1920, BaM, S. 119
14 Brief an Milena Jesenská vom 5. Juli 1920, BaM, S. 91
15 Brief Milena Jesenskás an Max Brod von Januar/Februar 1921, BaM, S. 371

16 Brief an Milena Jesenská vom 5. Juli 1920, BaM, S. 91
17 Brief an Milena Jesenská vom 19. bis 23. August, BaM, S. 224
18 Brief Milena Jesenskás an Max Brod von Januar/Februar 1921, BaM, S. 370
19 Brief an Milena Jesenská von November 1920, BaM, S. 296
20 Brief an Milena Jesenská vom 5. September 1920, BaM, S. 253
21 Brief an Milena Jesenská von September 1920, BaM, S. 276
22 Brief an Milena Jesenská vom 14. September 1920, BaM, S. 262
23 Tagebuch vom 5. Januar 1914, GW 10, S. 224

XX. *Die falsche Speise*

1 Vgl. dazu: Brief an Ottla Kafka vom ca. 21. Dezember 1920, BaO, S. 95 ff., sowie: Rotraut Hackermüller: Das Leben, das mich stört. Eine Dokumentation zu Kafkas letzten Lebensjahren 1917–1924, Wien, Berlin: Medusa-Verlag 1984, S. 50 ff.
2 Briefe Max Brods an Franz Kafka vom 27. Dezember 1920 und vom 6. Januar 1921, Brod, Briefwechsel, S. 285 f. und 293 ff.
3 Robert Klopstock: Mit Kafka in Matliary, in: »Als Kafka ...«, S. 153–156
4 Brief an Ottla Kafka vom 16. März 1921, BaO, S. 115
5 Brief an Max Brod vom 11. März 1921, Briefe, S. 306
6 Brief an Max Brod von Ende Januar 1921, Briefe, S. 293 f.
7 Brief an Max Brod von Mitte April 1921, Briefe, S. 314
8 Brief an Ottla Kafka vom 21. Mai 1921, BaO, S. 124
9 Brief an Elli Hermann von Herbst 1921, Briefe, S. 342
10 ebenda, S. 340
11 ebenda, S. 343
12 ebenda, S. 347
13 Brief an Max Brod von Ende Juli 1922, Briefe, S. 401
14 Brief Max Brods an Franz Kafka vom 12. Juni 1921, Brod, Briefwechsel, S. 356
15 Tagebuch vom 19. Januar 1922, GW 11, S. 201 f.
16 Zettel, vermutlich Herbst/Winter 1921, adressiert an Max Brod, in: Brod, Briefwechsel, S. 365
17 Kurt Wolff: Der Autor Franz Kafka, in: »Als Kafka ...«, S. 99
18 *Ein Hungerkünstler*, GW 1, S. 261–273, S. 271 und 273

XXI. Luftschlösser

1 Brief an Milena Jesenská von November 1920, BaM, S. 293 f.
2 Brief an Ottla Kafka vom 9. März 1921, BaO, S. 111
3 Brief an Max Brod vom 5. Juli 1922, Briefe, S. 385
4 Tagebuch vom 29. Januar 1922, GW 11, S. 213
5 Brief an Max Brod vom 5. Juli 1922, Briefe, S. 385
6 Brief von Max Brod an Franz Kafka vom 9. Juli 1922, Brod, Briefwechsel, S. 381
7 vgl. Brief von Max Brod an Franz Kafka vom 26. September 1922, Brod, Briefwechsel, S. 419 f.
8 Brief von Max Brod an Franz Kafka vom 3. Juli 1922, Brod, Briefwechsel, S. 375
9 Apparateband zu: *Das Schloss*, Kritische Ausgabe der Schriften, Tagebücher, Briefe. Hrsg. von Jürgen Born, Gerhart Neumann, Malcolm Pasley und Jost Schillemeit, Frankfurt am Main: Fischer 1982
10 Brief an Max Brod vom 5. Juli 1922, Briefe, S. 383 ff.
11 Brief von Max Brod an Franz Kafka vom 24. Juli 1922, Brod, Briefwechsel, S. 390
12 Brief von Max Brod an Franz Kafka vom 6. August 1922, Brod, Briefwechsel, S. 399
13 Brief an Robert Klopstock von September 1922, Briefe, S. 417
14 Puah Menczel-Ben-Tovim: Ich war Kafkas Hebräischlehrerin, in: »Als Kafka ...«, S. 165–167, sowie Ernst Pawel: Das Leben Franz Kafkas, S. 481
15 Hugo Bergmann: Schulzeit und Studium, in: »Als Kafka ...«, S. 13–24, S. 23

XXII. Auf der Schwelle zum Glück

1 Tile Rössler: Begegnung in Müritz, in: »Als Kafka ...«, S. 168–173
2 Brief an Hugo Bergmann von Juli 1923, Briefe, S. 436
3 Dora Diamant: Mein Leben mit Franz Kafka, in: »Als Kafka ...«, S. 174–185, S. 174
4 Brief an Tile Rössler vom 3. August 1923, Briefe, S. 439
5 Brief an Else Bergmann von Juli 1923, Briefe, S. 437 f.
6 Brief an Hermann und Julie Kafka vom 19. Oktober 1923, in: Franz Kafka, *Briefe an die Eltern aus den Jahren* 1922–1924, hrsg. von Josef

Čermák und Martin Svatoš, Frankfurt am Main: Fischer 1990, S. 33 (im Folgenden abgekürzt als BaE)
7 Brief an Ottla Kafka vom 8. Oktober 1923, BaO, S. 137
8 nach: Dora Diamant: Mein Leben mit Franz Kafka, a. a. O., S. 176f.
9 Brief an Hermann und Julie Kafka vom 23. November 1923, BaE, S. 43
10 Brief an Max Brod vom 5. November 1923, Briefe, S. 464
11 Brief an Valli Pollak von November 1923, Briefe, S. 462
12 Brief an Hermann und Julie Kafka vom 27. Dezember 1923, BaE, S. 46
13 Brief an Hermann und Julie Kafka von Februar 1924, BaE, S. 56
14 Brief an Robert Klopstock vom 26. Januar 1914, Briefe, S. 474
15 Brief an Max Brod von Mitte Januar 1924, Briefe, S. 472

XXIII. Der Patient auf Nummer 12 *oder Was Liebe ist*

1 Leo Tolstoi: Der Tod des Iwan Iljitsch, in: ders.: Die Kreutzersonate und andere Erzählungen, Zürich: Diogenes 1985
2 Brief an Hermann und Julie Kafka vom 2. Juni 1924, BaE, S. 80
3 Robert Klopstock: Mit Kafka in Matliary, in: »Als Kafka ...«, S. 156
4 Brief an Max Brod vom 5. Juli 1922, Briefe, S. 384
5 Max Brod: Über Franz Kafka, S. 178
6 Brief an Hermann und Julie Kafka vom 15. April 1924, BaE, S. 72
7 *Aus den Gesprächsblättern*, in: Briefe, S. 487
8 Rotraut Hackermüller: Das Leben, das mich stört, a. a. O., S. 112
9 Max Brod: Über Franz Kafka, S. 178
10 Brief an Hermann und Julie Kafka vom 19. Mai 1924, BaE, S. 77
11 *Aus den Gesprächsblättern*, Briefe, S. 491
12 Brief an Hermann und Julie Kafka vom 2. Juni 1924, BaE, S. 80ff.
13 Max Brod: Über Franz Kafka, S. 185
14 Willy Haas: Die letzten Tage, in: »Als Kafka ...«, S. 195
15 Max Brod: Über Franz Kafka, S. 185f.
16 in: Hackermüller: Das Leben, das mich stört, S. 154f.
17 Margarete Buber-Neumann: Milena, Kafkas Freundin, a. a. O., S. 77f.

Alois Prinz
im Suhrkamp und im Insel Verlag
Eine Auswahl

»Sie ist ein lebendiges Feuer«. Das Leben der Milena Jesenská. it 4689. 228 Seiten

Martin Luther King. it 4630. 96 Seiten

Der erste Christ. Die Lebensgeschichte des Apostels Paulus. it 4491. 250 Seiten

Wie aus Martin Luther wurde. it 4555. 79 Seiten

Teresa von Ávila. Die Biographie. Gebunden und it 4422. 267 Seiten

Teresa von Ávila. »Was lieben heißt«. Gedanken für ein gutes Leben. Herausgegeben von Alois Prinz. st 4357. 107 Seiten

Das Leben der Simone de Beauvoir. it 4950. 303 Seiten

Dietrich Bonhoeffer. Sei frei und handle! it 4771. 270 Seiten

Hannah Arendt oder Die Liebe zur Welt. it 4172. 326 Seiten

Die Lebensgeschichte des Georg Forster. Das Paradies ist nirgendwo. it 3353. 249 Seiten

»Und jedem Anfang wohnt ein Zauber inne«. Die Lebensgeschichte des Hermann Hesse. st 3742. 403 Seiten

Lieber traurig als wütend. Die Lebensgeschichte der Ulrike Marie Meinhof. st 3725. 311 Seiten

NF 1137/1/10.23

»Ich kann auch lachen, Felice, ich bin sogar als großer Lacher bekannt.« Kafka 1913 in einem Brief an Felice Bauer

Er gilt als der große Schmerzensmann der modernen Literatur, als düsterer existenzieller Autor. Dies ist aber nur die eine Seite von Franz Kafka, weniger bekannt ist, dass er legendäre Lachanfälle hatte, Slapstick liebte und viele humoristische Elemente in seine Texte eingebaut hat. Sein Freund Max Brod berichtete, wie Kafka beim Vorlesen des ersten Kapitels von *Der Prozeß* so schallend gelacht habe, »daß er weilchenweise nicht weiterlesen konnte«, »ja er lachte gern und herzhaft und wußte auch seine Freunde zum Lachen zu bringen«.
Höchste Zeit also, Kafkas komische Seite zu würdigen. Und wer wäre dafür geeigneter als Nicolas Mahler? In seiner von ihm mit zahlreichen Illustrationen versehenen Auswahl aus den Werken, Tagebüchern und Briefen Kafkas erweist sich dieser wirkungsmächtige Schriftsteller als wunderbar witziger Beobachter und hemmungsloser Spötter, der sich auch nicht vor ungebetenen Ratschlägen scheut: »Mein letzter Rat in dieser Sache bleibt immer: weg von Wien.«
»Kafka ist Humor pur!« *Quim Monzó*

Kafka für Boshafte. Ausgewählt und gezeichnet von Nicolas Mahler. insel taschenbuch 5019. 100 Seiten. Auch als eBook erhältlich.

NF 586/1/10.23

»Die geheimnisvollste und schönste von Kafkas großen Dichtungen.«
Hermann Hesse

Das Schloß, der letzte große Roman von Franz Kafka, erzählt von K., der als Landvermesser vom Grafen eines ländlich gelegenen Schlosses beauftragt wird. Doch K.s Versuche, ins Schloss zu gelangen, scheitern ebenso wie sein Bemühen, im Dorf seinen Platz zu finden; und sein Kampf gegen die allgegenwärtige, anonyme und undurchdringliche Bürokratie der Schlossverwaltung führen ihn in ein Dickicht aus Geheimnissen und Erniedrigungen.

Franz Kafka, Das Schloß. Roman. insel taschenbuch 3534. 355 Seiten.

NF 588/1/10.23

NF 587/1/10.23